Instituições de Direito Público e Privado

O GEN | Grupo Editorial Nacional – maior plataforma editorial brasileira no segmento científico, técnico e profissional – publica conteúdos nas áreas de concursos, ciências jurídicas, humanas, exatas, da saúde e sociais aplicadas, além de prover serviços direcionados à educação continuada.

As editoras que integram o GEN, das mais respeitadas no mercado editorial, construíram catálogos inigualáveis, com obras decisivas para a formação acadêmica e o aperfeiçoamento de várias gerações de profissionais e estudantes, tendo se tornado sinônimo de qualidade e seriedade.

A missão do GEN e dos núcleos de conteúdo que o compõem é prover a melhor informação científica e distribuí-la de maneira flexível e conveniente, a preços justos, gerando benefícios e servindo a autores, docentes, livreiros, funcionários, colaboradores e acionistas.

Nosso comportamento ético incondicional e nossa responsabilidade social e ambiental são reforçados pela natureza educacional de nossa atividade e dão sustentabilidade ao crescimento contínuo e à rentabilidade do grupo.

Guilherme de Souza Nucci

Instituições de Direito Público e Privado

- A EDITORA FORENSE se responsabiliza pelos vícios do produto no que concerne à sua edição (impressão e apresentação a fim de possibilitar ao consumidor bem manuseá-lo e lê-lo). Nem a editora nem o autor assumem qualquer responsabilidade por eventuais danos ou perdas a pessoa ou bens, decorrentes do uso da presente obra.

- Nas obras em que há material suplementar *on-line*, o acesso a esse material será disponibilizado somente durante a vigência da respectiva edição. Não obstante, a editora poderá franquear o acesso a ele por mais uma edição.

- Todos os direitos reservados. Nos termos da Lei que resguarda os direitos autorais, é proibida a reprodução total ou parcial de qualquer forma ou por qualquer meio, eletrônico ou mecânico, inclusive através de processos xerográficos, fotocópia e gravação, sem permissão por escrito do autor e do editor.

Impresso no Brasil – *Printed in Brazil*

- Direitos exclusivos para o Brasil na língua portuguesa
Copyright © 2019 by
EDITORA FORENSE LTDA.
Uma editora integrante do GEN | Grupo Editorial Nacional
Travessa do Ouvidor, 11 – Térreo e 6º andar – 20040-040 – Rio de Janeiro – RJ
Tel.: (21) 3543-0770 – Fax: (21) 3543-0896
faleconosco@grupogen.com.br | www.grupogen.com.br

- O titular cuja obra seja fraudulentamente reproduzida, divulgada ou de qualquer forma utilizada poderá requerer a apreensão dos exemplares reproduzidos ou a suspensão da divulgação, sem prejuízo da indenização cabível (art. 102 da Lei n. 9.610, de 19.02.1998). Quem vender, expuser à venda, ocultar, adquirir, distribuir, tiver em depósito ou utilizar obra ou fonograma reproduzidos com fraude, com a finalidade de vender, obter ganho, vantagem, proveito, lucro direto ou indireto, para si ou para outrem, será solidariamente responsável com o contrafator, nos termos dos artigos precedentes, respondendo como contrafatores o importador e o distribuidor em caso de reprodução no exterior (art. 104 da Lei n. 9.610/98).

- Capa: Fabricio Vale dos Santos

- Data de fechamento: 18.01.2019

- **CIP – BRASIL. CATALOGAÇÃO NA FONTE.**
  SINDICATO NACIONAL DOS EDITORES DE LIVROS, RJ.

  N876i
  Nucci, Guilherme de Souza

  Instituições de direito público e privado / Guilherme de Souza Nucci. – Rio de Janeiro: Forense, 2019.

  Inclui bibliografia
  ISBN 978-85-309-8460-1

  1. Direito público – Brasil – Miscelânea. 2. Direito privado – Brasil – Miscelânea. I. Título.

18-54404	CDU: 34(81)

  Vanessa Mafra Xavier Salgado – Bibliotecária – CRB-7/6644

APRESENTAÇÃO

Graduei-me em Direito pela Faculdade da Universidade de São Paulo, em 1985. Em seguida, busquei titulação acadêmica na área do Processo, conquistando a Especialização (USP) e depois o Mestrado (PUC-SP) e o Doutorado (PUC-SP). Na sequência, conquistei o título de Livre-docente, na área Penal (também na PUC-SP).

É certo que, hoje, dedico-me bastante ao estudo das ciências criminais, campo no qual já tive a oportunidade de publicar dezenas de obras de sucesso junto ao público leitor. Mas não foi sempre assim. Nos tempos da graduação, dedicava-me mais a outros ramos do Direito e estagiava em escritório cuja base concentrava-se nas ciências civis, tributárias e trabalhistas.

Ingressei em três carreiras jurídicas, por concurso de provas e títulos: Ministério Público de Minas Gerais; Ministério Público de São Paulo e Magistratura de São Paulo. Para isso, estudei, com afinco, todas as matérias dos editais, que iam muito além das ciências criminais.

Tornando-me promotor de justiça, atuei em inúmeras Curadorias, voltadas ao cível. Depois, como magistrado, iniciando a carreira no interior, permaneci em várias Comarcas de 1ª instância, significando atuar como um magistrado denominado "clínico geral". Noutros termos, avaliava e decidia causas de todas as matérias, envolvendo direito público e direito privado.

Quando me tornei magistrado da Capital de São Paulo, houve a especialização na área criminal e, agora, no Tribunal de Justiça, continuo no referido campo.

Nunca me esqueci, no entanto, o quanto estudei – e gostei – das diversas matérias envolvendo o universo do Direito. Diante disso, conversando com professores de Administração de Empresas e Economia de uma Universidade, fui consultado a respeito de produzir um livro dedicado aos estudantes de áreas não concentradas em Direito, mas que precisam dos ensinamentos jurídicos. Valeria a minha didática, já testada em outros livros da área criminal.

Aceitei o desafio, que, no entanto, foi bem maior do que inicialmente eu esperava, para produzir esta obra. Espero ter acertado no campo pedagógico, auxiliando os que precisam do conhecimento jurídico para a sua formação de graduação ou para concurso público.

Além disso, diversamente de outras obras de direito público e privado, resolvi proporcionar um conhecimento mais amplo do universo jurídico, incluindo matérias desprezadas por alguns outros autores, como Direito de Execução Penal, Direito da Infância de Juventude, Medicina Legal etc.

Agradeço à Editora e suas equipes pelo apoio incondicionado à produção desta obra.

Espero que o leitor a aprove.

São Paulo, janeiro de 2019.

O Autor

LISTA DE ABREVIATURAS

Art.: artigo
CC: Código Civil
CDC: Código de Defesa do Consumidor
CF: Constituição Federal (também referida como Lei Maior)
CLT: Consolidação das Leis do Trabalho
CNJ: Conselho Nacional de Justiça
CP: Código Penal
CPC: Código de Processo Civil
CPP: Código de Processo Penal
CTN: Código Tributário Nacional
HC: *Habeas corpus*
JEC: Juizado Especial Cível
JECrim: Juizado Especial Criminal
LEF: Lei de Execução Fiscal
LEP: Lei de Execução Penal
LINDB: Lei de Introdução às Normas do Direito Brasileiro (antiga Lei de Introdução ao Código Civil – LICC)

MS:	Mandado de Segurança
MP:	Ministério Público
PF:	Pessoa Física
PJ:	Pessoa Jurídica
RIR:	Regulamento do Imposto de Renda

SÍMBOLO

| §: | parágrafo |

SUMÁRIO

I. TEORIA GERAL DO DIREITO			1
1.	Conceito de direito		1
	1.1	Moral e ética	3
2.	Fontes do direito		4
3.	Interpretação e integração da lei		8
4.	Princípios, regras e normas		10
II. DIREITO PÚBLICO			13
1.	Conceito		13
2.	Ramos do direito público		14
	2.1	Teoria do Estado	14
		2.1.1 Conceitos básicos	14
		2.1.2 Forma de constituição do Estado	15
		2.1.3 Formas de governo	15
		2.1.4 Sistemas de governo	16
	2.2	Direito constitucional	17
		2.2.1 Constituição	17
		2.2.1.1 Conceito	17
		2.2.1.2 Classificação das Constituições	17
		2.2.1.2.1 Escritas e não escritas	17
		2.2.1.2.2 Promulgadas e outorgadas	18
		2.2.1.2.3 Rígidas, flexíveis e semirrígidas	18

		2.2.1.2.4 Sintéticas e analíticas..............	19
		2.2.1.2.5 Materiais e formais.................	19
		2.2.1.2.6 Síntese......................................	21
2.2.2	Poder Constituinte: originário e derivado..................		21
	2.2.2.1	Mutação constitucional..............................	22
	2.2.2.2	Normas constitucionais.............................	24
	2.2.2.3	Normas constitucionais de eficácia plena ...	24
	2.2.2.4	Normas constitucionais de eficácia contida ...	24
	2.2.2.5	Normas constitucionais de eficácia limi-tada...	24
	2.2.2.6	Recepção e repristinação...........................	25
2.2.3	Princípios constitucionais.....................................		25
2.2.4	Fundamentos constitucionais		28
2.2.5	Divisão espacial de poder...		29
	2.2.5.1	Intervenção federal e estadual	31
2.2.6	Divisão orgânica do poder.......................................		31
	2.2.6.1	Poder Legislativo......................................	32
2.2.7	Processo legislativo...		33
	2.2.7.1	Poder Executivo	34
	2.2.7.2	Poder Judiciário..	35
2.2.8	Hipóteses de defesa do Estado		35
2.2.9	Critérios para definir a nacionalidade.......................		37
2.2.10	Direitos e partidos políticos.......................................		37
2.2.11	Aspectos da ordem social..		38
	2.2.11.1	Educação, cultura e desporto	38
	2.2.11.2	Ciência e tecnologia..................................	38
	2.2.11.3	Comunicação social..................................	39
	2.2.11.4	Meio ambiente..	39
	2.2.11.5	Família, criança, adolescente e idoso.........	39
2.2.12	Direitos humanos		41
	2.2.12.1	Conceito..	41
	2.2.12.2	Terminologia adequada.............................	41
	2.2.12.3	Direitos humanos e dignidade da pessoa humana: fontes constitucionais	42
2.2.13	Ações de impugnação e tutela de direitos fundamentais...		44
	2.2.13.1	*Habeas corpus* (HC)	44
		2.2.13.1.1 Conceito e natureza jurídica....	44
		2.2.13.1.2 Espécies de *habeas corpus*......	44
	2.2.13.2	Mandado de segurança (MS).....................	46
		2.2.13.2.1 Conceito.................................	46
		2.2.13.2.2 Espécies de mandado de se-gurança..................................	46
	2.2.13.3	*Habeas data*..	46
		2.2.13.3.1 Conceito	46
		2.2.13.3.2 Procedimento	47

		2.2.13.4	Mandado de injunção	47
			2.2.13.4.1 Conceito	47
			2.2.13.4.2 Procedimento	47
2.3	Direito administrativo			48
	2.3.1	Conceito		48
	2.3.2	Administração direta		49
	2.3.3	Administração indireta		49
	2.3.4	Princípios administrativos		51
		2.3.4.1	Legalidade	51
		2.3.4.2	Impessoalidade	52
		2.3.4.3	Moralidade	52
		2.3.4.4	Publicidade	53
		2.3.4.5	Eficiência	53
		2.3.4.6	Razoabilidade	53
		2.3.4.7	Proporcionalidade	54
		2.3.4.8	Continuidade	54
		2.3.4.9	Presunção de legalidade	55
		2.3.4.10	Devido processo legal, ampla defesa e contraditório	55
		2.3.4.11	Segurança jurídica	55
		2.3.4.12	Autoexecutoriedade	56
		2.3.4.13	Motivação	57
		2.3.4.14	Supremacia do interesse público	57
	2.3.5	Atos administrativos		57
		2.3.5.1	Conceito	57
		2.3.5.2	Divisão dos atos administrativos	58
		2.3.5.3	Vinculação e discricionariedade	59
	2.3.6	Contratos administrativos		59
		2.3.6.1	Conceito	59
		2.3.6.2	Licitação	59
		2.3.6.3	Contratação direta	64
		2.3.6.4	Licitação dispensável	64
		2.3.6.5	Licitação dispensada	64
		2.3.6.6	Licitação inexigível	64
	2.3.7	Poderes administrativos		65
		2.3.7.1	Poder vinculado	65
		2.3.7.2	Poder discricionário	65
		2.3.7.3	Poder hierárquico	66
		2.3.7.4	Poder disciplinar	66
		2.3.7.5	Poder regulamentar	66
		2.3.7.6	Poder de polícia	66
	2.3.8	Serviços públicos		67
		2.3.8.1	Conceito	67

	2.3.8.2	Princípios do serviço público	67
	2.3.8.3	Obra pública	68
	2.3.8.4	Delegação do serviço público	68
	2.3.8.5	Contrato de concessão	70
	2.3.8.6	Deveres do poder concedente	70
	2.3.8.7	Obrigações da concessionária	71
	2.3.8.8	Extinção da concessão	71
	2.3.8.9	Parceria público-privada (Lei 11.079/2004)	72
2.3.9	Servidores públicos		72
	2.3.9.1	Conceito	72
	2.3.9.2	Cargo, função e emprego público	73
	2.3.9.3	Benefícios dos servidores públicos	73
	2.3.9.4	Demissão dos servidores públicos	74
2.3.10	Bens públicos		75
	2.3.10.1	Conceito	75
	2.3.10.2	Classificação	75
2.3.11	Desapropriação		76
	2.3.11.1	Conceito	76
	2.3.11.2	Espécies	76
2.3.12	Direito econômico		77
	2.3.12.1	Conceito	77
	2.3.12.2	Princípios da ordem econômica	77
	2.3.12.3	Características	78
	2.3.12.4	Política econômica	80
	2.3.12.5	Controle da economia e agências reguladoras	80
	2.3.12.6	Conselho Administrativo de Defesa Econômica – CADE	82
	2.3.12.7	Termos econômicos	83
2.3.13	Direito financeiro		83
	2.3.13.1	Conceito	83
	2.3.13.2	Finalidades	84
	2.3.13.3	Controle das finanças públicas	84
	2.3.13.4	Receita pública	85
	2.3.13.5	Despesa pública	85
		2.3.13.5.1 Classificações das despesas públicas	86
2.4	Direito penal		91
2.4.1	Conceito		91
	2.4.1.1	Política criminal	91
	2.4.1.2	Criminologia	92
	2.4.1.3	Bem jurídico	92

2.4.2	Princípios constitucionais penais		93
	2.4.2.1	Princípios regentes	93
		2.4.2.1.1 Dignidade da pessoa humana	93
		2.4.2.1.2 Devido processo legal (*due processo of law*)	93
	2.4.2.2	Princípios específicos	93
		2.4.2.2.1 Legalidade (ou reserva legal)	93
		2.4.2.2.2 Anterioridade	94
		2.4.2.2.3 Retroatividade da lei penal benéfica	94
		2.4.2.2.4 Humanidade	94
		2.4.2.2.5 Responsabilidade pessoal (ou personalidade)	94
		2.4.2.2.6 Individualização da pena	95
		2.4.2.2.7 Proporcionalidade	95
		2.4.2.2.8 Intervenção mínima (insignificância e adequação social)	95
		2.4.2.2.9 Ofensividade	96
		2.4.2.2.10 Taxatividade	97
		2.4.2.2.11 Culpabilidade	97
		2.4.2.2.12 Vedação da dupla punição pelo mesmo fato	97
2.4.3	Fontes do Direito Penal		97
2.4.4	Estrutura do crime		98
	2.4.4.1	Espécies de infração penal	98
	2.4.4.2	Tipo penal	98
	2.4.4.3	Ilicitude	99
	2.4.4.4	Estado de necessidade	99
	2.4.4.5	Legítima defesa	100
	2.4.4.6	Exercício regular de direito	100
	2.4.4.7	Estrito cumprimento do dever legal	100
	2.4.4.8	Culpabilidade	101
2.4.5	Sujeitos e objetos do crime		102
2.4.6	Elemento subjetivo do crime		103
	2.4.6.1	Dolo	103
	2.4.6.2	Culpa	103
	2.4.6.3	Crime consumado e tentativa	104
2.4.7	Sanções penais e sua aplicação		104
	2.4.7.1	Espécies de sanção penal	104
		2.4.7.1.1 Penas privativas de liberdade	105
		2.4.7.1.2 Regimes de cumprimento da pena	105
		2.4.7.1.3 Penas restritivas de direito	105
		2.4.7.1.4 Pena pecuniária	106
		2.4.7.1.5 Aplicação da pena	106

		2.4.7.2	Medida de segurança	106
		2.4.7.3	Extinção da punibilidade	107
	2.4.8	Espécies de crimes		107
	2.4.9	Direito penal militar		109
2.5	Direito tributário			110
	2.5.1	Conceito		110
	2.5.2	Princípios regentes e limitações ao poder de tributar		110
	2.5.3	Tributo		111
		2.5.3.1	Espécies de tributos	111
	2.5.4	Tarifa		114
	2.5.5	Imunidades tributárias		115
	2.5.6	Competência tributária		117
	2.5.7	Obrigações tributárias		118
	2.5.8	Hipótese de incidência e fato gerador		119
	2.5.9	Base de cálculo e alíquota		119
	2.5.10	Crédito e lançamento tributário		120
		2.5.10.1	Suspensão do crédito tributário	121
		2.5.10.2	Exclusão do crédito tributário	122
		2.5.10.3	Extinção crédito tributário	124
	2.5.11	Regime especial de regularização cambial e tributária		126
		2.5.11.1	Conceito	126
		2.5.11.2	Aplicabilidade	126
		2.5.11.3	Procedimento	127
2.6	Direito internacional público			127
	2.6.1	Conceito		127
	2.6.2	Fontes do direito internacional público		127
	2.6.3	Terminologia dos tratados		128
	2.6.4	Organizações internacionais		129
	2.6.5	Representação diplomática		129
	2.6.6	Particularidades das imunidades diplomáticas		130
2.7	Direito processual			131
	2.7.1	Teoria do processo		131
	2.7.2	Princípios constitucionais do processo		132
	2.7.3	Direito processual civil		133
		2.7.3.1	Conceito	133
		2.7.3.2	Procedimento	133
		2.7.3.3	Organização judiciária	134
		2.7.3.4	Conceitos relevantes em processo civil	135
		2.7.3.5	Juizados Especiais Cíveis	137
	2.7.4	Direito processual penal		138
		2.7.4.1	Conceito	138
		2.7.4.2	Princípios processuais penais	138
		2.7.4.3	Institutos de processo penal	142

	2.7.4.4	*Habeas corpus* e revisão criminal	142
	2.7.4.5	Medicina legal	143
		2.7.4.5.1 Conceito	143
		2.7.4.5.2 Terminologia relevante	144
	2.7.4.6	Juizado Especial Criminal	145
	2.7.5	Direito processual militar	147
2.8	Direito de execução penal		147
	2.8.1	Conceitos básicos	147
	2.8.2	Direito penitenciário	147
	2.8.3	Critérios para a execução penal	148
	2.8.4	Órgãos da execução penal	149
	2.8.5	Estabelecimentos penais para cumprimentos de pena	149
	2.8.6	Procedimento da execução penal	150
	2.8.7	Benefícios ao sentenciado	150
2.9	Direito eleitoral		151
	2.9.1	Conceito	151
	2.9.2	Soberania popular, plebiscito e referendo	152
	2.9.3	Alistamento eleitoral e voto	152
	2.9.4	Cassação dos direitos políticos	152
	2.9.5	Anterioridade	153
	2.9.6	Partidos políticos	153
	2.9.7	Fontes do direito eleitoral	154
	2.9.8	Órgãos da Justiça Eleitoral	154
	2.9.9	Princípios eleitorais	154
2.10	Direito da seguridade social		155
	2.10.1	Conceito	155
	2.10.2	Previdência social	155
	2.10.3	Saúde	155
	2.10.4	Assistência social	155
	2.10.5	Abrangência da seguridade social	156
	2.10.6	Financiamento da seguridade social	156
	2.10.7	Organização da seguridade social	157
	2.10.8	Princípios da seguridade social	157
	2.10.9	Regime da previdência social	159
	2.10.10	Beneficiários da previdência social	159
	2.10.11	Prestações previdenciárias	159
		2.10.11.1 Aposentadoria por tempo de contribuição	160
		2.10.11.2 Aposentadoria por idade	160
		2.10.11.3 Aposentadoria por invalidez	160
		2.10.11.4 Aposentaria especial	160
		2.10.11.5 Auxílio-doença	161
		2.10.11.6 Salário-família	161
		2.10.11.7 Salário-maternidade	161

		2.10.11.8	Auxílio-acidente	162

2.10.11.8 Auxílio-acidente 162
2.10.11.9 Pensão por morte 162
2.10.11.10 Auxílio-reclusão 162
2.10.11.11 Acidente do trabalho 163
2.10.11.12 Abono anual (gratificação natalina) 163
2.10.11.13 Seguro-desemprego 164
2.10.12 Habilitação ou reabilitação profissional 164
2.10.13 Serviço social 165
2.10.14 Reajustamento de benefícios 165
2.10.15 Desaposentação 165
2.11 Direito da infância e da juventude 165
2.11.1 Conceitos fundamentais 165
2.11.2 Irresponsabilidade penal 166
2.11.3 Direito da infância e juventude 166
2.11.4 Princípios da infância e juventude 167
2.11.5 Critérios de proteção da criança e do adolescente 168
2.11.6 Adoção 170
2.11.7 Menores infratores 171

III. DIREITO PRIVADO 173

1. Conceito de direito privado 173
2. Ramos do direito privado 174
2.1 Direito civil 174
2.1.1 Lei de Introdução às Normas do Direito Brasileiro 174
2.1.2 Personalidade e capacidade civil 176
2.1.3 Pessoa jurídica e domicílio 178
2.1.4 Bens imóveis e móveis 182
2.1.5 Fatos e negócios jurídicos 185
2.1.6 Prescrição e decadência 187
2.1.7 Obrigações 187
2.1.7.1 Conceito 187
2.1.7.2 Espécies de obrigações 188
2.1.7.3 Transmissão de obrigações 190
2.1.7.4 Adimplemento e extinção das obrigações ... 190
2.1.8 Contratos 194
2.1.8.1 Conceito 194
2.1.8.2 Requisitos do contrato 194
2.1.8.3 Formação do contrato 196
2.1.8.4 Vícios redibitórios 196
2.1.8.5 Evicção 197
2.1.8.6 Espécies de contratos 197
2.1.8.7 Extinção do contrato 198
2.1.8.8 Outras espécies de contratos 198
2.1.8.9 Responsabilidade civil 203

2.1.9	Coisas		204
	2.1.9.1	Conceito e diferenças básicas	204
	2.1.9.2	Posse	205
	2.1.9.3	Direitos reais	206
		2.1.9.3.1 Conceito	206
		2.1.9.3.2 Propriedade	207
2.1.10	Família		208
	2.1.10.1	Fundamento constitucional	208
	2.1.10.2	Casamento e união estável	209
	2.1.10.3	Parentesco	210
	2.1.10.4	Poder familiar	211
	2.1.10.5	Regime de bens entre os cônjuges	212
	2.1.10.6	Alimentos	212
	2.1.10.7	Bem de família	214
	2.1.10.8	Tutela e curatela	215
2.1.11	Sucessão		216
	2.1.11.1	Conceito	216
	2.1.11.2	Testamento e exclusão da herança	217
	2.1.11.3	Herança jacente	217
	2.1.11.4	Sucessão legítima (*ab intestato*)	218
	2.1.11.5	Legado	218
2.2	Direito comercial (ou empresarial)		218
2.2.1	Conceitos		218
	2.2.1.1	Empresa	219
	2.2.1.2	Empresário	219
	2.2.1.3	*Affectio societatis*	219
	2.2.1.4	Estabelecimento comercial	220
2.2.2	Empresas de pequeno porte e microempresas		220
	2.2.2.1	Fundamento constitucional	220
	2.2.2.2	Conceito	220
	2.2.2.3	Diretrizes e impedimentos	221
	2.2.2.4	Benefícios auferidos	221
2.2.3	Empresa individual de responsabilidade limitada (EIRELI)		222
	2.2.3.1	Conceito	222
	2.2.3.2	Diretrizes básicas	222
2.2.4	Sociedades comerciais		222
	2.2.4.1	Conceito e diretrizes básicas	222
	2.2.4.2	Sociedades cooperativas	223
	2.2.4.3	Sociedade informal	224
	2.2.4.4	Constituição da sociedade	224
	2.2.4.5	Obrigações dos sócios	225
	2.2.4.6	Sócios administradores	226
	2.2.4.7	Livros obrigatórios	226

	2.2.4.8	Dissolução da sociedade	227
	2.2.4.9	Espécies de sociedades	227
		2.2.4.9.1 Sociedade em nome coletivo ...	227
		2.2.4.9.2 Sociedade em comandita simples	228
		2.2.4.9.3 Sociedade em conta de participação	228
		2.2.4.9.4 Sociedade limitada	228
		2.2.4.9.5 Sociedade anônima	228
2.2.5	Títulos de crédito		244
	2.2.5.1	Conceito	244
	2.2.5.2	Princípios do direito cambiário	245
	2.2.5.3	Regras básicas	246
	2.2.5.4	Espécies de títulos de crédito	247
		2.2.5.4.1 Letra de câmbio	247
		2.2.5.4.2 Nota promissória	248
		2.2.5.4.3 Cheque	248
		2.2.5.4.4 Duplicata	249
	2.2.5.5	Contratos mercantis	249
		2.2.5.5.1 Compra e venda mercantil	249
		2.2.5.5.2 Alienação fiduciária em garantia	250
		2.2.5.5.3 *Franchising* (franquia)	250
		2.2.5.5.4 *Factoring* (faturização)	251
		2.2.5.5.5 *Leasing* (arrendamento mercantil)	251
2.2.6	Recuperação judicial e falência		252
	2.2.6.1	Recuperação judicial	252
		2.2.6.1.1 Conceito	252
		2.2.6.1.2 Objetivo	252
		2.2.6.1.3 Requisitos	252
		2.2.6.1.4 Meios de recuperação judicial ...	252
	2.2.6.2	Falência	253
		2.2.6.2.1 Conceito	253
		2.2.6.2.2 Juízo universal da falência	253
		2.2.6.2.3 Consequências da decretação de falência	254
		2.2.6.2.4 Classificação dos créditos	254
		2.2.6.2.5 Causas para a decretação da falência	256
		2.2.6.2.6 Encerramento da falência e extinção das obrigações do falido	257
2.3	Direito do Trabalho		257
2.3.1	Bases constitucionais		257

2.3.2	Conceito e divisão		257
2.3.3	Fontes do direito do trabalho		258
2.3.4	Princípios do direito do trabalho		260
2.3.5	Contrato de trabalho		261
	2.3.5.1	Conceito	261
	2.3.5.2	Requisitos do contrato de trabalho	261
	2.3.5.3	Características do contrato de trabalho	262
	2.3.5.4	Empregado	268
	2.3.5.5	Formas alternativas de prestação de serviços	268
		2.3.5.5.1 Trabalhador autônomo	268
		2.3.5.5.2 Trabalhador eventual	268
		2.3.5.5.3 Trabalhador avulso	269
		2.3.5.5.4 Trabalhador temporário	269
		2.3.5.5.5 Pequeno empreiteiro	269
		2.3.5.5.6 Estagiário	269
	2.3.5.6	Empregador	269
		2.3.5.6.1 Empregador urbano	270
		2.3.5.6.2 Empregador rural	270
		2.3.5.6.3 Empregador doméstico	270
		2.3.5.6.4 Grupo empresarial	270
	2.3.5.7	Jornada de trabalho	270
	2.3.5.8	Teletrabalho	272
	2.3.5.9	Remuneração	273
	2.3.5.10	Outros direitos do trabalhador	274
		2.3.5.10.1 Décimo terceiro salário	274
		2.3.5.10.2 FGTS	274
		2.3.5.10.3 Greve	275
	2.3.5.11	Rescisão do contrato de trabalho	276
	2.3.5.12	Aviso prévio	277
	2.3.5.13	Estabilidade e força maior	278
	2.3.5.14	Crimes contra a organização do trabalho	279
		2.3.5.14.1 Crime previsto na Consolidação das Leis do Trabalho	280
2.4	Direito internacional privado		281
	2.4.1	Conceito	281
	2.4.2	Princípios e regras básicas	281
	2.4.3	Obrigatoriedade da lei brasileira	282
	2.4.4	Desconhecimento da lei	282
	2.4.5	Eficácia da lei no espaço	282
	2.4.6	Casamento e sucessão	282
	2.4.7	Sociedades e fundações	283
	2.4.8	Imóveis	284
	2.4.9	Sentenças estrangeiras	284
	2.4.10	Contratos internacionais	284

2.5	Direito do consumidor		285
	2.5.1	Conceitos	285
	2.5.2	Direitos do consumidor	285
	2.5.3	Qualidade dos produtos e serviços	286
	2.5.4	Responsabilidade pelos produtos e serviços	286
	2.5.5	Desconsideração da personalidade jurídica	289
	2.5.6	Práticas empresariais	289
		2.5.6.1 Publicidade de produtos e serviços	289
		2.5.6.2 Práticas abusivas	290
		2.5.6.3 Cobrança de Dívidas	291
		2.5.6.4 Acesso a cadastros	291
	2.5.7	Proteção contratual	292
		2.5.7.1 Contrato de Adesão	293
	2.5.8	Infrações penais	293

BIBLIOGRAFIA 295

OBRAS DO AUTOR 299

Nota da Editora: as alterações na organização básica dos órgãos da Presidência da República e dos Ministérios, estabelecidas pela Medida Provisória 870/2019, não foram incorporadas ao conteúdo da obra tendo em vista que, até o fechamento desta edição, as novas estruturas regimentais que constam nos Decretos regulamentadores não estavam em vigor (início previsto para 30.01.2019).

I

TEORIA GERAL DO DIREITO

1. CONCEITO DE DIREITO

O Brasil é um Estado Democrático de Direito, regido por leis, cuja finalidade é assegurar os relevantes valores da sociedade. Para tanto, convém iniciar este trabalho com a menção ao preâmbulo da Constituição Federal: "Nós, representantes do povo brasileiro, reunidos em Assembleia Nacional Constituinte para instituir um Estado Democrático, destinado a assegurar o exercício dos direitos sociais e individuais, a liberdade, a segurança, o bem-estar, o desenvolvimento, a igualdade e a justiça como valores supremos de uma sociedade fraterna, pluralista e sem preconceitos, fundada na harmonia social e comprometida, na ordem interna e internacional, com a solução pacífica das controvérsias, promulgamos, sob a proteção de Deus, a seguinte Constituição da República Federativa do Brasil".

A sociedade brasileira é governada e conduzida por leis. O corpo dessas leis denomina-se *ordenamento jurídico*. Como bem lembra Tercio Sampaio Ferraz Jr., "o *direito*, assim, de um lado, protege-nos do poder arbitrário, exercido à margem de toda regulamentação, salva-nos da maioria caótica e do tirano ditatorial, dá a todos oportunidades iguais e, ao mesmo tempo, ampara os desfavorecidos. Por outro lado, é também um instrumento manipulável que frustra as aspirações dos menos privilegiados e permite o uso de técnicas de controle e dominação que, por sua complexidade, é acessível apenas a uns poucos especialistas".[1] Eis o motivo de ser difícil e complexo definir, com precisão, o que é e o que representa o *Direito*.

Para conceituar, de modo amplo, o *Direito*, torna-se essencial dividi-lo em *direito objetivo* e *direito subjetivo*. O primeiro representa o conjunto das normas que regem as relações estabelecidas em sociedade, com o fim de garantir os mais relevantes interesses do ser humano, como liberdade, segurança, bem-estar, desenvolvimento individual e social, igualdade, patrimônio e justiça. O segundo espelha a faculdade do indivíduo de pleitear ao Estado qualquer direito que considere seu, objetivando realizar seus interesses tutelados pelo ordenamento jurídico.

Além disso, utiliza-se o termo *direito* para designar a ciência que estuda o conjunto de normas e o seu resultado jurisprudencial.[2]

Observa-se, ainda, em face do preâmbulo constitucional que a finalidade do Estado Democrático de Direito é promover uma sociedade fraterna, amigável e cordial, de caráter pluralista, respeitando as heterogêneas opiniões, valores, crenças, culturas e comportamentos, assegurando a plena convivência dessas correntes de pensamento, abominando qualquer forma de preconceito e discriminação, coibindo a segregação de pessoas, por conta de suas posições pessoais, sempre fundada na harmonia social e vinculada à solução pacífica de conflitos.

Eis a razão de ser do conhecido brocardo *ubi societas, ibi jus* (onde está a sociedade está o Direito). Afinal, em tempos atuais, é inconcebível a existência de uma sociedade civilizada onde se dispense o Direito, entendido como o conjunto de normas para reger as relações entre indivíduos.

No mundo ocidental, de onde auferimos os nossos conhecimentos jurídicos, há, basicamente, dois sistemas: direito codificado (*civil law*) e direito consuetudinário (*common law*). O direito codificado baseia-se, principalmente, em leis escritas para reger a sociedade e seus conflitos. É o sistema adotado pelo Brasil, motivo pelo qual existem várias leis,

---

1. *Introdução ao estudo do direito*, p. 11.
2. Nas palavras de Miguel Reale, "direito significa, por conseguinte, tanto o ordenamento jurídico, ou seja, o sistema de normas ou regras jurídicas que traça aos homens determinadas formas de comportamento, conferindo-lhes possibilidades de agir, como o tipo de ciência que o estuda, a Ciência do Direito ou Jurisprudência" (*Lições preliminares de direito*, p. 62).

alguns conjuntos formando a própria Constituição Federal, bem como o Código Civil, o Código Penal, o Código Tributário Nacional etc. O direito consuetudinário fundamenta-se, primordialmente, em costumes para regular a sociedades e suas relações. É o sistema utilizado por vários países anglo-saxões, como os Estados Unidos, a Grã-Bretanha, a Austrália etc.

1.1 Moral e ética

A *moral* é um conjunto de valores (entendidos como ideais de perfeição ou guias de comportamento individual), existentes em determinado grupo, observado em certa época. A moral individual é senão inútil, apenas um horizonte para os comportamentos pessoais. Afinal, uma moral que não ultrapasse o pensamento próprio do indivíduo não chega a atingir terceiros, formando linhas de comportamento grupal ou social.

Relevante se torna a moral coletiva, pois ela tem aptidão para determinar como se desenrolam as relações sociais e os comportamentos humanos. No dizer de Tercio Sampaio Ferraz Jr., "é preciso reconhecer certa similaridade entre normas jurídicas e preceitos morais. Ambos têm caráter prescritivo, vinculam e estabelecem obrigações numa forma objetiva, isto é, independentemente do consentimento subjetivo individual. Ambos são elementos inextirpáveis da convivência, pois, se não há sociedade sem direito, também não há sociedade sem moral".[3]

No entanto, o Direito não se confunde com a Moral, visto que o primeiro tem caráter regulador e compulsório das relações sociais; o segundo funciona como um norte para o comportamento humano, bem como para a base de feitura de leis. Dificilmente, uma lei é editada, sendo considerada imoral. Porém, nem todos os comportamentos humanos, tidos por imorais são necessariamente ilegais. Ilustrando, pode-se asseverar que *ser honesto* e *agir honestamente* é um comportamento moral. O Direito colhe determinadas condutas humanas, tidas por imorais, para alçar à condição de norma jurídica, proibindo-as e até sancionando-as.

Em perspectiva jurídica, a esperteza comercial de um vendedor, enaltecendo determinadas qualidades de um produto, conforme o seu particular interesse de alienar aquela mercadoria, mesmo considerando não ser útil ao comprador, não chega a configurar um ilícito civil ou penal,

---

3. *Introdução ao estudo do direito*, p. 321.

mas se pode apontar uma atitude imoral. Se um servidor público recebe elevado vencimento para exercer pouca atividade, de diminuta relevância, embora legal (pois prevista em lei tanto a remuneração quanto as suas obrigações) pode ser tachada de imoral.

A moral é variável e flexível, conforme o tempo passa, alternando critérios. Assim também é o que se espera das leis. Miguel Reale ensina que o Direito é uma espécie de Moral objetiva. Singelamente, a moral é baseada na espontaneidade e insuscetível de coação, enquanto o Direito expressa-se com rigor, por meio de normas que, não cumpridas, podem ser impostas ou provocar a aplicação de sanções.[4]

Sob outro prisma, a ética é um conjunto de princípios morais e valorativos, condizentes com determinado grupo, que visa a estudar a conduta humana. Há comportamentos éticos disciplinados juridicamente (como o Código de Ética do advogado ou do médico).

Por isso, Miguel Reale ensina que "a teoria do 'mínimo ético' pode ser reproduzida através da imagem de dois círculos concêntricos, sendo o círculo maior o da Moral, e o do círculo menor o do Direito".[5]

A moral e o direito devem formar o cenário da Ética. Na lição de Paulino Jacques, "a moral é, ao lado do Direito, parte da Ética – ciência da conduta".[6]

2. FONTES DO DIREITO

Fonte é o lugar de onde se origina algo ou de onde se expressa alguma coisa. No campo do Direito, existem as fontes materiais, criadoras das normas, e as fontes formais, veículos de expressão do conteúdo das normas.

Como regra, o direito é criado pela União, pelos Estados ou pelos Municípios, resguardadas as competências legislativas de cada um. A principal *fonte material* é o Poder Legislativo, exercido em níveis federal, estadual e municipal. Entretanto, em situações específicas, o Poder Executivo pode emitir atos normativos, como o decreto (função atípica). O mesmo se pode dizer do Poder Judiciário, sendo possível ao Tribunal editar uma resolução ou a juiz de direito, uma portaria. Como ilustra-

---

4. *Filosofia do direito*, p. 674-675.
5. *Lições preliminares de direito*, p. 42.
6. *Curso de introdução ao estudo do direito*, p. 19.

ção, a União, por meio do Poder Legislativo (Câmara dos Deputados e Senado Federal), pode elaborar Emendas à Constituição (reformas feitas diretamente na Constituição Federal), leis complementares (normas que complementam, explicando e detalhando, alguns temas constantes da Constituição Federal), leis ordinárias (normas mais comuns para regular os diversos ramos do Direito), leis delegadas (normas que permitem ao Presidente da República disciplinar determinado assunto), medidas provisórias (são normas editadas pelo Presidente da República, que precisam ser confirmadas pelo Legislativo), decretos legislativos (normas que regulam assuntos de competência exclusiva do Congresso, como ratificar tratado internacional) e resoluções (normas de competência do Congresso para regular assuntos internos).[7]

No campo jurídico, visto como um todo, há diversas outras fontes materiais ou criadoras de normas, que merecem ser seguidas, como a própria sociedade (destinatária das normas, valendo-se dos usos e costumes), os juristas (por meio da doutrina) e os juízes e tribunais (por intermédio da jurisprudência, da equidade, dos princípios gerais de direito, da analogia).

As *fontes formais* são constituídas das leis em sentido amplo (abrangendo todos os atos normativos emanados do Legislativo, conforme se mencionou acima), os usos e costumes, a doutrina, a jurisprudência, a analogia, os princípios gerais de Direito e a equidade.

Os usos são condutas reiteradas por determinados grupos sociais, sejam eles pequenos ou grandes, abrangendo restritos espaços territoriais ou toda uma cidade ou Estado. O *uso* antecede o costume, que se trata do uso tão reiterado, a ponto de gerar obrigatoriedade.[8] Por isso, prevalece a utilização do termo *costume* para evidenciar uma fonte formal do Direito. Ilustrando, pode-se dizer que constitui um uso a retirada do chapéu ao chegar a um evento formal (em algumas regiões se faz assim; em outras, não). Por outro lado, constitui um costume o emprego da *fila* (ordem de chegada para qualquer atendimento ou realização de interesse), visto ser um uso reiterado, nesse caso, em todo o território nacional e na maioria dos países estrangeiros. Violar a fila pode gerar uma reação até mesmo violenta de quem está à frente e foi cortado; porém, essa reação será considerada o exercício regular de um direito. Não é difícil notar que os

---

7. Conforme art. 59 da Constituição Federal.
8. Silvio de Salvo Venosa, *Introdução ao estudo do direito*, p. 137.

costumes, advindos do comportamento repetido e assimilado pela própria sociedade, bem como dispensando a forma escrita, torna-se obrigatório de maneira espontânea, ou seja, sem atuação estatal.

Assinala Gustav Radbruch que "a linguagem não é o único traje possível do direito, e nem todo direito é 'direito escrito'. A legislação pode partir não somente da comunidade popular organizada, o Estado, em forma de lei, mas também da sociedade, da comunidade popular não organizada, que paulatinamente reveste usos com a convicção da necessidade legal, condensando-se em *direito consuetudinário* (...)".[9]

A doutrina é a lição dos especialistas em Direito, que estudam profundamente determinado ramo científico, fornecendo a sua opinião a respeito de leis e demais institutos jurídicos. Chama-se *jurista* o especialista em certo tema jurídico. É comum haver ensinamentos doutrinários nas diversas áreas do Direito: civil, penal, processual civil, processual penal, administrativo, tributário, constitucional, trabalhista etc. Por que se necessita da doutrina? Pode parecer estranho que o Direito necessite de vários doutrinadores para *interpretar* as leis e demais normas componentes do ordenamento jurídico.

No entanto, ao redigir leis, nem sempre o Poder Legislativo atua com clareza, editando normas de sentido duvidoso. Nada que cause surpresa, pois o sistema de direito codificado, baseado em leis escritas, depende da linguagem para ser compreendido e cumprido. Ora, nem sempre o legislador, que é humano, consegue elaborar leis *perfeitas* – seria milagroso se o fizesse. Ao contrário, vários códigos e corpos de leis contêm imprecisões quanto ao sentido dos termos empregados, exibem contradições entre leis vigentes, permitem lacunas, expõem duplo sentido, enfim, causam mais dúvidas do que esclarecem. Mas nem por isso perdem o seu caráter *obrigatório*, exigindo que os juristas as interpretem, gerando entendimentos a serem utilizados pelos aplicadores da lei, juízes e tribunais. Como assinala Paulino Jacques, "a doutrina é o complexo de teorias que embasam os sistemas jurídicos".[10]

A *jurisprudência* é o conjunto das decisões proferidas pelos tribunais (órgãos colegiados do Poder Judiciário). Pode-se apontar a jurisprudência de tribunais estaduais ou tribunais regionais, de tribunais superiores e do

---

9.   *Introdução à ciência do direito*, p. 29.
10. *Curso de introdução ao estudo do direito*, p. 67.

Supremo Tribunal Federal. Essas decisões, quando se tornam reiteradas em determinado tema, terminam por gerar uma fonte de expressão do direito, visto gerar para os juízos de várias Comarcas brasileiras uma forma unívoca de interpretar e aplicar o direito ao caso concreto. Além disso, os tribunais superiores (Supremo Tribunal Federal, Superior Tribunal de Justiça, Tribunal Superior do Trabalho, Tribunal Superior Eleitoral, Superior Tribunal Militar) podem editar *súmulas* (um breve resumo de uma interpretação do direito) para orientar os demais tribunais inferiores (estaduais e regionais) e juízes das várias cidades brasileiras.

Essas súmulas não obrigam os tribunais e juízes, ou seja, como frisado, servem de orientação. Mas, não bastasse, o Supremo Tribunal Federal é autorizado pela Constituição Federal (art. 103-A) a editar *súmulas vinculantes*, vale dizer, sinopses jurídicas que obrigam os tribunais superiores e inferiores, bem como os juízes de direito. As referidas súmulas vinculantes têm força de lei. Nas palavras de Machado Paupério, "enquanto o legislador legisla em tese, *in abstrato*, o juiz legisla em hipótese, *in concreto*, sendo o legislador dos casos particulares".[11]

A *analogia* compõe uma fonte formal do Direito, pois serve para completar lacunas, em formato de integração da lei, como será visto no próximo item.

Os *princípios gerais de Direito* constituem postulados gerais, que preenchem o conjunto do ordenamento jurídico, valendo para todos os seus ramos. Espelham as bases da justiça, servindo para interpretar as normas. Ilustrando, mesmo não estando escrito em lei, pode-se enunciar que *ninguém pode se beneficiar da própria torpeza*. É um princípio geral de Direito, que pode ser utilizado pelo juiz para decidir um caso concreto. Algumas leis indicam a validade da utilização desses princípios para a interpretação das normas e até mesmo para suprir uma lacuna, como se vê do art. 4º da Lei de Introdução às normas do Direito brasileiro: "quando a lei for omissa, o juiz decidirá o caso de acordo com a analogia, os costumes e os princípios gerais de direito". Na ótica de Miguel Reale, os princípios gerais de direito "são enunciações normativas de valor genérico, que condicionam e orientam a compreensão do ordenamento jurídico, quer para a sua aplicação e integração, quer para a elaboração de novas normas".[12]

---

11. *Introdução à ciência do direito*, p. 163.
12. *Lições preliminares de direito*, p. 304.

Equidade significa *senso de justiça*. Parece-nos o mais difícil dos conceitos, pois dependente da noção que cada pessoa faz do que é *justo*. Acima disso, pode-se voltar ao próprio conceito de *justiça*, finalidade maior do Poder Judiciário. Logo, quando se menciona constituir a equidade uma fonte formal do Direito, está-se indicando uma origem calcada na finalidade mesma da existência do Judiciário, que é realizar justiça, *dando a cada um o que é seu*.[13] Sabe-se que um contrato faz lei entre as partes. No entanto, após ser celebrado, prevendo uma obrigação e uma contraprestação, algo inesperado ocorre no plano da economia, tornando extremamente oneroso para uma das partes cumprir o pacto da forma como foi realizado. Pode-se dizer que, por equidade, o juiz deve modificar as cláusulas para que a obrigação seja equivalente, na prática, à contraprestação. Noutros termos, por uma questão de justiça, ninguém deve locupletar-se (enriquecer-se ilicitamente) do esforço alheio em razão de causas inesperadas e imprevisíveis.

Os denominados *brocardos jurídicos* são axiomas do campo do Direito, constituindo uma verdade que não precisa ser provada. Exemplo: o direito não socorre aos que dormem (*dormientibus non sucurrit ius*). Se uma pessoa não luta pelo seu direito a tempo, não pode exigi-lo quando outrem o obtém. Na realidade, os brocados jurídicos espelham raciocínios de pura equidade.

3. INTERPRETAÇÃO E INTEGRAÇÃO DA LEI

Interpretar significa extrair o real conteúdo de algo. Por isso, fora do ambiente jurídico, para ilustrar, pode-se apontar a existência do intérprete, que traduz um idioma estrangeiro qualquer para um brasileiro. Noutros termos, ele extrai o significado daquelas palavras em linguagem desconhecida transferindo o conhecimento para o destinatário. Ou ainda *interpretar* uma personagem, justamente o que o ator faz para contar uma história, num filme, na novela ou no teatro. Transferindo para o campo do Direito, *interpretar* quer dizer um processo de descoberta do exato conteúdo de uma norma, nem sempre visível na redação da lei. A interpretação é um meio de conhecimento do ordenamento jurídico, não se destinando a suprir lacunas (ausências) de normas para reger determinando assunto.

---

13. No dizer de Kant, a equidade é "uma divindade muda que não pode ser ouvida" (*Introdução ao estudo do direito*, p. 50).

Os operadores do direito (juízes, promotores, advogados, delegados) são levados a interpretar as leis brasileiras durante a sua atuação profissional, justamente para resolver casos concretos, realizando a aguardada justiça.

Há várias formas de **interpretação:**

a) *interpretação literal ou gramatical* (consiste em extrair o conteúdo da lei pela análise singela de cada um de seus termos, sem ampliar ou restringir o seu alcance);

b) *interpretação restritiva* (trata-se de um método de extração do conteúdo da lei pela análise dos seus termos, restringindo o seu alcance; vale dizer, o legislador teria dito mais do que pretendia expressar);

c) *interpretação extensiva* (cuida-se de um método de extração do conteúdo da lei pela análise dos seus termos, ampliando-se o alcance do significado das palavras empregadas, a fim de se atingir a real utilidade da norma);

d) *interpretação analógica* (é o processo de análise do sentido da norma jurídica, valendo-se de elementos fornecidos pela própria norma, por meio da semelhança);

e) *interpretação sistemática* (busca-se extrair o significado da norma, comparando-a com as demais existentes no ordenamento jurídico);

f) *interpretação lógica* (descobre-se o sentido da lei, verificando seus termos e expressões, com o objetivo de aplicá-la de modo coerente e sensato);

g) *interpretação histórica* (trata-se da utilização de normas já revogadas, mas relevantes para certos cenários históricos do Brasil, com a finalidade de justificar a aplicação de determinada lei);

h) *interpretação teleológica* (é a busca dos fins, objetivos e metas a serem alcançados em função da criação de determinada lei; procura-se aplicar a lei de modo a atingir o objetivo para o qual ela foi editada);

i) *interpretação histórico-evolutiva* (cuida-se de ir além da avaliação histórica da lei, procurando-se extrair um significado diverso do que possuía a norma há algum tempo, para atingir outra finalidade ditada pelo avanço do tempo);

j) *interpretação autêntica* (é a análise da norma quando realizada pelo próprio órgão que a editou; noutros termos, o Legislativo pode editar uma lei com a finalidade de aclarar o sentido de outra);

k) *interpretação doutrinal ou judicial* (cuida-se da avaliação da lei advinda de pessoas ou órgãos especializados, tais como doutrinadores ou tribunais).

A **integração** é um processo de suprimento de lacunas existentes no ordenamento jurídico, ou seja, trata-se de preencher determinada omissão legislativa, valendo-se de um método de semelhança com outras normas, que será aplicada para resolver um caso concreto. Dá-se a denominação de *analogia* a esse processo de integração. O emprego de analogia é autorizado, expressamente, em certas leis, por exemplo: a) art. 4º do Decreto--lei 4.657/42 – LINDB: "quando a lei for omissa, o juiz decidirá o caso de acordo com a *analogia*, os costumes e os princípios gerais de direito"; b) art. 3º do CPP: "a lei processual penal admitirá interpretação extensiva e *aplicação analógica*, bem como o suplemento dos princípios gerais de direito"; c) art. 140 do CPC: "o juiz não se exime de decidir sob a alegação de *lacuna* ou obscuridade do ordenamento jurídico".

Em direito penal, cenário no qual se confere extrema importância à legalidade ("não há crime sem prévia lei que o defina, não há pena sem prévia lei que a comine"), o emprego de analogia é restrito. Por isso, costuma-se apontar duas espécies de analogia: a) analogia *in bonam partem* (em favor do réu); b) analogia *in malam partem* (em prejuízo do acusado). Essa diferença é essencial para que o juiz não se utilize da analogia *in malam partem*, quando puder, de algum modo, prejudicar o acusado, para suprir uma lacuna existente no ordenamento jurídico--penal. Por outro lado, autoriza-se o julgador a se valer da analogia *in bonam partem*, quando puder beneficiar o acusado, em situações realmente necessárias.

4. PRINCÍPIOS, REGRAS E NORMAS

No sistema legislativo brasileiro (direito codificado), a maioria das fontes formais do Direito é composta de leis escritas. Cada lei compõe-se de um enunciado (frase ou breve exposição de uma ideia), por exemplo: a) art. 5º, *caput*, do CC: "a menoridade cessa aos dezoito anos completos, quando a pessoa fica habilitada à prática de todos os atos da vida civil". Deste enunciado extrai-se a norma: *a pessoa atinge a maioridade e a maturidade aos 18 anos completos, podendo, então, praticar todos os atos da vida civil, como se casar, comprar e vender imóveis, ingressar na carreira pública, entre outros, sem qualquer autorização*; b) art. 121 do CP: "matar alguém: pena – reclusão, de seis a vinte anos" é o enunciado da lei penal, cuja norma significa que *é proibido matar um ser humano; se isto for feito, a sanção aplicada será a prisão pelo período de seis a vinte anos.*

A norma é o gênero do qual se pode extrair o princípio e a regra.

Princípio, no sentido jurídico, é uma norma de conteúdo abrangente, servindo de instrumento para a integração, interpretação, conhecimento e aplicação do direito positivo. Os princípios são normas de elevado grau de generalidade, aptos a envolver inúmeras situações conflituosas com o objetivo de solucioná-las. Os princípios não possuem a especificidade de uma regra, constituindo proposituras amplas o suficiente para englobar as regras, dando-lhe um norte ou um rumo, particularmente quando há conflito entre elas. Como bem define Robert Alexy, os princípios são *mandados de otimização*, que imantam o ordenamento jurídico, conferindo lógica e unicidade para a aplicação das regras.[14] Exemplo de princípio é o da *ampla defesa*, dedicado aos litigantes, em processo judicial ou administrativo, desde que acusados em geral (art. 5º, inciso LV, CF). O referido princípio constitucional confere rumo ao ordenamento jurídico, impedindo, a título de ilustração, que se crie uma regra vedando ou cerceando a atividade da defesa em um processo.

As regras são normas disciplinadoras de situações específicas, que podem ser satisfeitas ou não. Na lição de Alexy, as "regras contêm, portanto, *determinações* no âmbito daquilo que é fática e juridicamente possível". E continua: "Isso significa que a distinção entre regras e princípios é uma distinção qualitativa, e não uma distinção de grau".[15] Exemplo de regra: art. 238 do CPC: "citação é o ato pelo qual são convocados o réu, o executado ou o interessado para integrar a relação processual".

Confrontando o princípio da ampla defesa com a regra do referido art. 238 do CPC, extrai-se a conclusão de que toda pessoa que for judicialmente acionada, para fazer ou deixar de fazer alguma coisa, precisa ter assegurada a *ampla defesa* (princípio). Para tanto, estipula-se a indispensabilidade da citação, ato pelo qual se dá ciência ao réu a respeito da pretensão do autor, chamando-o a integrar a relação processual. Há, ainda, várias outras regras para garantir a efetividade do princípio da ampla defesa.

Em suma, os princípios não devem ser contrariados por regras. Estas devem harmonizar-se aos princípios com elas compatíveis, especialmente se forem princípios constitucionais, constantes do texto da Constituição Federal.

---

14. *Teoria dos direitos fundamentais*, p. 90.
15. *Teoria dos direitos fundamentais*, p. 91.

II

DIREITO PÚBLICO

1. CONCEITO

Considerando-se o direito objetivo como o conjunto das normas regentes das relações estabelecidas em sociedade, com o fim de garantir os mais relevantes interesses do ser humano, como liberdade, segurança, bem-estar, desenvolvimento individual e social, igualdade, patrimônio e justiça.

De acordo com o destinatário, torna-se conveniente visualizar a divisão existente entre o *direito público* e o *direito privado*. Não formam compartimentos estanques, mas se interligam, embora possam auferir distinção para mais apurada compreensão de seu conteúdo.

O *direito público* regula as relações cultivadas pelo Estado e pela sociedade, podendo dar-se entre o Estado e o indivíduo, entre o Estado e a sociedade, entre a sociedade e o indivíduo ou em meio a conflitos sociais. Por via indireta, pode atingir interesses individuais. Os principais ramos do direito público, no Brasil, estão descritos no próximo item.

Pode-se, ainda, dividi-lo em *direito público interno*, cujos destinatários envolvem pessoas brasileiras ou que estejam em território nacional, e *di-*

reito público externo, cujos destinatários abrangem Estados estrangeiros ou órgãos internacionais (ONU, OMS, OEA, OIT etc.). Rege-se, basicamente, por convenções, tratados e regras de direito internacional.

2. RAMOS DO DIREITO PÚBLICO

2.1 Teoria do Estado

2.1.1 Conceitos básicos

A sociedade se organiza politicamente para alcançar resultados promissores, que beneficiem a população, nas diversas áreas da vida comunitária. Essa organização de um povo estabelecido em certo território, onde exerce soberania, é o Estado.

Denomina-se povo "a coletividade humana que, a fim de realizar um ideal próprio de justiça, segurança e bem-estar, reivindica a instituição de um poder político privativo que lhe garanta o direito adequado às suas necessidades".[1]

A população é um conjunto de habitantes de determinado local, possuindo um aspecto numérico apenas.

A nação é um conjunto de pessoas, que possui a mesma base cultural, ocupando determinado espaço territorial, falando o mesmo idioma. A tendência da nação é tornar-se um Estado.

O Estado, por seu turno, detém a soberania, poder absoluto, conforme as regras políticas que o regem, para conduzir o destino, dentro do seu território. Sob o prisma jurídico, Dalmo Dallari ensina que, juridicamente, a soberania é "o poder de decidir em última instância sobre a atributividade das normas, vale dizer, sobre a eficácia do direito. (...) É um poder jurídico para fins jurídicos".[2]

Vê-se que, para o Estado, é imperiosa a existência de um território, onde possa exercer a sua plena soberania. O território compreende o solo habitado pela nação, o subsolo, o espaço aéreo correspondente até a camada atmosférica, além dos rios, lagos e mares interiores, os golfos e as baías, bem como o mar territorial, que acompanha a faixa costeira até o limite de 12 milhas.

---

1. Marcello Caetano, *Manual de ciência política e direito constitucional*, t. I, p. 123.
2. *Elementos de teoria geral do Estado*, p. 85.

2.1.2 Forma de constituição do Estado

Em relação à sua forma de constituição, o Estado pode ser unitário ou federal. Quando *unitário*, existe um só poder político para todo o território, que pode, no máximo, dividir-se por regiões. Quando *federado*, há vários Estados ligados entre si, formando uma união. É o caso do Brasil, constituído por Estados, administrados por governos locais. Permitindo a correta organização, existe a União, que é administrada pelo governo federal.

Sob outro prisma, o Estado possui vários fins, em prol de seu povo, voltando-se a garantir a segurança, a justiça, o bem-estar, a saúde, a educação, a regularidade econômico-financeira, entre outros.

2.1.3 Formas de governo

Quanto às formas de governo, há a monarquia e a república.

O Brasil já foi uma monarquia, governado por um soberano (primeiro, D. Pedro I e, depois, D. Pedro II). Esse poder é vitalício, hereditário (passando de pai para filho) e imune a qualquer forma de responsabilidade, em nível político.

Quando há uma monarquia constitucional, o soberano exerce o Poder Executivo e também o Poder Moderador. Nos termos do art. 98 da Constituição Imperial do Brasil, "o Poder Moderador é a chave de toda a organização Politica, e é delegado privativamente ao Imperador, como Chefe Supremo da Nação, e seu Primeiro Representante, para que incessantemente vele sobre a manutenção da Independência, equilíbrio, e harmonia dos mais Poderes Políticos".

Preceituava o art. 101 que "o Imperador exerce o Poder Moderador: I. Nomeando os Senadores, na forma do art. 43. II. Convocando a Assembleia Geral extraordinariamente nos intervalos das Sessões, quando assim o pede o bem do Império. III. Sancionando os Decretos, e Resoluções da Assembleia Geral, para que tenham força de Lei: art. 62. IV. Aprovando, e suspendendo interinamente as Resoluções dos Conselhos Provinciais: arts. 86, e 87. V. Prorrogando, ou adiando a Assembleia Geral, e dissolvendo a Câmara dos Deputados, nos casos, em que o exigir a salvação do Estado; convocando imediatamente outra, que a substitua. VI. Nomeando, e demitindo livremente os Ministros de Estado. VII. Suspendendo os Magistrados nos casos do art. 154. VIII. Perdoando, e moderando as penas impostas e os Réus condenados por Sentença. IX. Concedendo Anistia em caso urgente, e que assim aconselhem a humanidade, e bem do Estado". Além dos Poderes Executivo e Moderador, há, ainda, o Legislativo e o Judiciário.

Hoje, o Brasil é uma República Federativa, organizado por três Poderes de Estado: Executivo, Legislativo e Judiciário. Trata-se de uma forma democrática de governo temporário, renovado por eleições, nos âmbitos dos Poderes Executivo e Legislativo. Há responsabilidade do chefe de governo. No caso do Judiciário, utiliza-se o sistema brasileiro de duas opções: a) o ingresso na carreira se dá por concurso público de provas e títulos para os cargos de juízes de primeiro grau, em níveis federal e estadual. O acesso aos Tribunais Estaduais e Regionais Federais ocorre por promoção; b) o ingresso se dá por nomeação do Presidente da República, aprovado o nome pelo Senado Federal, como ocorre com os Ministros de Tribunais Superiores.

2.1.4 Sistemas de governo

Quanto aos sistemas de governo, há o parlamentarismo e o presidencialismo.

O primeiro se caracteriza pela distinção entre o Chefe de Estado e Chefe de Governo. O Chefe de Estado pode ser um monarca ou um Presidente da República. Ele exerce a representação do Estado, não tomando parte das decisões políticas. Tratando-se de um monarca, a função é vitalícia e hereditária; cuidando-se de Presidente da República, como regra, é eleito pelo povo. O Chefe de Governo é a principal figura, pois exerce o Poder Executivo. É apontado pelo Chefe de Estado para compor o governo, tornando-se Primeiro-Ministro, aprovado pelo Parlamento.

O presidencialismo é o regime adotado pelo Brasil. O Presidente da República é o Chefe do Poder Executivo (Chefe de Estado e Chefe de Governo), eleito periodicamente pelo povo. Há o Poder Legislativo, bicameral (Senado Federal e Câmara dos Deputados), cujos componentes também são eleitos periodicamente pelo povo. O Poder Judiciário é exercido por magistrados, conforme exposto linhas acima.

2.2 Direito constitucional

É um ramo do direito público, cuja finalidade é regular o Estado, em sua organização e funcionamento, além de estabelecer as suas bases políticas, bem como prever os direitos e garantias individuais e sociais. Na visão de José Afonso da Silva, "é o ramo do direito público que expõe, interpreta e sistematiza os princípios e normas fundamentais do Estado"[3], complementando-se com Luís Roberto Barroso: "o direito constitucional positivo é composto do conjunto de normas jurídicas em vigor que têm o *status* de normas constitucionais, isto é, que são dotadas de máxima hierarquia dentro do sistema".[4]

O direito constitucional é o ramo destinado ao estudo das Constituições brasileiras; atualmente, concentra-se na análise das normas constantes da Constituição Federal de 1988.

2.2.1 Constituição

2.2.1.1 Conceito

Constituição significa o modo de se constituir de um ser humano, de uma coisa, de um agrupamento de pessoas ou mesmo de uma organização, além de ser o ato de constituir e também o conjunto de normas que regulam uma instituição qualquer. No significado político, é a Lei Maior do Estado.

2.2.1.2 Classificação das Constituições

2.2.1.2.1 Escritas e não escritas

Quanto à forma, embora existam países que possuam uma Constituição não escrita (ex.: Grã-Bretanha), deve-se levar em conta a forma escrita, adotada pelo Brasil.

A Constituição escrita, por óbvio, encontra-se formada num único texto, visível e pronto a ser lido, como é o caso da maior parte das Cartas Magnas dos países, inclusive a Constituição brasileira.

---

3. *Curso de direito constitucional positivo*, p. 36.
4. *Curso de direito constitucional contemporâneo*, p. 73.

A Constituição não escrita não possui um texto único, encampado por vários artigos. Isto não significa que o país não tenha mandamentos fundamentais para reger toda a legislação ordinária e inspirar o Judiciário a seguir. O exemplo dado (Grã-Bretanha) é típico. Há vários documentos escritos (como a Magna Carta, a Lei dos Direitos Civis, a Lei do *Habeas Corpus* etc.) que, juntos, formam o *espírito* constitucional do país. Assim sendo, o conjunto esparso de normas de grande significado termina por exibir uma forma de Constituição, denominada *não escrita* (históricas ou costumeiras) pelo fato de não haver um único caderno, trazendo todos os artigos juntos.

2.2.1.2.2 Promulgadas e outorgadas

Quanto à origem, a Constituição Federal brasileira, de 1988, foi *promulgada*, ou seja, fruto da votação de um Poder Constituinte, reunido em uma Assembleia Nacional Constituinte (na época, deliberou-se que o Congresso faria essa função). Por isso, é também chamada de *democrática*.

A Constituição é *outorgada*, quando é imposta, pela via do autoritarismo, por um grupo ou um ditador. Trata-se da imposição unilateral de quem detém o poder. O Brasil passou por essas formas de Constituição, como a Carta do Império (1824), a Carta do Estado Novo (1937) e ainda a Carta de 1967, quando totalmente reformulada pela Emenda n. 1, de 1969.

2.2.1.2.3 Rígidas, flexíveis e semirrígidas

Quanto à estabilidade, considera-se a Constituição brasileira de forma *rígida*, significando que, para a alteração de suas normas, é preciso que o Poder Constituinte derivado se valha da Emenda à Constituição, necessitando-se de um complexo processo legislativo, passando por votação nas duas Casas do Congresso, com um quórum qualificado de três quintos.

Ademais, há temas que não se submetem à modificação, constituindo as chamadas *cláusulas pétreas* (somente poderão ser alteradas caso exista a instalação de uma nova Assembleia Nacional, fruto do Poder Constituinte Originário; vide item abaixo). São pétreas as matérias estampadas pelo art. 60, § 4º, CF: "não será objeto de deliberação a proposta de emenda tendente a abolir: I – a forma federativa de Estado; II – o voto direto, secreto, universal e periódico; III – a separação dos Poderes; IV – os direitos e garantias individuais".

São flexíveis as que permitem a modificação de seus artigos de forma facilitada, ou seja, pela legislação ordinária. Da mesma forma que se pode modificar uma lei qualquer, pode-se alterar a Constituição. Assim sendo, o texto constitucional perde a sua força hierárquica superior às leis ordinárias, tendo em vista que a maneira de alteração de seu conteúdo iguala-se a qualquer outra norma.

As semirrígidas adotam partes rígidas e partes flexíveis. O próprio texto constitucional indica a diferença entre a matéria rígida e a flexível. Indica-se como exemplo a Constituição do Império (1824); seu texto afirmava não ser *matéria constitucional* tudo o que não estivesse compreendido no âmbito dos poderes políticos, bem como dos direitos políticos e individuais dos cidadãos.

> ÚNICA CONSTITUIÇÃO BRASILEIRA SEMIRRÍGIDA = CONSTITUIÇÃO DE 1824 (CONSTITUIÇÃO DA MANDIOCA).

2.2.1.2.4   Sintéticas e analíticas

Quanto ao conteúdo, são sintéticas aquelas cujo texto é sucinto, resumido, apresentando somente a essência do principal, vale dizer, fazem constar o mínimo exigido para uma Carta Constitucional, geralmente apresentando as normas básicas de direitos individuais e os limites do Estado para governar e legislar. É o modelo adotado pela Constituição norte-americana, composta por sete artigos e menos de 30 emendas.

As analíticas, como a Constituição brasileira atual, trazem textos longos, vários artigos e um conjunto de normas que pretende abranger praticamente tudo o que ocorre no âmbito da legislação ordinária. A nossa possui 250 artigos, acrescidos de 114 artigos referentes a disposições transitórias. O problema das analíticas é a sua necessidade de frequente alteração de texto, pois o tempo avança e novos institutos são criados, merecendo modernização a Carta fundamental. Cada modificação exige um desgaste imenso do Poder Legislativo, que trabalha com *quorum* qualificado, além de uma profunda avaliação do anseio social.

2.2.1.2.5   Materiais e formais

Sob o enfoque *material*, a Constituição escrita deve ser o documento que contém a organização e o funcionamento do Estado, bem como as atribuições aos seus diversos órgãos; deve fornecer as bases para a cooperação dos diversos detentores do Poder da República, impedindo a indevida superposição de um sobre o outro. Precisa cuidar dos mecanismos para a reforma do seu próprio texto, a fim de acompanhar a evolução social e política. Deve, ainda, estabelecer os direitos e garantias individuais e os direitos sociais. Esse é o autêntico conteúdo de uma Constituição.

No entanto, observa-se a inserção de uma quantidade razoável de normas versando sobre assuntos que poderiam ficar à margem do texto constitucional, ou seja, temas diversos dos expostos no parágrafo anterior. Mas, como o Poder Constituinte Originário inseriu tais normas, elas são constitucionais. Na sua essência, não deveriam estar na Constituição; porém, como foram incluídas, são normas constitucionais. Esse é o enfoque *formal* da Constituição.

Em suma, há matérias da essência de uma Constituição e outras que somente são consideradas normas constitucionais porque ali foram inseridas. Essa é a diferença da Constituição *material* da *formal*.

CLASSIFICAÇÃO DA CONSTITUIÇÃO FEDERAL DE 1988

2.2.1.2.6 Síntese

A atual Constituição Federal de 1988, que completa 30 anos em 2018, foi chamada tão logo quando foi promulgada de *Constituição Cidadã*. "Quando Ulisses Guimarães denominou a Constituição brasileira de 1988 de 'Constituição Cidadã', referia-se, evidentemente, à enunciação dos direitos expostos no Título II, Capítulo I, ou seja, à parte dedicada aos direitos e deveres individuas e coletivos, transcritos, principalmente, em seu art. 5º".[5]

Vale destacar, ainda, a ótica de Flávia Piovesan: "a Constituição Federal de 1988 simboliza o marco jurídico da transição democrática e da institucionalização dos direitos humanos no País. O valor da dignidade da pessoa humana, como fundamento do Estado Democrático de Direito (art. 1º, III, da Constituição), impõe-se como núcleo básico e informador de todo o ordenamento jurídico, como critério e parâmetro de valoração a orientar a interpretação do sistema constitucional."[6]

2.2.2 *Poder Constituinte: originário e derivado*

A propósito, denomina-se *Poder Constituinte Originário* aquele que advém do povo da nação, emergindo em épocas de grave ruptura institucional (no exemplo brasileiro, quando o País se desligou da ditadura militar, transferindo-se o poder de volta aos civis, em 1985, convocou-se o Poder Constituinte originário para redigir uma nova Constituição). O ideal é que o Poder Constituinte Originário seja representado em uma Assembleia Nacional Constituinte, eleita exclusivamente para a finalidade de redigir uma nova Lei Maior para o Estado. Terminando sua tarefa, desfaz-se. No Brasil, no entanto, optou-se por atribuir ao Congresso Nacional, eleito em 1986, a missão de atuar como Assembleia Nacional Constituinte, a despeito de muitas vozes em contrário. O órgão elaborador da Constituição Federal de 1988 foi um Congresso Nacional Constituinte.

---

5. Ives Gandra Martins, Os direitos e deveres individuais e coletivos. *Constituição Federal* – Avanços, contribuições e modificações no processo democrático brasileiro. São Paulo: Ed. RT e Centro de Extensão Universitária [Coedição], 2008, p. 73. – [Crítica constante na nota de rodapé n. 1 do artigo científico.]

6. Flávia Piovesan, Constituição Federal: relações internacionais e direitos humanos. *Constituição Federal* – Avanços, contribuições e modificações no processo democrático brasileiro. São Paulo: Ed. RT e Centro de Extensão Universitária [Coedição], 2008, p. 167.

De qualquer forma, o Poder Constituinte Originário é considerado independente, incondicionado e ilimitado. Neste último tópico, alguns defendem ser esse Poder limitado pelo direito natural e pelos direitos e garantias universalmente fundamentais, não podendo, por exemplo, restaurar a escravidão no país. Entretanto, independente desse debate, no caso brasileiro, não houve nenhuma criação absurda no Texto Constitucional de 1988.

Promulgada a nova Carta Constitucional, o Congresso Nacional passa a atuar como *Poder Constituinte Derivado* (decorrente das normas estruturais do Estado, criadas pelo Poder Constituinte Originário), podendo reformar a Constituição Federal, dentro de certos limites. Como bem lembram Luiz Alberto David Araujo e Vidal Serrano Nunes Júnior, as Constituições pretendem-se eternas, mas não imutáveis.[7]

Em primeiro lugar, como se viu acima, a Lei Maior brasileira é de natureza *rígida*, dependendo de elevado *quorum* no Congresso para confirmar qualquer modificação. Em segundo lugar, há imposições feitas pelo Poder Constituinte Originário, que não podem ser objeto de deliberação pelo Poder Constituinte Derivado; somente se houver outra Assembleia Nacional Constituinte, emergindo o Poder Constituinte Originário, é que tais cláusulas poderiam ser revistas. Exemplo disso, como já mencionado, é o art. 60, § 4º, da Constituição Federal: § 4º Não será objeto de deliberação a proposta de emenda tendente a abolir: I – a forma federativa de Estado; II – o voto direto, secreto, universal e periódico; III – a separação dos Poderes; IV – os direitos e garantias individuais". São as denominas *cláusulas pétreas*. Ilustrando, consta como vedada, no Brasil, a instituição da pena de morte (exceto para crimes militares em tempo de guerra), nos termos do art. 5º, XLVII, *a*, da Constituição. Não pode o Poder Constituinte Derivado modificar essa norma, permitindo a pena de morte para condenados por crimes não militares, em tempo de paz.

2.2.2.1 Mutação constitucional

Quando uma Constituição é elaborada, especialmente advinda de uma Assembleia Constituinte (Poder Constituinte Originário), de forma democrática, sendo considerada rígida, como a nossa, há de se supor deva ter uma longa duração. Mas isso não impede que o mundo real se

---

7. *Curso de direito constitucional*, p. 10.

modifique rapidamente, em particular por conta da globalização e dos inequívocos avanços tecnológicos, necessitando-se avaliar o texto constitucional de modo diferente, conforme o tempo passa. Como bem esclarece Luís Roberto Barroso, "as Constituições não são eternas nem podem ter a pretensão de ser imutáveis. Uma geração não pode submeter a outra aos seus desígnios. Os mortos não podem governar os vivos. Porque assim é, todas as Cartas Políticas preveem mecanismos institucionais para sua própria alteração e adaptação a novas realidades".[8]

Há, basicamente, duas formas de mutação constitucional: a formal e a informal. Quanto à formal, dá-se por meio das Emendas Constitucionais, como explicado em tópico anterior. Quanto à informal, concentra-se a fórmula no cenário da interpretação – modo de extração do exato conteúdo da norma. Noutros termos, uma interpretação feita, de algum instituto constante do texto constitucional, em 1989, logo após a promulgação da Constituição, em outubro de 1988, pode ter um viés; porém, analisando--se o mesmo texto, passados 30 anos, pode-se chegar a um resultado diferente. As palavras são ricas de significados, assim como o próprio sentido de existência de uma norma, razão pela qual a interpretação pode alterar o contexto de aplicação de certa norma. Além da interpretação, há viabilidade de mutação constitucional por meio da alteração de um costume constitucional.

Entretanto, a modificação informal da leitura do texto constitucional encontra limites inafastáveis, vale dizer, uma *releitura* das normas não pode levar a contrariar a literalidade de textos claros e detalhados. Seria uma forma *inconstitucional* de se chegar à mutação. Então, jamais se admite uma *novel interpretação* para fugir aos princípios constitucionais básicos. Igualmente, visando a contornar textos detalhados e, embora antiquados à luz da vida contemporânea, merecedores de alteração pela via formal.

Em conclusão, essa forma de modificação do sentido de uma norma constitucional somente é viável quando se está diante de norma de duvidosa redação, provocando, desde sua criação, um reflexo interpretativo controverso. Assim, em face da dúvida gerada pela norma, desde o princípio, a interpretação dada em 1989 pode ser diversa daquela empreendida nos dias atuais.

---

8. *Curso de direito constitucional contemporâneo*, p. 157.

2.2.2.2 Normas constitucionais

Em primeiro lugar, é imperioso frisar que as normas constitucionais são supremas em relação a toda legislação infraconstitucional (leis complementares, leis ordinárias, leis delegadas, decretos, medidas provisórias etc.). Entretanto, debate-se a aplicabilidade das normas constitucionais. Tradicionalmente, em lição precisa de José Afonso da Silva, as normas constitucionais possuem *eficácia plena, eficácia contida* e *eficácia limitada.*[9]

2.2.2.3 Normas constitucionais de eficácia plena

São as que produzem efeitos, na plenitude do que dispõem, desde o momento em que entram em vigor. Elas não contêm nenhum elemento condicionante. Exemplo: art. 5º, inciso LXVIII: "conceder-se-á *habeas corpus* sempre que alguém sofrer ou se achar ameaçado de sofrer violência ou coação em sua liberdade de locomoção, por ilegalidade ou abuso de poder". Não há o que debater, interpretar ou mesmo aguardar para que seja imediatamente aplicada esta norma, representativa de um remédio constitucional, que resguarda os direitos individuais.

2.2.2.4 Normas constitucionais de eficácia contida

São as que condicionam o efeito da norma à edição de uma lei, vale dizer, sem os detalhes advindos da lei não é possível aplicar a norma constitucional. Exemplo: art. 5º, inciso XLII: "a prática do racismo constitui crime inafiançável e imprescritível, sujeito à pena de reclusão, nos termos da lei". Sem o advento da lei, prevendo as figuras criminosas no campo do racismo, é impossível aplicar a norma constitucional. Por isso, com a edição da Lei 7.716/89 (define crimes resultantes de preconceito de raça ou de cor), tornou-se viável assimilar os efeitos da norma prevista no art. 5º, inciso XLII, da CF.

2.2.2.5 Normas constitucionais de eficácia limitada

São as que condicionam o efeito da norma à edição de uma lei e mais: *nos termos dessa lei.* A eficácia da norma constitucional fica *limitada* ao conteúdo da norma ordinária. Exemplo: art. 5º, XII: "é inviolável o sigilo da correspondência e das comunicações telegráficas, de dados e das comunicações telefônicas, salvo, no último caso, por ordem judicial, nas hipóteses e na forma que a lei estabelecer para fins de investigação criminal

---

9. Consultar a sua obra *Aplicabilidade das normas constitucionais.*

ou instrução processual penal". Observe-se a terminologia adotada: "nas hipóteses e na forma que a lei estabelecer". Logo, é fundamental editar-se uma lei para fazer valer a possibilidade de violação do sigilo telefônico, mas não somente isso. É preciso que essa lei aponte em quais hipóteses essa violação pode dar-se e de que maneira.

Editou-se a Lei 9.296/96 (Lei da Interceptação Telefônica) para fazer valer a norma constitucional de eficácia limitada.

2.2.2.6 Recepção e repristinação

As normas infraconstitucionais têm o seu fundamento de validade se estiverem de acordo com a Constituição Federal, conjunto de normas hierarquicamente superior. Assim, quando uma nova Constituição é promulgada, como foi o caso da CF de 1988, não seria necessário republicar *todas* as normas vigentes àquela época, para que estivessem em plena harmonia com a nova Lei Maior. Denomina-se *recepção* o fenômeno de validação das normas existentes quando uma nova Constituição entra em vigor, desde que não haja conflito. Se houver, a norma infraconstitucional conflitante é considerada *não recepcionada*, perdendo sua eficácia. Exemplo: o Código Penal é um Decreto-lei de 1940; entrando em vigor a Constituição Federal de 1988, ele foi recepcionado e continuou eficaz.

Como regra, as normas são revogadas em caráter definitivo. Mas se uma nova Constituição entra em vigor, o seu texto pode *reviver* alguma norma já não vigente. A esse fenômeno dá-se o nome de repristinação. Alguns autores, no entanto, entendem que se está criando uma nova norma à luz da atual Constituição, mas não há efeito repristinatório.[10]

2.2.3 Princípios constitucionais

O termo *princípio* tem vários significados, entre os quais o de momento em que algo tem origem; causa primária, elemento predominante na constituição de um corpo orgânico; preceito, regra ou lei; fonte ou causa de uma ação (verbete *princípio* do *Novo Dicionário Aurélio da Língua Portuguesa*).

---

10. Luiz Alberto David Araujo e Vidal Serrano Nunes Jr., *Curso de direito constitucional*, p. 16.

No sentido utilizado em Direito não se poderia fugir de tais noções, de modo que o conceito de *princípio jurídico* indica uma ordenação que se irradia e imanta os sistemas de normas servindo de base para a interpretação, integração, conhecimento e aplicação do direito positivo.[11] Todos os seus ramos possuem princípios próprios, que informam todo o sistema, podendo estar expressamente previstos em lei ou ser implícitos, vale dizer, resultar da conjugação de vários dispositivos legais, conforme a cultura jurídica formada pelo passar dos anos de estudo de determinada matéria. Não são incomuns os princípios implícitos, mesmo de nível constitucional, regendo importantes assuntos do direito.

Na lição de CANOTILHO: "consideram-se princípios jurídicos fundamentais os princípios historicamente objetivados e progressivamente introduzidos na consciência jurídica e que encontram uma recepção expressa ou implícita no texto constitucional".[12] Esses princípios expõem as valorações políticas essenciais que inspiraram o legislador constituinte a elaborar a Constituição, servem de orientação para a produção legislativa ordinária, podem atuar como *garantia* direta e imediata aos cidadãos e funcionam como critérios de interpretação e integração do Texto Constitucional e da legislação infraconstitucional.

Os princípios gerais de direito, de um modo geral, estão presentes em todo o sistema jurídico-normativo como elementos fundamentais da cultura jurídica humana, enquanto os princípios constitucionais são os princípios eleitos para figurar na Lei Fundamental de um povo, de forma que possam servir de norte para toda a legislação infraconstitucional, além de informarem a própria aplicação das normas constitucionais.

Se, em qualquer ramo infraconstitucional, o intérprete deve levar em conta os princípios gerais e específicos do direito, com muito mais razão, devem ser respeitados os princípios constitucionais, que orientam todo o sistema jurídico, na aplicação das normas. Podem eles ser classificados em princípios *político-constitucionais*, também chamados de *fundamentais*, os quais definem a forma do Estado, o regime e o sistema de governo, e os princípios *jurídico-constitucionais*, que estabelecem direitos, resguardando situações jurídicas individuais, podendo derivar dos *fundamentais*.

---

11. José Afonso da Silva, *Curso de direito constitucional positivo*, p. 85.
12. *Direito constitucional*, p. 171.

São eles, para ilustrar, os seguintes: princípios relativos à existência, forma e estrutura do Estado (federação, soberania, democracia); princípios relativos à forma de governo e à separação dos poderes; princípios concernentes à organização da sociedade e relativos ao regime político (cidadania, sufrágio universal, partidos políticos); princípios relativos aos deveres do Estado, para garantir o desenvolvimento nacional e a justiça social; princípios concernentes à comunidade em geral (respeito aos direitos fundamentais da pessoa humana, autodeterminação dos povos, igualdade dos Estados, entre outros); princípios-garantia (devido processo legal, juiz natural, direito ao silêncio, ampla defesa, contraditório, proibição de existência de crime sem lei anterior que o defina, irretroatividade da lei penal, entre outros).[13]

Em síntese, portanto, o papel essencial e prático dos princípios constitucionais, citando LUÍS ROBERTO BARROSO, é "embasar as decisões políticas fundamentais tomadas pelo constituinte e expressar os valores superiores que inspiram a criação ou reorganização de um dado Estado", estabelecendo os alicerces, traçando as linhas mestras das instituições e "dando-lhes o impulso vital inicial". A eles é reservada a função de ser o "fio condutor dos diferentes segmentos do Texto Constitucional, dando unidade ao sistema normativo".[14]

De tudo o que foi dito, extrai-se a importante missão que os princípios constitucionais possuem: dar uniformidade ao sistema jurídico, cuja norma máxima é a Constituição, permitindo que a interpretação e a integração dos preceitos jurídicos sejam feitas de modo a dar coerência ao sistema normativo. Não se poderia, portanto, conceber que uma lei infraconstitucional ofendesse diretamente o princípio constitucional do devido processo legal, prevendo, por exemplo, que as pessoas podem ser privadas de seus bens em processo inquisitivo, sem possibilidade de defesa.

Identificando os princípios inseridos na Constituição, pode o intérprete evitar contradições na aplicação das próprias normas constitucionais. Se aparentemente há um conflito, por intermédio dos princípios que norteiam o sistema, certamente se pode solucioná-lo sem a necessidade de negar vigência a qualquer preceito constitucional.

---

13. José Afonso da Silva, *Curso de direito constitucional positivo*, p. 85-87; Luís Roberto Barroso, *Interpretação e aplicação da Constituição*, p. 142-145.
14. Ob. cit., p. 146.

Para encerrar, mencione-se que, na construção do Estado Democrático de Direito (art. 1.º, parágrafo único, da Constituição da República Federativa do Brasil), não se pode abrir mão de aplicar todos os princípios constitucionais inseridos pelo poder constituinte, sob pena de se questionar a supremacia do Texto Fundamental, colocando em risco a própria noção de soberania do povo. Os direitos e garantias fundamentais fazem parte desses princípios (são os princípios-garantia) e necessitam ser eficazmente respeitados, porque foram as normas eleitas pelo constituinte para reger os rumos da sociedade brasileira.

2.2.4 Fundamentos constitucionais

Nos termos do art. 1º da Constituição Federal, "a República Federativa do Brasil, formada pela união indissolúvel dos Estados e Municípios e do Distrito Federal, constitui-se em Estado Democrático de Direito e tem como fundamentos: I – a soberania; II – a cidadania; III – a dignidade da pessoa humana; IV – os valores sociais do trabalho e da livre-iniciativa; V – o pluralismo político". No parágrafo único consta o princípio básico da democracia: "todo o poder emana do povo, que o exerce por meio de representantes eleitos ou diretamente, nos termos desta Constituição".

FUNDAMENTOS DA REPÚBLICA FEDERATIVA DO BRASIL
(art. 1º, incisos I a V, da CF)

Os Poderes da União, independentes e harmônicos entre si, o Executivo, o Legislativo e o Judiciário (art. 2º, CF). Como anota Celso Bastos, "o traço mais importante da teoria elaborada por Montesquieu não foi o de identificar estas três funções, pois elas já haviam sido abordadas por Aristóteles, mas o de demonstrar que tal divisão possibilitaria um maior controle do poder que se encontra nas mãos do Estado. A ideia de um sistema de 'freios e contrapesos', onde cada órgão exerça as suas competências e também controle o outro, é que garantiu o sucesso da teoria de Montesquieu".[15]

Entre os objetivos primordiais da República Federativa do Brasil (art. 3º da CF) há de se ressaltar a construção de uma sociedade livre, justa e solidária. Além disso, é imperioso garantir o desenvolvimento nacional, erradicando a pobreza e a marginalização, com redução das desigualdades sociais e regionais. Deve-se promover o bem de todos, sem haver preconceito de origem, raça, sexo, cor, idade ou outras causas de discriminação.

2.2.5 Divisão espacial de poder

A Federação brasileira é composta pela União, pelos Estados Federados, pelos Territórios Federais (que integram a União, quando existentes), pelo Distrito Federal e pelos Municípios (art. 18 da CF). Brasília é a Capital Federal.

A União é uma pessoa de direito público interno, representando a *união dos Estados, Distrito Federal e Municípios*, porém, atua como ente autônomo, nos termos previstos pelo art. 18, *caput*, da Constituição. Os bens da União são enunciados pelo art. 20 e sua competência administrativa, no art. 21 da CF. No tocante à competência legislativa, prevista no art. 22, vale ressaltar o disposto pelo inciso I, pois concernente aos principais ramos do Direito. Cabe-lhe legislar, privativamente, sobre direito civil, comercial, penal, processual, eleitoral, agrário, marítimo, aeronáutico, espacial e do trabalho. Sem o caráter de exclusividade, mas de competência concorrente com os Estados e o Distrito Federal, a União pode legislar sobre direito tributário, financeiro, penitenciário, econômico e urbanístico (art. 24, inciso I da CF). Possui os três Poderes da Administração Pública: Executivo, Legislativo e Judiciário.

Os Estados são pessoas de direito público interno, organizados e regidos por Constituições e demais leis que adotarem, podendo atuar e legislar em qualquer área que não tenha sido reservada à União, ao Distrito Federal ou aos Municípios pela Constituição Federal (art. 25 da CF). Possuem os três Poderes da Administração Pública: Executivo, Legislativo e Judiciário. Considera-se que o Poder Constituinte Estadual,

---

15. *Curso de direito constitucional*, p. 159.

capaz de criar a sua própria Constituição, é um *Poder Constituinte Decorrente* (advindo do Poder Constituinte Originário, que assim previu na Constituição Federal). É relevante lembrar que os Estados participam da formação da vontade federal, pois se adota o sistema do bicameralismo. O Senado é considerado a Câmara dos Estados, acolhendo-se a igualdade de participação dos senadores (três por Estado).[16]

> SENADO: composto por 81 senadores (= 27 x 3). Lembre-se que são 26 Estados e 1 Distrito Federal.

O Distrito Federal não é nem Estado, nem Município, mas um dos componentes da República Federativa do Brasil. Pode ser considerada uma unidade federada (art. 32 da CF). No entanto, sua competência legislativa pode igualar-se, conforme o caso, ao Estado ou ao Município. Além disso, alguns de seus órgãos, como o Poder Judiciário, o Ministério Público, a Defensoria Pública e a Polícia são suportadas pela União. Então, goza de autonomia política, para abrigar a Capital Federal.

O Município é um dos integrantes da estrutura federativa, como se pode ver pela leitura do art. 1º, *caput*, da Constituição Federal. É regido por lei orgânica, possuindo apenas dois dos Poderes da Administração Pública: o Executivo e o Legislativo (art. 29 da CF). *Não há Judiciário municipal.*

No ensinamento de José Afonso da Silva, "a autonomia municipal, assim, assenta em quatro capacidades: a) *capacidade de auto-organização*, mediante a elaboração de lei orgânica própria; b) *capacidade de autogoverno*, pela eletividade do Prefeito e dos Vereadores às respectivas Câmaras Municipais; c) *capacidade normativa própria*, ou capacidade de autolegislação, mediante a competência de elaboração de leis municipais sobre áreas que são reservadas à sua competência exclusiva e suplementar; d) *capacidade de autoadministração* (administração própria, para manter e prestar os serviços de interesse social)".[17]

---

16. Pinto Ferreira, *Comentários à Constituição Brasileira*, v. 2, p. 121.
17. *Curso de direito constitucional positivo*, p. 545-546.

2.2.5.1 Intervenção federal e estadual

A autonomia dos Estados e dos Municípios, que é a regra, pode ser comprometida em razão da intervenção federal nos Estados ou no Distrito Federal, bem como a intervenção estadual nos Municípios (ou a União nos Municípios situados em Território), nos termos dos arts. 34 e 35 da Constituição Federal, respectivamente.

As hipóteses constitucionais para a União intervir nos Estados ou no Distrito Federal são as seguintes: a) manter a integridade nacional; b) repelir invasão estrangeira ou de uma unidade da Federação em outra; c) pôr termo a grave comprometimento da ordem pública; d) garantir o livre exercício de qualquer dos Poderes nas unidades da Federação; e) reorganizar as finanças da unidade da Federação que: suspender o pagamento da dívida fundada por mais de dois anos consecutivos, salvo motivo de força maior ou deixar de entregar aos Municípios receitas tributárias fixadas nesta Constituição, dentro dos prazos estabelecidos em lei; f) prover a execução de lei federal, ordem ou decisão judicial; g) assegurar a observância dos seguintes princípios constitucionais: forma republicana, sistema representativo e regime democrático; direitos da pessoa humana; autonomia municipal; prestação de contas da administração pública, direta e indireta ou aplicação do mínimo exigido da receita resultante de impostos estaduais, compreendida a proveniente de transferências, na manutenção e desenvolvimento do ensino e nas ações e serviços públicos de saúde."

As situações previstas na Constituição Federal para que o Estado possa intervir em seus Municípios são as seguintes (art. 35 da CF): a) deixar de ser paga, sem motivo de força maior, por dois anos consecutivos, a dívida fundada; b) não forem prestadas contas devidas, na forma da lei; c) não tiver sido aplicado o mínimo exigido da receita municipal na manutenção e desenvolvimento do ensino e nas ações e serviços públicos de saúde; d) o Tribunal de Justiça der provimento a representação para assegurar a observância de princípios indicados na Constituição Estadual, ou para prover a execução de lei, de ordem ou de decisão judicial".

2.2.6 Divisão orgânica do poder

O poder do Estado é reflexo da sua soberania. No Brasil, adotou-se o sistema da *tripartição dos poderes*, ao menos funcionalmente, permitindo uma mais adequada organização da sua estrutura: Legislativo, Executivo e Judiciário.

2.2.6.1 Poder Legislativo

O Poder Legislativo divide-se em duas Casas: Câmara dos Deputados e Senado Federal. Juntos, denomina-se Congresso Nacional. A Câmara dos Deputados representa diretamente o povo, eleitos, proporcionalmente, em cada Estado, Território e Distrito Federal. O número a ser eleito, para cada Estado, é estabelecido por Lei Complementar, respeitando-se, por proporção, a população do Estado e do Distrito Federal, com mandato de quatro anos. Nenhuma unidade da Federação terá menos que oito deputados ou mais que setenta. O Senado Federal, como já mencionado, representa os Estados-Membros e o Distrito Federal. Cada um deles pode eleger três senadores, com mandato de oito anos. As atribuições do Congresso Nacional estão disciplinadas pelos arts. 48 e 49 da CF.

Os parlamentares gozam de imunidades absolutas ou substantivas e relativas ou processuais (art. 53 da CF). As denominadas imunidades absolutas significam que o parlamentar (deputado ou senador) é inviolável por suas opiniões, palavras e votos. Essa inviolabilidade desdobra-se nos campos penal e civil.

As imunidades relativas significam que o parlamentar, desde a expedição do diploma, não pode ser preso, salvo em flagrante delito de crime inafiançável. Se isto ocorrer, o parlamentar precisa ser, dentro de no máximo 24 horas, apresentado ao Presidente da sua Casa Legislativa (o deputado, ao Presidente da Câmara dos Deputados; o senador, ao Presidente do Senado Federal).

Sob outro prisma, ainda a respeito da imunidade processual, havendo denúncia contra um parlamentar, pela prática de um crime, proposta pelo Procurador-Geral da República, o Supremo Tribunal Federal pode receber a peça acusatória, mas, depois, comunica à Casa Legislativa do denunciado. Por iniciativa de um partido político, pelo voto da maioria dos seus membros, poderá a Câmara (se for deputado) ou o Senado (tratando-se de senador) sustar o andamento da ação penal. Nesse caso, suspende-se o curso da prescrição.

O Legislativo, além da atividade de elaborar as leis do país (função típica), também exerce outras funções, como a de fiscalização e a de julgamento (função atípica). Como órgão fiscalizador, cabe-lhe questionar os atos do Executivo, em particular a gestão financeira e orçamentária; neste particular, é auxiliado pelo Tribunal de Contas de União. A função de julgamento (arts. 51, inciso I; 52, incisos I e II da CF) lhe é atribuída quando precisar autorizar, por dois terços de seus membros, a instaura-

CAP. II • DIREITO PÚBLICO | 33

ção de processo contra o Presidente e o Vice-Presidente da República e os Ministros de Estado (no caso da Câmara dos Deputados) e quando necessitar processar e julgar o Presidente e o Vice-Presidente da República nos crimes de responsabilidade, além de Ministros de Estado e os Comandantes da Marinha, do Exército e da Aeronáutica nos crimes da mesma natureza conexos com aqueles; processar e julgar os Ministros do Supremo Tribunal Federal, os membros do Conselho Nacional de Justiça e do Conselho Nacional do Ministério Público, o Procurador-Geral da República e o Advogado-Geral da União nos crimes de responsabilidade (no caso do Senado Federal).

2.2.7 Processo legislativo

O Poder Legislativo pode elaborar as seguintes normas: a) emendas à Constituição (reformas feitas diretamente na Constituição Federal), leis complementares (normas que complementam, explicando e detalhando, alguns temas constantes da Constituição Federal), leis ordinárias (normas mais comuns para regular os diversos ramos do Direito), leis delegadas (normas que permitem ao Presidente da República disciplinar determinado assunto), medidas provisórias (são normas editadas pelo Presidente da República, que precisam ser confirmadas pelo Legislativo), decretos legislativos (normas que regulam assuntos de competência exclusiva do Congresso, como ratificar tratado internacional) e resoluções (normas de competência do Congresso para regular assuntos internos).

A emenda à Constituição depende de proposta de um terço, pelo menos, dos membros da Câmara dos Deputados ou do Senado Federal, do Presidente da República ou de mais da metade das Assembleias Legislativas dos Estados, cada uma se manifestando pela maioria relativa de seus membros (art. 60 da CF). Exige um *quorum* qualificado para ser aprovada (três quintos do Congresso), após ser discutida e votada em cada Casa Legislativa em dois turnos.

A lei complementar também depende de *quorum* especial para ser aprovada (maioria absoluta, nos termos do art. 69 da CF), enquanto a lei ordinária pode ser aprovada por maioria simples (maioria absoluta significa metade mais um dos membros da Casa; maioria simples significa metade mais um dos presentes à sessão). A iniciativa cabe a qualquer membro ou comissão da Câmara dos Deputados, do Senado Federal ou do Congresso Nacional, ao Presidente da República, ao Supremo Tribunal Federal, aos

Tribunais Superiores, ao Procurador-Geral da República e aos cidadãos (a iniciativa popular precisa de um projeto de lei subscrito por, pelo menos, 1% do eleitorado nacional, distribuído pelo menos por cinco Estados, com não menos de três décimos por cento dos eleitores de cada um deles (art. 61 da CF). Vale assinalar que a iniciativa de leis por parte de órgãos do Poder Judiciário só pode dizer respeito a matéria de seu peculiar interesse.

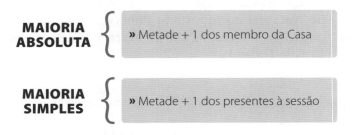

O Presidente da República pode editar medida provisória, em caso de relevância e urgência, que terá força de lei, mas deve ser aprovada pelo Congresso Nacional. Não pode ser editada medida provisória cuidando de matéria relativa à nacionalidade, cidadania, direitos políticos, partidos políticos, direito eleitoral, direito penal, processual penal, processual civil, organização do Poder Judiciário e do Ministério Público, a carreira e a garantia de seus membros, planos plurianuais, diretrizes orçamentárias, orçamento e créditos adicionais e suplementares; que vise à detenção ou ao sequestro de bens, de poupança popular ou qualquer outro ativo financeiro; matéria reservada a lei complementar; já disciplinada em projeto de lei aprovado pelo Congresso Nacional e pendente de sanção ou veto do Presidente da República (art. 62 da CF).

As leis delegadas serão elaboradas pelo Presidente da República, com autorização do Congresso Nacional (art. 68 da CF).

O curso do projeto de lei depende da aprovação por uma Casa para, depois, ser revisto por outra, em um só turno de debate e votação. Depois, é remetido para a sanção do Presidente da República. Este pode vetar o projeto aprovado pelo Legislativo, caso o considere inconstitucional ou contrário ao interesse público, no prazo de 15 dias úteis. Passado esse prazo, o silêncio do Presidente importará sanção (arts. 65 e 66 da CF).

2.2.7.1   Poder Executivo

O Poder Executivo é exercido pelo Presidente da República, com o auxílio de seus Ministros de Estado (art. 76 da CF). A sua função é administrar o país dentro das atribuições que lhe são conferidas pelo Texto Maior (art. 84). Pode também o chefe do Executivo conceder indulto (perdão a condenados), editar medidas provisórias (normas com efeito imediato, mas que dependem de aprovação do Parlamento), participar do processo legislativo (deve sancionar a lei constituída pelo Senado e pela Câmara dos Deputados), entre outras.

2.2.7.2 Poder Judiciário

O Poder Judiciário possui a função *jurisdicional*, ou seja, aplicar o direito ao caso concreto, resolvendo os conflitos sociais ou individuais que lhe forem apresentados. Esta é a sua função típica, o que não elimina outras atividades, em casos excepcionais. São órgãos do Judiciário: a) Supremo Tribunal Federal; b) Conselho Nacional de Justiça; c) Superior Tribunal de Justiça; d) O Tribunal Superior do Trabalho; e) Tribunais Regionais Federais e juízes federais; f) Tribunais e juízes do trabalho; g) Tribunais e juízes eleitorais; h) Tribunais e juízes militares; i) Tribunais e Juízes dos Estados e do Distrito Federal e Territórios (art. 92 da CF).

Conforme já mencionado, além do exercício jurisdicional, alguns órgãos do Judiciário podem promover atos administrativos, por exemplo, promover ou remover juízes, bem como aplicar-lhes penalidades. Aliás, a primordial atividade do Conselho Nacional de Justiça é fiscalizatória, exercendo o denominado *controle externo* do Poder Judiciário.

2.2.8 Hipóteses de defesa do Estado

Nas palavras de José Afonso da Silva, "*estado* de defesa é uma situação em que se organizam medidas destinadas a debelar ameaças à ordem pública ou à paz social. Em outras palavras, em função do disposto no art. 136: *o estado de defesa consiste na instauração de uma legalidade extraordinária, por certo tempo, em locais restritos e determinados, mediante decreto do Presidente da República, ouvidos o Conselho da República e o Conselho de Defesa Nacional, para preservar a ordem pública ou a paz social ameaçadas por grave e iminente instabilidade institucional ou atingidas por calamidades de grandes proporções na natureza*".[18]

---

18. *Curso de direito constitucional positivo*, p. 645.

"O decreto que instituir o estado de defesa determinará o tempo de sua duração, especificará as áreas a serem abrangidas e indicará, nos termos e limites da lei, as medidas coercitivas a vigorarem, entre as seguintes: I – restrições aos direitos de: a) reunião, ainda que exercida no seio das associações; b) sigilo de correspondência; c) sigilo de comunicação telegráfica e telefônica; II – ocupação e uso temporário de bens e serviços públicos, na hipótese de calamidade pública, respondendo a União pelos danos e custos decorrentes" (art. 136, § 1º, da CF). É preciso estipular um tempo de duração, até no máximo 30 dias, podendo haver prorrogação, uma vez, pelo mesmo período. O Congresso Nacional precisa aprovar o decreto, em dez dias, por maioria absoluta (metade mais um dos componentes do Parlamento).

O Estado de Sítio é mais rigoroso e pode ser decretado quando falhar o Estado de Defesa. A doutrina costuma diferenciar o Estado de Sítio como *repressivo* e *defensivo*.[19] O prieiro se dá quando houver "comoção grave de repercussão nacional ou ocorrência de fatos que comprovem a ineficácia de medida tomada durante o estado de defesa" (art. 137, inciso I, CF). O segundo ocorre em situação de "declaração de estado de guerra ou resposta a agressão armada estrangeira" (art. 137, inciso II, CF). Para a decretação do Estado de Sítio, o Presidente precisa conseguir a autorização do Congresso Nacional previamente. O Parlamento decidirá por maioria absoluta (metade mais um dos integrantes). Assim como o Estado de Defesa, é preciso um prazo determinado, de até 30 dias, sendo cabível a prorrogação (no caso do inciso I do art. 137); deve durar o tempo que for necessário, no caso do inciso II do art. 137).

São as seguintes medidas a tomar contra as pessoas: a) obrigação de permanência em localidade determinada; b) detenção em edifício não destinado a acusados ou condenados por crimes comuns; c) restrições relativas à inviolabilidade da correspondência, ao sigilo das comunicações, à prestação de informações e à liberdade de imprensa, radiodifusão e televisão, na forma da lei; d) suspensão da liberdade de reunião; e) busca e apreensão em domicílio; f) intervenção nas empresas de serviços públicos; g) requisição de bens (art. 139 da CF).

---

19. Araujo e Nunes Jr., *Curso de direito constitucional*, p. 301.

2.2.9 Critérios para definir a nacionalidade

Considera-se brasileiro *nato* o nascido no Brasil, mesmo que seus pais sejam estrangeiros, desde que estes não estejam a serviço de seu país; também o nascido no estrangeiro, com pai ou mãe brasileira, desde que qualquer deles esteja a serviço do Brasil; igualmente, o nascido no estrangeiro de pai ou mãe brasileira, quando sejam registrados em repartição brasileira ou venham a residir no Brasil, optando, a qualquer tempo, após a sua maioridade, pela nacionalidade brasileira (art. 12, inciso I, da CF).

Reputa-se brasileiro *naturalizado* o que, conforme a lei, adquira a nacionalidade brasileira; aos originários de países de língua portuguesa demanda-se somente a residência por um ano ininterrupto em território brasileiro e idoneidade moral. Pode naturalizar-se o estrangeiro que resida no Brasil há mais de quinze anos ininterruptos, sem condenação penal, desde que requeira a nacionalidade brasileira (art. 12, inciso II, da CF).

É curial observar que "a nacionalidade é qualificada como um direito fundamental da pessoa humana cuja outorga cabe ao Estado soberano, não se excluindo, mediante determinados pressupostos e circunstâncias, a possibilidade de o indivíduo optar por outra nacionalidade, nem a dimensão do direito do indivíduo à sua nacionalidade"[20].

Entretanto, se o brasileiro optar por outra nacionalidade, perde a brasileira. A exceção se dá quando o país de origem reconhece, pela sua legislação, a nacionalidade (ex.: a Itália reconhece os descendentes de italianos, pelo *direito de sangue*, como nacionais). Também constitui exceção, quando houver imposição de naturalização, pela legislação estrangeira, ao brasileiro residente no exterior, como condição para ali permanecer ou para exercer os direitos civis.

2.2.10 Direitos e partidos políticos

Quanto aos direitos políticos, a soberania popular é exercida pelo sufrágio universal e pelo voto direto e secreto, com igual valor para todos. O voto é obrigatório para os maiores de 18 anos e facultativo para

---

20. Ingo Wolfgang Sarlet, O sistema constitucional brasileiro, direitos fundamentais em espécie. In: Ingo Wolfgang Sarlet; Luiz Guilherme Marinoni; Daniel Mitidiero. Curso de Direito Constitucional. 2 ed. rev., atual. e ampl. São Paulo: RT, 2012. p. 627.

os analfabetos, os maiores de 70 anos, os maiores de 16 e menores de 18. Para se candidatar a um cargo público, exige-se a nacionalidade brasileira, estar no gozo dos direitos políticos, encontrar-se alistado, ter domicílio eleitoral na circunscrição, filiação partidária e idade mínima conforme o posto visado (art. 14 da CF).

Sob outro aspecto, a criação de partidos políticos é livre, devendo-se resguardar a soberania nacional, o regime democrático, o pluripartidarismo, os direitos fundamentais da pessoa humana, observando-se, ainda, os seguintes preceitos: a) ter caráter nacional; b) proibição de recebimento de recursos de entidade ou governo estrangeiro; c) prestar contas à Justiça Eleitoral; d) funcionar de acordo com a lei (art. 17 da CF).

2.2.11 Aspectos da ordem social

2.2.11.1 Educação, cultura e desporto

Preceitua a Constituição Federal que a educação é um direito de todos e dever do Estado e da família; será promovida pela sociedade, com vistas ao desenvolvimento da pessoa, preparando-a para o exercício da cidadania e para o trabalho (art. 205 da CF).

O acesso à cultura será garantido pelo Estado, que apoiará e dará incentivo à valorização e à difusão das manifestações culturais (art. 215 da CF). Nos termos expostos por Celso Bastos, "cultura compreende tudo o que homem tem realizado e transmitido através dos tempos na sua passagem pela terra. Envolve: comportamento, desenvolvimento intelectual, crenças, enfim, aprimoramento tanto dos valores espirituais como materiais do indivíduo".[21]

O esporte faz parte do bom convívio humano, devendo ser incentivado pelo Estado por meio de competições formais e não formais (art. 217 da CF).

2.2.11.2 Ciência e tecnologia

O saber humano produz a ciência e a tecnologia, devendo o Estado estimular o seu desenvolvimento, a pesquisa e a capacitação tecnológica (art. 218 da CF).

---

21. *Curso de direito constitucional*, p. 480.

2.2.11.3 Comunicação social

É livre a manifestação do pensamento (art. 5º, inciso IV, da CF), assim como a criação, a expressão e a informação não devem sofrer nenhum tipo de restrição, respeitadas as regras constitucionais, conforme dispõe o art. 220 da Constituição Federal.

A liberdade de imprensa não poderá ser cerceada por lei, desde que não ofenda direitos e garantias individuais, tais como intimidade, vida privada, honra e imagem das pessoas. *Veda-se qualquer forma de censura de natureza política, ideológica e artística (art. 220, § 2º, da CF).*

A lei federal deve regular as diversões e espetáculos públicos, devendo o Poder Público informar sobre a sua natureza, as faixas etárias recomendadas, os locais e os horários de sua apresentação; deve estabelecer os meios legais para assegurar à pessoa e à família a viabilidade de se defenderem de programas de rádio e televisão que não tenham fins educativos, artísticos, culturais e informativos, culturais e respeitosos aos valores éticos e sociais do indivíduo e da família.

No texto constitucional, há norma expressa a respeito da imposição de restrições legais à propaganda comercial de tabaco, bebidas alcoólicas, agrotóxicos, medicamentos e terapias (art. 220, § 4º, da CF).

2.2.11.4 Meio ambiente

Nos termos do art. 225, *caput,* da Constituição Federal "todos têm direito ao meio ambiente ecologicamente equilibrado, bem de uso comum do povo e essencial à sadia qualidade de vida, impondo-se ao Poder Público e à coletividade o dever de defendê-lo e preservá-lo para as presentes e futuras gerações".

A novidade trazida pelo texto constitucional foi a permissão para a punição da pessoa jurídica, que cometa crime ambiental (art. 225, § 3º, CF). A partir de 1988, iniciou-se, na doutrina e na jurisprudência, um debate acerca da mais adequada interpretação a ser dada ao referido § 3º. Alguns penalistas não acolheram a responsabilidade penal da pessoa jurídica, afirmando que somente a pessoa física seria capaz de ter vontade livre para tanto. No entanto, o Supremo Tribunal Federal considerou viável a responsabilização penal da pessoa jurídica, caso cometa um delito contra o meio ambiente.

2.2.11.5 Família, criança, adolescente e idoso

A família é a base da sociedade e deve ter especial proteção estatal. O art. 226 e seus parágrafos disciplinam o tema. A norma constitucional é a que confere proteção do Estado à união estável entre homem e mulher, considerando-a como entidade familiar, devendo haver lei para facilitar a sua conversão em casamento. A partir disso, o Supremo Tribunal Federal declarou ser admissível, igualmente, o reconhecimento da união estável homoafetiva. E, na sequência, alguns Estados-membros passaram a autorizar, administrativamente, também o casamento homoafetivo, escorados na Resolução 175/2013 do Conselho Nacional de Justiça.

Assegura-se à criança e ao adolescente, com prioridade absoluta, os direitos essenciais à vida, à saúde, à alimentação, à educação, ao lazer, à profissionalização, à cultura, à dignidade, ao respeito, à liberdade e à convivência familiar e comunitária, resguardo-os de negligência, discriminação, exploração, violência, crueldade e opressão (art. 227, *caput*, da CF).

A proteção especial envolve a idade mínima de 14 anos para ser admitido no trabalho, a garantia de direitos previdenciários e trabalhistas, a garantia de acesso do trabalhador adolescente à escola, o pleno conhecimento de ato infracional para que promova a melhor defesa possível, o respeito a direitos mínimos quando houver a aplicação de qualquer medida privativa de liberdade, o estímulo do Poder Público ao acolhimento sob forma de guarda de criança ou adolescente órfão ou abandonado, programas de prevenção e atendimento à criança ou adolescente dependentes de drogas.

Outra inovação de 1988 foi a inserção, no texto constitucional, de que os menores de 18 anos são penalmente inimputáveis, sujeito à legislação especial, ou seja, não respondem pelos ilícitos penais na justiça criminal (art. 228 da CF). Existem, para avaliar a responsabilidade infantojuvenil, as Varas da Infância e Juventude.

Maiores de 18 anos (imputáveis)
» Cometem crime ou contravenção penal;
» Respondem na Justiça (comum ou especial);
» Sanção = pena.

Menores de 18 anos (inimputáveis)
» Cometem ato infracional semelhante a crime ou a contravenção penal;
» Respondem na Vara da Infância e Juventude;
» Sanção = medidas socioeducativas.

2.2.12 Direitos humanos

2.2.12.1 Conceito

Os *direitos humanos*, ligados estreitamente ao princípio da dignidade da pessoa humana, são os essenciais a conferir ao ser humano a sua máxima individualidade dentre todas as criaturas existentes no planeta, mas também lhe assegurando, perante qualquer comunidade, tribo, reino ou cidade, condições mínimas de respeito à sua integridade físico-moral e de sobrevivência satisfatória. Muito além não se consegue – nem se deve – ir, em conceito tão amplo quanto relevante para ser respeitado e seguido. Uma definição extremamente fechada, repleta de minúcias, poderia pecar pela ausência – falível – de algum ponto importante olvidado no momento de sua elaboração.

Tratando-se de conceito exaustivo, poder-se-ia afastar algum direito básico do qual não se poderia, em sã consciência, abrir mão. Sob outro aspecto, uma definição abusivamente aberta, como dizer serem todos os direitos atribuídos somente ao ser humano, terminaria pela queda no vazio, na ausência de leis postas, bem como se pode atingir, igualmente, a submissão do que é essencial ao que é simplesmente legal. É preferível um conceito aberto de *direitos humanos*, dele extraindo a essência, mutável, por certo, de tempos em tempos. Ademais, não são muitos os direitos que conferem e legitimam ao ser humano a sua individualidade como tal, garantindo-lhe respeito físico e moral, além dos bens materiais suficientes à sua sobrevivência.

2.2.12.2 Terminologia adequada

Ao longo dos anos, a doutrina cunhou termos diversos para os *direitos humanos*, tais como: direitos fundamentais, direitos da pessoa humana, direitos humanos fundamentais, direitos públicos subjetivos, liberdades públicas, direitos individuais, direitos do homem e do cidadão, direitos naturais, direitos constitucionais, direitos civis etc.

Divide-se hoje a maioria da doutrina entre as seguintes expressões: *direitos humanos* e *direitos fundamentais*. Afirma-se que esta última expressão advém – e é certo – do positivismo. São *direitos fundamentais* os que forem assim reconhecidos por tratados, convenções, constituições, enfim, normas expressas. Outros direitos, considerados essenciais, mesmo não estando explícitos por um texto, podem ser classificados como direitos humanos.

Há os que preferem considerar *direitos humanos* os universais, envolvendo toda a humanidade, pouco importando o local do globo. Logo, hão de estar previstos em tratados e convenções. Por outro lado, os *direitos fundamentais* são os previstos pelo direito interno; em nosso caso, a Constituição Federal. Diante disso, surgem os que preferem conciliar, denominando os direitos individuais, previstos constitucionalmente, como direitos humanos fundamentais.

ESQUEMA DE NOMENCLATURA

Cremos mais acertada a posição de acolhimento da terminologia dos *direitos humanos*, como os direitos universais do ser humano, reconhecidos como tais nacional e internacionalmente (*v.g.*, o direito à liberdade). Geralmente constam, pelo menos, em tratados e convenções internacionais, podendo estar, também, na Constituição Federal. Por outro lado, são, em nossa visão, *direitos fundamentais* os que, formalmente, forem assim considerados pela Constituição Federal. De qualquer forma, a adoção da expressão *direitos humanos*, muito mais vinculada à sua fonte original, conectada à dignidade da pessoa humana, tem o condão de expressar a sua fonte jusnaturalista. Essa corrente de pensamento preza a moral, a ética e não se preocupa tanto com as leis escritas.

2.2.12.3 *Direitos humanos e dignidade da pessoa humana: fontes constitucionais*

A trajetória dos direitos humanos cruza a linha da dignidade da pessoa humana. Esta, como princípio geral regente de outros. Aqueles, como princípios subalternos ou regras a seguir. Esses direitos estão previstos, basicamente, no art. 5º da Constituição Federal, logo, possuem o *status* de normas constitucionais, que estão acima de outras leis. Porém, o § 2º do art. 5º abriu a viabilidade de se acolher outros direitos e garantias, não expressos no Texto Maior, embora decorrentes do regime, dos princípios ou dos tratados firmados pelo Brasil.

Desse modo, há direitos humanos advindos, implicitamente, de Tratados Internacionais; a título de ilustração, o princípio do duplo grau de jurisdição (o direito de recurso do réu contra uma decisão condenatória em primeiro grau), cuja fonte é a Convenção Americana dos Direitos Humanos (Pacto de San José da Costa Rica). Além disso, no § 3º do art. 5º, incluído pela Emenda 45/2004, os tratados e convenções internacionais sobre direitos humanos, quando aprovados em cada Casa do Congresso Nacional, em dois turnos, por três quintos dos votos dos respectivos membros, serão equivalentes às emendas constitucionais. Por isso, caso tal hipótese ocorra, a norma referente ao direito reconhecido passa a ter *status* constitucional explícito.

Surge, naturalmente, a necessidade de se constatar qual a visão do Supremo Tribunal Federal nesse campo. A última posição que se extrai de julgamento ocorrido em Plenário é conceder às normas advindas de tratados internacionais, não aprovados na forma do § 3º do art. 5º, mas ingressando pela porta do § 2º, um caráter *supralegal*. Seria, pois, uma norma a integrar a ordem interna situada abaixo da norma constitucional e acima da legislação ordinária. O exemplo supracitado (duplo grau de jurisdição) teria essa natureza jurídica.

Eis a correta lembrança de André de Carvalho Ramos: "as normas de direitos humanos previstas em leis internas, Constituições e tratados internacionais são apenas um ponto de partida e nunca um ponto de chegada para o intérprete, pois cabe sempre averiguar a real interpretação e configuração normativa dada pelos tribunais. A proteção de direitos humanos é antes um exercício de *prudência* judicial do que *labor* legislativo".[22]

De fato, mais força possui, no cenário da proteção individual, a decisão judicial do que a lei editada pelo Poder Legislativo. Por isso, como

---

22. *Teoria geral dos direitos humanos na ordem internacional*, p. 29.

mencionamos na introdução a este trabalho, os magistrados precisam proferir suas decisões *sempre* fundamentadas, com coerência e primando pela lógica. Em especial, quando estiverem decidindo matérias concernentes aos direitos humanos, pela sua natural importância.

O art. 5º da Constituição Federal estabelece os direitos e garantias humanas fundamentais.

2.2.13 Ações de impugnação e tutela de direitos fundamentais

2.2.13.1 Habeas corpus (HC)

2.2.13.1.1 Conceito e natureza jurídica

Trata-se de ação constitucional, destinada a coibir qualquer ilegalidade ou abuso de poder voltado à constrição da liberdade de ir, vir e ficar, seja na esfera penal, seja na cível. Encontra-se prevista no art. 5º, inciso, LXVIII, da Constituição Federal e regulada no Capítulo X do Título II do Livro III do CPP (arts. 647 e seguintes).

Cuida-se, principalmente, de uma *garantia individual*. Em nosso posicionamento, há diferença entre direito e garantia fundamental. O primeiro é meramente declaratório – como o direito à liberdade –, enquanto o segundo é assecuratório – como o devido processo legal. O Estado reconhece a existência do direito, afirmando-o em norma jurídica. A garantia é instituída pelo Estado, não existindo naturalmente antes da norma que a criou. A diferença estabelecida entre *direito* e *garantia* é didática e classificatória, permitindo a mais adequada visão dos direitos e garantias humanas fundamentais.

O termo *habeas corpus*, do latim (*habeo, habere* = ter, exibir, tomar, trazer; *corpus, corporis* = corpo), etimologicamente, significa "toma o corpo", isto é, fazer a apresentação de alguém, que esteja preso, em juízo, para que a ordem de constrição à liberdade seja justificada, podendo o magistrado mantê-la ou revogá-la. O seu objetivo primário é conceder liberdade a quem dela se viu privado, sem justo motivo. Diante disso, a sua natureza jurídica é de ação de conhecimento, mas também denominado de *remédio heroico*. Aliás, o texto constitucional refere-se à ação de *habeas corpus* – e não recurso (art. 5.º, inciso LXXVII, CF).

2.2.13.1.2 Espécies de *habeas corpus*

Há duas espécies de *habeas corpus*: a) *liberatório*, que é o mais comum, dizendo respeito à cessação do constrangimento ilegal contra a liberdade individual, já consumado; atua em relação a qualquer espécie de coação já realizada, buscando retornar o coato à situação anterior de plena liberdade; b) *preventivo*, mais raro, referindo-se à ordem de cautela, visando a assegurar que determinada coação em potencial não ocorra.

Quando **liberatório**, a concessão da ordem de *habeas corpus* leva à expedição de **alvará de soltura** (libertar quem está indevidamente custodiado) ou gera um ofício, contendo uma ordem, enviado à autoridade coatora para que o constrangimento cesse de imediato (trancamento de uma investigação, por exemplo).

Se for **preventivo**, a concessão da ordem acarreta a expedição do mandado de **salvo-conduto**, consistente em ordem judicial para que o ameaçado não venha a sofrer qualquer constrangimento ilegal em sua liberdade de locomoção.

Sem dúvida, o mais comum e utilizado *habeas corpus* é o liberatório, ajuizado contra ato de autoridade coatora já consumado. Pretende-se restituir ao paciente a liberdade individual na sua integralidade, que fora conspurcada por algum abuso ou ilegalidade.

Não se deve, no entanto, desprezar a eficiência do *habeas corpus* preventivo. A Constituição Federal autoriza essa ação quando se verificar *ameaça* de violência ou coação em relação à liberdade de locomoção, hoje visualizada por amplo espectro, de alguém, em caso de ilegalidade ou abuso de poder.

ESQUEMA-RESUMO DA AÇÃO DE *HABEAS CORPUS*

Ação gratuita conforme art. 5º, inciso LXXVII, da CF, sem necessidade de ser impetrada por advogado.

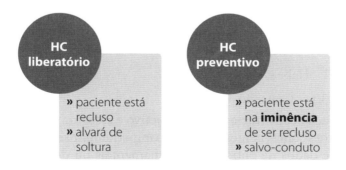

2.2.13.2 Mandado de segurança (MS)

2.2.13.2.1 Conceito

Cuida-se de ação constitucional, voltada à proteção de direito líquido e certo, não amparado por *habeas corpus* ou *habeas data*, desde que o responsável pela ilegalidade ou **abuso de poder for autoridade pública ou agente de pessoa jurídica no exercício de atribuições do Poder Público** (art. 5º, inciso LXIX, CF). É possível ajuizar mandado de segurança coletivo, para defender várias pessoas ao mesmo tempo, quando for impetrado por partido político com representação no Congresso Nacional ou organização sindical, entidade de classe ou associação legalmente constituída e em funcionamento há pelo menos um ano, em defesa dos interesses de seus membros ou associados (art. 5º, inciso LXX, alíneas "a" e "b", da CF). Além desses artigos da Constituição, disciplina o mandado de segurança a Lei 12.016/2009.

2.2.13.2.2 Espécies de mandado de segurança

Da mesma forma que o *habeas corpus*, há duas espécies de mandado de segurança: a) repressivo, quando tem por finalidade coibir ato ilegal ou abusivo já realizado; b) preventivo, quando se destinar a impedir a ocorrência de uma ilegalidade ou ato abusivo, desde que haja justa razão para recear a prática do constrangimento ilegal.

O mais comum também é o ajuizamento de mandado de segurança repressivo para reparar uma ilegalidade ou abuso já cometido.

É cabível essa modalidade de ação constitucional na esfera civil ou criminal, embora seja mais comum no âmbito civil. Excepcionalmente, pode-se valer desse instrumento na órbita criminal, para corrigir alguns atos abusivos, que não dizem respeito à liberdade de locomoção, logo, não é cabível o *habeas corpus*. Exemplo disso é a propositura de mandado de segurança para impedir a quebra do sigilo bancário de alguém, quando inexistir prova da prática de crime.

2.2.13.3 Habeas data

2.2.13.3.1 Conceito

É uma ação constitucional, cujo objetivo é assegurar o conhecimento de informações concernentes à pessoa do impetrante, inscritos em registros ou banco de dados de entidades governamentais ou de caráter público, livre de custas. Serve, também, para retificar os dados de alguém, quando não se escolha fazê-lo por processo sigiloso, judicial ou administrativo, nos termos do art. 5º, inciso LXXII, da CF.

2.2.13.3.2 Procedimento

É imprescindível que se esgote a via administrativa, para conseguir o seu objetivo, *antes* de impetrar *habeas data*, ou seja, o interessado deve peticionar ao órgão público, que detém seus dados para ter acesso ao desejado ou para retificar algum erro. Se lhe for negado o pedido, pode valer-se de *habeas data*.

Pode ser utilizado por pessoa física ou jurídica, inclusive estrangeiros. Volta-se essa ação a entidades governamentais da administração pública direta ou indireta, além de todas as instituições que prestem serviços públicos ou de interesse público.

2.2.13.4 *Mandado de injunção*

2.2.13.4.1 Conceito

Cuida-se de ação constitucional, destinada a suprir uma omissão do Poder Legislativo, sempre que faltar uma norma regulamentadora, passível de tornar inviável o exercício de direitos e liberdades constitucionais e das prerrogativas concernentes à nacionalidade, à soberania e à cidadania, nos termos do art. 5º, inciso LXXI, da Constituição Federal.

2.2.13.4.2 Procedimento

Como ensina Alexandre de Moraes, "as normas constitucionais que permitem o ajuizamento do mandado de injunção assemelham-se às da ação direta de inconstitucionalidade por omissão e não decorrem de todas as espécies de omissões do Poder Público, mas tão só em relação às normas constitucionais de eficácia limitada de princípio institutivo de caráter impositivo e das normas programáticas vinculadas ao princípio da legalidade, por dependerem de atuação normativa ulterior para garantir sua aplicabilidade".[23]

Pode ser ajuizado por qualquer pessoa, física ou jurídica, com o objetivo de assegurar o exercício de direitos inviabilizados por ausência de norma reguladora proveniente da Constituição. A ação se volta contra pessoas de direito público, aptas a elaborar os atos normativos faltantes.

---

23. *Direito constitucional*, p. 184.

QUADRO-RESUMO DE AÇÕES CONSTITUCIONAIS

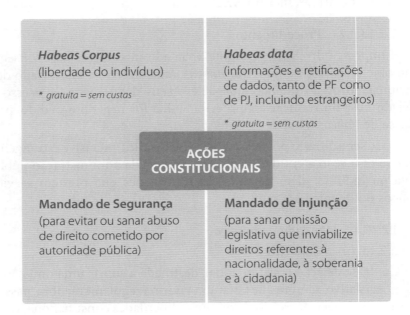

2.3 Direito administrativo

2.3.1 Conceito

Trata-se de um ramo do direito público, formado por princípios e regras voltadas a regulamentar as atividades do Estado, por meio de seus órgãos, agentes e pessoas jurídicas públicas, com a finalidade de alcançar os seus objetivos, enfocando o bem-estar dos indivíduos e da sociedade.

A Administração Pública constitui a atividade primordial do Poder Executivo, em níveis federal, estadual e municipal, visando à correta distribuição dos recursos para satisfazer às necessidades da população. Há vários órgãos destinados a exercer as atividades públicas estatais.

Por outro lado, não se deve olvidar a existência de uma estrutura administrativa interna em relação aos outros Poderes de Estado: Legislativo e Judiciário. Noutros termos, embora seja o Poder Executivo o encarregado ao exercício de atividades administrativas básicas e essenciais (função típica), o Legislativo, além de editar leis, também precisa estruturar-se internamente, o que faz por atos administrativos (função atípica); o Judiciário, além de julgar casos, aplicando as leis e resolvendo conflitos (função típica), também precisa estruturar-se internamente, fazendo-o por meio de atos administrativos (função atípica).

2.3.2 Administração direta

Divide-se a administração pública em direta e indireta. A primeira é formada pelos serviços integrados à estrutura da Presidência da República e seus Ministérios, em nível federal; ao Governo dos Estados e suas Secretarias, em nível estadual (o mesmo vale para o Governo do Distrito Federal e suas Secretarias); à Prefeitura e suas Secretarias, em nível municipal. A segunda forma-se pelas entidades, que possuem personalidade jurídica própria, como as autarquias, as empresas públicas, as sociedades de economia mista e as fundações públicas.[24]

Para compreender o significado da administração direta, basta conhecer as atividades destinadas, pela Constituição Federal (Presidente da República), pela Constituição Estadual (Governador) e pelas Leis Municipais (Prefeito) aos ocupantes da chefia do Poder Executivo. Ilustrando, o art. 84, da Constituição Federal, fixa a competência privativa do Presidente da República.

2.3.3 Administração indireta

A *autarquia* é uma pessoa jurídica de direito público, com ampla autonomia, nos campos administrativo, técnico, econômico e jurídico, criadas por lei, fiscalizada pelo Estado, devendo exercer atividades e serviços de interesse público, em auxílio à administração direta. Exemplo: Instituto Nacional do Seguro Social (nível federal); Universidade de São Paulo (nível estadual); Hospital do Servidor Público Municipal (nível municipal). Como bem assinala Hely Lopes Meirelles, "as autarquias podem desempenhar atividades educacionais, previdenciárias e quaisquer outras outorgadas pela entidade estatal matriz, mas sem subordinação hierárquica, sujeitas apenas ao controle finalístico de sua administração e da conduta de seus dirigentes".[25]

---

24. Di Pietro, *Direito administrativo*, p. 62.
25. *Direito administrativo brasileiro*, p. 68.

EXEMPLOS DE AUTARQUIAS
Bacen
Hospital do Servidor Público
Hospital das Clínicas
USP

A *empresa pública* é uma pessoa jurídica de direito privado, criada por lei, para servir como instrumento do Estado, em atividades de natureza econômica, dentro de regras específicas, com capital constituído por recursos advindos de pessoas jurídicas de direito público ou de outras pessoas da administração indireta, com predominância acionária estatal. Exemplo: Empresa Brasileira de Correios e Telégrafos.

A *sociedade de economia mista* é uma empresa formada por capital público e privado e sua criação ou extinção dá-se por força de lei; trata-se de pessoa jurídica de direito privado, com controle acionário estatal (federal, estadual ou municipal), em forma de sociedade anônima, para desempenho de atividade econômica, em apoio às atividades típicas do Estado. Como salienta Celso Antônio Bandeira de Mello, "empresas públicas e sociedades de economia mista são, fundamentalmente e acima de tudo, instrumentos de ação do Estado. O traço essencial caracterizador destas pessoas é o de se constituírem em *auxiliares* do Poder Público; logo, são entidades voltadas, por definição, à busca de interesses transcendentes aos meramente privados".[26] Exemplo: Banco do Brasil, Petrobras (nível federal); Sabesp, Metrô (nível estadual).

A *fundação pública* é uma pessoa jurídica de direito público ou de direito privado, conforme a lei que a instituir (pública) ou a lei que autorizar o seu funcionamento (privada), sem finalidade lucrativa, com autonomia administrativa e patrimônio próprio, com a finalidade de auxiliar o Estado em suas atividades. Exemplo: Fundação Nacional do Índio – FUNAI; Fundação Universidade de Brasília – UNB (nível federal); Fundação Centro de Atendimento Socioeducativa ao Adolescente – CASA (estadual).

Os fins para os quais a fundação é criada são os seguintes: a) assistência social; b) cultura; c) defesa e conservação do patrimônio histórico

---

26. *Curso de direito administrativo*, p. 198.

e artístico; d) educação; e) saúde; f) segurança alimentar e nutricional; g) defesa, preservação e conservação do meio ambiente; h) promoção do desenvolvimento sustentável do meio ambiente; i) pesquisa científica, desenvolvimento de tecnologias alternativas, modernização de sistemas de gestão, produção e divulgação de informações e conhecimento técnicos e científicos; j) promoção da ética, da cidadania, da democracia e dos direitos humanos; k) atividade religiosa.

Deve zelar pelas fundações o Ministério Público do Estado onde estejam situadas. Encontrando-se no Distrito Federal (ou Território), caberá a fiscalização ao Ministério Público do Distrito Federal e Territórios. Quando as atividades da fundação se estenderem por mais de um Estado, o encargo cabe, em cada um deles, ao respectivo Ministério Público.

2.3.4 Princípios administrativos

O *princípio*, como já tivemos a oportunidade de expor, no sentido jurídico, aponta para uma ordenação, cuja finalidade é irradiar e refletir por todo o sistema normativo, servindo de base para interpretar, integrar, conhecer e aplicar o direito positivo. No direito administrativo não poderia ser diferente. Consta do *caput* do art. 37 da Constituição Federal que a administração pública direta e indireta de qualquer dos Poderes da União, dos Estados, do Distrito Federal e dos Municípios deverá obedecer aos *princípios de legalidade, impessoalidade, moralidade, publicidade e eficiência.*

No entanto, a doutrina aponta a existência de outros, além dos indicados no texto constitucional, tais como: razoabilidade, proporcionalidade, continuidade, presunção de legalidade, autoexecutoriedade, autotutela administrativa, segurança jurídica, motivação, ampla defesa, contraditório, supremacia do interesse público, finalidade, devido processo legal, entre outros. Em suma, a meta é assegurar a excelência da Administração Pública, em prol da sociedade brasileira.

2.3.4.1 Legalidade

O princípio da legalidade é um dos alicerces do Estado Democrático de Direito, valendo para inúmeras áreas jurídicas, embora para algumas – como penal, tributária e administrativa – tenham particular relevo. Vale ressaltar, de início, o direito individual, previsto no art. 5º, inciso II: "ninguém será obrigado a fazer ou deixar de fazer alguma coisa senão em virtude de lei". Portanto, a Administração Pública, por seus agentes,

52 | INSTITUIÇÕES DE DIREITO PÚBLICO E PRIVADO · **Nucci**

deve respeitar sempre a lei para agir em relação a qualquer espécie de tolhimento de condutas individuais. Não bastasse, é a lei o instrumento hábil a impor, em detalhes, as matérias não abordadas expressamente pela Constituição Federal, limitando os atos administrativos e impondo o seu âmbito de abrangência.

Os governantes precisam ter em mente que, como chefes do Poder Executivo, atrelam seus atos à lei e não ao seu pessoal gosto ou capricho; da mesma forma os dirigentes de entidades estatais. A *coisa pública* pertence ao Estado e, em última análise, ao povo brasileiro – e jamais a quem ocupe qualquer cargo ou função administrativa. Em suma, "é o fruto da submissão do Estado à lei".[27]

2.3.4.2 Impessoalidade

O princípio da impessoalidade simboliza a atuação da Administração Pública em função exclusiva do interesse público, abolindo a ideia de que o governante ou dirigente de entidade pública tenha outra meta a não ser a sua atuação pelo bem-estar da sociedade. Ademais, quando o agente da administração pratica qualquer conduta ou expede algum ato assim age em nome da pessoa jurídica em nome da qual fala e materializa ações.

Não deve haver nenhuma espécie de *personalismo* na Administração Pública. Conjuga-se, neste tópico, o princípio da finalidade, impondo à Administração que seus atos se voltem sempre ao interesse público.

2.3.4.3 Moralidade

O princípio da moralidade é peculiar, pois não basta a legalidade para nutrir atos administrativos; é fundamental que eles se conformem à finalidade do referido ato, sem desvios e excessos. O interesse público rege os movimentos da Administração Pública, de modo que algumas atividades podem até mesmo estar sob o espectro da lei, mas, na essência, desviam--se de sua finalidade edificante, positiva, ética e norteadora do bem-estar social, servindo interesses pessoais e escusos. Ilustrando, imagine-se a hipótese de um governante nomear alguém para ocupar um Ministério ou uma Secretaria de Estado somente para alcançar o foro privilegiado e evitar o julgamento em instância judicial de primeiro grau.

---

27. Bandeira de Mello, *Curso de direito administrativo*, p. 103.

O deslocamento do processo-crime para um tribunal superior travaria o andamento avançado do feito e impediria a apuração dos fatos naquele momento. O ato de nomeação pode ser legal, mas é nitidamente imoral, pois a sua finalidade é privilegiar o interesse individual em detrimento do público.

2.3.4.4 Publicidade

O princípio da publicidade prevê que os atos administrativos sejam de conhecimento público, evitando-se o sigilo e o encobrimento tanto de condutas de governantes e dirigentes, como de seus efeitos. A Administração Pública deve ser fiscalizada pela sociedade a quem deve servir em última análise. Registre-se o direito fundamental previsto no art. 5º, XXXIII, da Constituição Federal: "todos têm direito a receber dos órgãos públicos informações de seu interesse particular, ou de interesse coletivo ou geral, que serão prestadas no prazo da lei, sob pena de responsabilidade, ressalvadas aquelas cujo sigilo seja imprescindível à segurança da sociedade e do Estado".

Eventualmente, o segredo pode prevalecer, mas sempre no interesse público. Exemplo disso é a investigação criminal, por meio de inquérito policial; a regra é o sigilo; abre-se exceção apenas para o advogado que representar a pessoa investigada.

2.3.4.5 Eficiência

O princípio da eficiência norteia a condução dos serviços públicos para que sejam úteis e capazes de resolver problemas em tempo razoável. Combate-se, com isso, a lentidão, o descaso, a negligência, a omissão, características apontadas por muitos no tocante à Administração Pública no Brasil.[28] É fundamental que o dinheiro arrecadado, por meio dos tributos, seja utilizado em benefício da população com eficácia, de forma produtiva e sem desperdício.

2.3.4.6 Razoabilidade

Outros princípios implícitos servem de horizonte aos governantes e administradores públicos. O princípio da razoabilidade associa-se à legalidade, à eficiência e à moralidade para evitar excessos por parte da

---

28. Odete Medauar, *Direito administrativo moderno*, p. 146.

Administração Pública, terminando por lesar direitos individuais, de modo desnecessário. Por vezes, para analisar a razoabilidade, ingressa-se no cenário da proporcionalidade, que será visto abaixo. O meio-termo representa o equilíbrio entre força e poder estatais em confronto com interesses privados.

Ilustrando: há norma administrativa limitadora do barulho para conforto da comunidade; um clube de idosos, que se reúne uma vez por mês, para um baile, pode exceder-se, elevando em demasia o som; a multa imposta pela Administração chega a um valor tão exorbitante que, se fosse pago pelo clube, terminaria por conduzi-lo ao fechamento. Inexiste razoabilidade na atividade fiscalizatória e punitiva do poder público, maculando tanto a autuação como o grau da punição imposta.

2.3.4.7 Proporcionalidade

O princípio da proporcionalidade, que muitos preferem analisar juntamente com a razoabilidade, espelha a ideal proporção entre o interesse público e o privado, fazendo com que os atos administrativos não sejam materializados sem respeitar o equilíbrio justo entre a medida tomada e o efeito produzido. Bandeira de Mello traduz o princípio da seguinte maneira: "enuncia a ideia – singela, aliás, conquanto frequentemente desconsiderada – de que as competências administrativas só podem ser *validamente* exercidas na *extensão* e *intensidade* correspondentes ao que seja realmente demandado para cumprimento da finalidade de interesse público a que estão atreladas".[29]

Exemplificando: se um servidor público comete um pequeno deslize, de maneira negligente, ao desempenhar sua atividade, pode e deve receber uma penalidade, por exemplo, uma advertência ou suspensão, mas seria desproporcional impor-lhe a demissão a bem do serviço público. Embora esta penalidade esteja prevista em lei, não é proporcional à falha praticada.

2.3.4.8 Continuidade

O princípio da continuidade impõe à Administração Pública que os seus serviços não sofram interrupção, em prejuízo da sociedade. Por isso, se um servidor entra em férias, deve sempre haver outro que assuma as suas funções, para inexistir qualquer solução de continuidade. De outra

---

29. *Curso de direito administrativo*, p. 113.

sorte, há serviços que precisam ser exercidos 24 horas por dia, sem qualquer espécie de interrupção, como segurança pública, atividade funerária, apoio à saúde etc.

2.3.4.9 Presunção de legalidade

O princípio da presunção de legalidade indica que os atos administrativos e as decisões tomadas pela Administração Pública devem ser considerados legais e eficazes, até que se prove em contrário, sejam por procedimento administrativo, seja pelo controle do Judiciário.

2.3.4.10 Devido processo legal, ampla defesa e contraditório

Os princípios do devido processo legal, da ampla defesa e do contraditório ingressam no mesmo cenário, fornecido pela Constituição Federal, sem seu art. 5º, incisos LIV e LV, respectivamente: "ninguém será privado da liberdade ou de seus bens sem o devido processo legal"; "aos litigantes, em processo judicial ou administrativo, e aos acusados em geral são assegurados o contraditório e ampla defesa, com os meios e recursos a ela inerentes".

Não é somente à atividade judiciária que se impõem esses relevantes princípios, mas também no contexto da administração. Nota-se, no inciso LV, a expressa menção ao processo administrativo – utilizado em variadas situações para apurar infrações e impor penalidades a servidores e a particulares –, daí deduzindo-se a indispensável *ampla defesa* (vasta e extensa possibilidade de apresentar provas e alegar fatos) e o importante *contraditório* (ter vista do alegado pela administração e poder ofertar versão contrária). Ambos constituem o cerne do devido processo legal (*due process of law*) no âmbito administrativo, o que se exige, por exemplo, para apurar uma falta de servidor público, impondo-lhe a devida penalidade.

2.3.4.11 Segurança jurídica

O princípio da segurança jurídica determina o respeito à materialização dos atos administrativos e à interpretação dada no momento em que são proferidos, evitando-se a sua retroatividade para envolver situações pretéritas. Não somente a lei, como impõe o art. 5º, inciso XXXVI, da Constituição Federal, deve cumprir e demonstrar acatamento ao direito adquirido, ao ato jurídico perfeito e à coisa julgada, mas, igualmente, os atos da Administração Pública precisam respeitar o direito adquirido, o ato administrativo consumado e a coisa julgada em nível administrativo.

Reabrir casos já avaliados, por exemplo, para impor sanções a um particular, anos após o fato, geraria uma imensa insegurança jurídica, incompatível com as finalidades justas do Estado.

Pode-se mencionar outros exemplos legais da adoção do princípio da segurança jurídica: a) na esfera administrativa não se decidirá com base em valores jurídicos abstratos sem que sejam consideradas as consequências práticas da decisão (art. 20, LINDB); b) a decisão que, nas esferas administrativa, decretar a invalidação de ato, contrato, ajuste, processo ou norma administrativa deverá indicar de modo expresso suas consequências jurídicas e administrativas (art. 21, LINDB); c) na interpretação de normas sobre gestão pública, devem ser considerados os obstáculos e as dificuldades reais do gestor e as exigências das políticas públicas a seu cargo, sem prejuízo dos direitos dos administrados (art. 22, LINDB); d) a decisão administrativa que estabelecer interpretação ou orientação nova sobre norma de conteúdo indeterminado, impondo novo dever ou novo condicionamento de direito, deverá prever regime de transição quando indispensável para que o novo dever ou condicionamento de direito seja cumprido de modo proporcional, equânime e eficiente e sem prejuízo aos interesses gerais (art. 23, LINDB); e) a revisão, na esfera administrativa, quanto à validade de ato, contrato, ajuste, processo ou norma administrativa cuja produção já se houver completado levará em conta as orientações gerais da época, sendo vedado que, com base em mudança posterior de orientação geral, se declarem inválidas situações plenamente constituídas (art. 24, LINDB); f) a autoridade pública deve atuar para aumentar a segurança jurídica na aplicação das normas, inclusive por meio de regulamentos, súmulas administrativas e respostas a consultas (art. 30, LINDB).

2.3.4.12   *Autoexecutoriedade*

O princípio da autoexecutoriedade demonstra que a atividade administrativa e seus atos são praticados de pronto, sem necessidade de autorização de outros órgãos ou mesmo outros Poderes do Estado, desde que estejam dentro da competência de quem os materializa. Ilustrando, pode o poder público recolher o material vendido fora de estabelecimentos comerciais autorizados (ex.: camelôs em lugares públicos vedados ao comércio) ou, no exercício do poder de polícia, pode o agente público prender em flagrante quem esteja cometendo um crime para, somente depois, submeter o ato à autoridade judiciária.

2.3.4.13 Motivação

O princípio da motivação aponta para a prática de atos administrativos não discricionários, cuja finalidade seja punir o particular ou mesmo o servidor público, valendo dizer que precisam ser *fundamentados*. O objetivo é garantir a igualdade de todos perante a Administração Pública, sem que possa prevalecer qualquer interesse pessoal de agente público a demonstrar abuso ou desvio de função. "Pela motivação o administrador público justifica sua ação administrativa, indicando os fatos (pressupostos de fato) que ensejam o ato e os preceitos jurídicos (pressupostos de direito) que autorizam sua prática".[30]

2.3.4.14 Supremacia do interesse público

O princípio da supremacia do interesse público é vital para a Administração Pública, pois assegura que o interesse público se encontra acima do interesse individual, sem gerar abuso ou desvio de finalidade. Em singelo exemplo, as regras de trânsito representam o interesse público na segurança viária; por isso, parar em fila dupla, para realizar alguma prática interessante ao particular, acarreta prejuízo à fluência dos demais veículos, podendo ser o indivíduo que assim agiu multado. É a prevalência do interesse público – fluência no trânsito e segurança viária – em detrimento do interesse individual de realizar alguma coisa de seu gosto. Associa-se este princípio ao da autotutela administrativa, devendo a Administração rever os seus próprios atos, quando verificar qualquer lesão ao interesse público.

2.3.5 Atos administrativos

2.3.5.1 Conceito

O ato administrativo é uma declaração emanada da Administração Pública, com a finalidade de fazer cumprir a vontade administrativa, dentro da sua esfera de atribuições. É um modo de se expressar que os órgãos e agentes da Administração pública possuem para cumprir suas atividades em diversos segmentos. A sua particular característica é a imperatividade, ou seja, o ato administrativo pode impor-se a terceiros e aos próprios integrantes da Administração.

---

30. Hely Lopes Meirelles, *Direito administrativo brasileiro*, p. 107.

2.3.5.2 Divisão dos atos administrativos

Dividem-se, basicamente, em *decreto* (é a forma utilizada para fazer nomeações ou regulamentar leis, de competência exclusiva do Chefe do Poder Executivo – federal, estadual e municipal); *resolução* (é o instrumento para normatizar algo, emanando do dirigente de um órgão colegiado ou mesmo de autoridade de alto escalão); *portaria* (trata-se do ato vinculador de servidores, mas pode afetar estranhos à Administração; como regra, emanado de diretores e dirigentes de órgãos públicos); *regimento* (cuida-se do ato fixador do conteúdo de normas regentes do funcionamento de um órgão, geralmente colegiados, no âmbito dos três Poderes de Estado); *circular* (é o meio de se transmitir mensagens aos servidores); alvará (cuida-se do ato de autorização ou licença para alguma atividade particular); *permissão* (é o ato administrativo autorizador, a título precário, do desenvolvimento de um serviço público ou o uso de um bem público, dependente de licitação; por isso, é ato vinculado); *despacho* (ato tomado em processo administrativo, consistente na decisão de autoridade a respeito de assunto de sua competência); *ordem de serviço* (trata-se de determinação interna ao órgão administrativo para impor regras ou métodos de desenvolvimento de um serviço); *instrução* (ato emanado de determinada chefia, contendo ordem para a realização de certo serviço; assemelha-se à ordem de serviço); *licença* (ato vinculado e com caráter definitivo, permitindo o desempenho de certa atividade pelo particular, como se faz com a licença para o exercício profissional); *parecer* (é a opinião de um servidor ou órgão a respeito de alguma dúvida para solucionar um problema); *autorização* (cuida-se de ato discricionário, podendo ser revogado a qualquer momento, permitindo que particular desenvolva um serviço ou utilize um bem público; são menos abrangentes que a permissão e não se sujeitam a licitação); *aprovação* (ato de natureza discricionária expressando concordância com outro ato já efetivado); *homologação* (ato de natureza vinculada demonstrativo de aquiescência a outro ato realizado, por estarem presentes os requisitos legais).

ATOS ADMINISTRATIVOS	
Classificação	**Exemplos**
Normativos	Decretos regulamentares, resoluções
Ordinatórios	Ordem de serviço, despacho
Negociais	Licença, autorização, admissão
Enunciativos	Pareceres
Punitivos	Demissão, multa

2.3.5.3 Vinculação e discricionariedade

A principal diferença a ser explorada no contexto dos atos administrativos é a sua vinculação ou discricionariedade. Como bem explica Hely Lopes Meirelles, os atos vinculados ou regrados "são aqueles para os quais a lei estabelece os requisitos e condições de sua realização". Por isso, a norma imposta exige determinada postura do administrador. São formais e precisam ser editados por quem tenha competência. Já os atos discricionários "são os que a Administração, autorizada pela lei, pode praticar com liberdade de escolha de seu conteúdo, de seu destinatário, de sua conveniência, de sua oportunidade e do modo de sua realização".[31] Ilustrando, a imposição e cobrança de um tributo ou de uma multa é ato vinculado; a autorização para ocupar uma praça pública para determinado evento é ato discricionário.

2.3.6 Contratos administrativos

2.3.6.1 Conceito

Contratos administrativos são os pactos celebrados pela Administração Pública com outras pessoas, físicas ou jurídicas, contendo cláusulas, firmadas de acordo com a lei, com a finalidade de atendimento de um interesse público. O principal contrato é o de concessão "pelo qual o poder público (concedente) transfere a execução de um serviço público a pessoa jurídica ou a consórcio de empresas, mediante concorrência, para realizá-lo por sua conta e risco, mediante remuneração paga pelo usuário".[32] Exemplo é a concessão de rádio e TV.

2.3.6.2 Licitação

Para a celebração de um contrato público, como regra, exige-se a *licitação* (uma espécie de leilão, servindo para a administração pública conseguir o melhor preço juntamente com o mais adequado serviço). Registre-se o disposto pelo art. 37, XXI, da Constituição Federal: "ressalvados os casos especificados na legislação, as obras, serviços, compras e alienações serão contratados mediante processo de licitação pública que

---

31. *Direito administrativo brasileiro*, p. 177-178.
32. Medauar, *Direito administrativo moderno*, p. 245.

assegure igualdade de condições a todos os concorrentes, com cláusulas que estabeleçam obrigações de pagamento, mantidas as condições efetivas da proposta, nos termos da lei, o qual somente permitirá as exigências de qualificação técnica e econômica indispensáveis à garantia do cumprimento das obrigações".

Desse modo, quando a Administração tem necessidade de uma construtora para erguer um viaduto em determinado local, deve publicar um edital, contendo as regras da licitação e os requisitos que se espera das empresas candidatas. Quem preencher os mencionados requisitos do edital inscreve-se. As empresas inscritas apresentam suas propostas em envelopes fechados. Em determinado dia, os envelopes são abertos à vista de todos e ganha o contrato a empresa que apresentou o melhor preço (mais baixo) com o mais adequado serviço. Com isso, democratiza-se o acesso aos contratos administrativos, sempre muito bem remunerados, pois se destacam obras públicas de grande tamanho e alcance, evitando-se a corrupção entre os servidores e demais agentes administrativos, buscando direcionar contratos milionários (ou bilionários) para empresas de amigos ou corruptores.

FASES DO PROCEDIMENTO LICITATÓRIO
Art. 38 a 53 da Lei 8.666/93

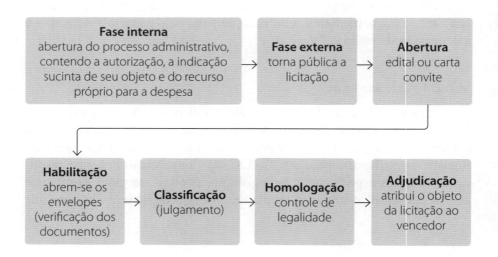

A Lei 8.666/93 rege as licitações no Brasil e a Lei 10.520/2001 disciplina o pregão.

ESQUEMA-RESUMO: NORMAS QUE REGEM A CONTRATAÇÃO COM A ADMINISTRAÇÃO PÚBLICA

Utiliza-se a licitação para a contratação de obras, serviços, onde se inclui publicidade, compras, alienações e locações, quando envolver a União, os Estados, o Distrito Federal ou os Municípios. Além desses órgãos componentes da Administração Direta, devem submeter-se à licitação os fundos especiais, as autarquias, as fundações públicas, as empresas públicas, as sociedades de economia mista e todas as demais entidades cujo controle, direto ou indireto, caiba à União, Estados, Distrito Federal ou Municípios.

Para vigorar a ideia democrática de distribuição equânime dos contratos administrativos, as obras, serviços (inclusive publicidade), compras, alienações, concessões, permissões e locações envolvendo a Administração Pública relacionando-se com terceiros devem ser precedidas de licitação, como regra.

Considera-se *contrato público* o ajuste feito entre órgãos ou entidades da Administração Pública, direta ou indireta, e particulares, havendo acordo de vontades, formação de vínculo entre as partes e a fixação de obrigações recíprocas.

A meta da licitação é garantir a concretude do princípio constitucional da isonomia, selecionando a proposta mais vantajosa para a administração, bem como promovendo o desenvolvimento nacional sustentável. A licitação deve ser processada e julgada em conformidade aos princípios basilares da legalidade, impessoalidade, moralidade, igualdade, publicidade, probidade administrativa, vinculação ao instrumento convocatório e julgamento objetivo.

TIPOS DE LICITAÇÃO = CRITÉRIOS DE JULGAMENTO

Constituem modalidades de licitação: a) concorrência; b) tomada de preços; c) convite; d) concurso; e) leilão.

A concorrência é a forma de licitação entre interessados que, na inicial fase de habilitação preliminar, demonstrem possuir os requisitos mínimos de qualificação demandados no edital para executar o seu objeto. Esta modalidade é indicada para valores elevados, como obras e serviços de engenharia de grandes proporções (acima de R$ 3.300.000,00), compras e serviços acima de R$ 1.430.000,00; compra ou alienação de imóveis; concessões de direito real e licitações internacionais.

A tomada de preços é o formato de licitação entre interessados previamente cadastrados ou quando atenderem a todas as condições demandadas para o cadastramento até o terceiro dia anterior à data do recebimento das propostas, observando-se a indispensável qualificação. Utiliza-se essa modalidade para valores medianos, tais como obras e serviços de engenharia até R$ 3.300.000,00; compras e serviços até R$ 1.430.000,00.

O convite é a forma de licitação entre interessados de determinado ramo, pertinente ao objeto, sejam cadastrados ou não, escolhidos e convidados em pelo menos três pela administração, que deverá fixar, em local certo, uma cópia do instrumento de convocação, estendendo--o aos demais cadastrados na correspondente especialidade, em caso de manifestação de interesse com antecedência de pelo menos 24 horas da apresentação das propostas. Utiliza-se para valores menores, tais como obras e serviços de engenharia de até R$ 330.000,00; compras e serviços até R$ 176.000,00.

O concurso se insere na licitação entre interessados para a escolha de um trabalho técnico, artístico ou científico, instituindo-se prêmios ou remuneração aos vencedores, de acordo com os critérios exigidos pelo edital, devidamente publicado na imprensa oficial com mínima antecedência de 45 dias.

O leilão constitui modalidade de licitação entre interessados para a venda de bens móveis, não mais úteis para a Administração, ou de produtos apreendidos legalmente ou penhorados, bem como serve para a alienação de bens imóveis derivado de procedimentos judiciais ou de dação em pagamento, a quem ofertar o maior lance, desde que igual ou superior ao da avaliação.

O pregão concebe um formato de licitação voltado para a aquisição de bens e serviços comuns (aqueles cujos padrões de desempenho e qualidade possam ser objetivamente definidos pelo edital, por meio de especificações usuais no mercado), não se baseando no valor do objeto. Em realidade, os bens e serviços comuns são os padronizados, que podem ser substituídos uns pelos outros com o mesmo padrão de qualidade e eficiência.[33] Exemplo: compra de material de limpeza.

MODALIDADES DE LICITAÇÃO
Concorrência
Tomada de preços
Carta-convite
Concurso
Leilão
Pregão

---

33. Hely Lopes Meirelles, *Direito administrativo brasileiro*, p. 365.

2.3.6.3 Contratação direta

Podem ocorrer aquisições e contratações públicas sem a realização de licitação nas seguintes exceções: Licitação Dispensável; Licitação Dispensada e Licitação Inexigível.

2.3.6.4 Licitação dispensável

A lei autoriza a não realização do procedimento licitatório, de acordo com a conveniência e a oportunidade. Trata-se de uma discricionariedade do gestor público.

Há viabilidade competitiva entre licitantes, o Administrador Público pode realizar o procedimento licitatório, mas tem também o poder de contratar sem licitação.

As hipóteses previstas no art. 24 da Lei 8.666/93 são taxativas. Caso o gestor contrate diretamente fora dos parâmetros e requisitos nele definidos, poderá configurar crime previsto no art. 89 da Lei n.º 8.666/93.

2.3.6.5 Licitação dispensada

A licitação é dispensada no caso de alienação de bens móveis e imóveis (art. 17 da Lei 8.666/93). Configura-se a viabilidade de competição; porém, por comando normativo expresso, o procedimento licitatório estaria dispensado.

A Administração Pública não pode realizar licitação quando seus órgãos públicos desejarem realizar doações ou vendas de móveis ou imóveis para outros órgãos e entidades da Administração Pública.

As hipóteses de licitação dispensada formam um rol taxativo previsto no art. 17, incisos I e II, da Lei 8.666/93.

2.3.6.6 Licitação inexigível

A inexigibilidade de licitação tem como principal característica a inviabilidade de competição; não há como aferir objetivamente qual licitante ganharia uma licitação ou não há licitantes suficientes para entrar na disputa, o que impossibilita a realização de certame licitatório.

As hipóteses de licitação inexigível formam um rol exemplificativo previsto no art. 25, incisos I, II e III, da Lei nº 8.666/93. Assim, sempre que houver impossibilidade jurídica de competição, a licitação será inexigível.

2.3.7 Poderes administrativos

Considerando que seus atos administrativos são autoexecutáveis e dotados de imperatividade para impor, a terceiros, certas tarefas ou obrigações, é interessante demonstrar os poderes da Administração Pública.

2.3.7.1 Poder vinculado

Como já expusemos acima, no cenário dos atos, o *poder vinculado* é diretamente ligado à lei e possui mínima faixa de flexibilidade para a sua realização. O agente público desenvolve sua atividade devidamente regrado, sob pena de responder pelo abuso cometido. Pode-se defender que o poder vinculado tem estreita relação com o princípio da legalidade.

É preciso relembrar sempre que o Poder Judiciário pode ser chamado para analisar o contexto de realização de um ato vinculado e, estando em desconformidade com a lei, pode anulá-lo.

2.3.7.2 Poder discricionário

No tocante ao *poder discricionário*, significando haver uma ampla esfera de flexibilidade para a escolha e tomada de posições pelo administrador, não há como invadir o mérito dessas decisões, nem mesmo pelo Judiciário. Ilustrando, dentro do orçamento previsto para a educação, não se pode questionar o ato do Prefeito ao eleger melhorar a merenda em lugar de aprimorar as salas de aula. Cuida-se de ato advindo de seu poder discricionário. Por óbvio, discricionariedade não quer dizer *abuso de poder* nem *autoritarismo*, que são condutas ilícitas, inclusive no campo criminal.

Como bem esclarece Bandeira de Mello, os atos discricionários são "os que a Administração pratica com certa margem de liberdade de *avaliação* ou *decisão*, segundo critérios de conveniência e oportunidade formulados por ela mesma, *ainda que adstrita à lei reguladora da expedição deles*".[34]

ESQUEMA DO BINÔMIO DO PODER (OU ATO) DISCRICIONÁRIO

Conveniência — Oportunidade

---

34. *Curso de direito administrativo*, p. 418.

2.3.7.3 Poder hierárquico

A menção ao *poder hierárquico* é muito cara à Administração Pública, que preza pela hierarquia (grau de subordinação entre seus integrantes) para que o serviço público seja efetivado de modo preciso e célere. A "relação de subordinação existente entre os vários órgãos e agentes do Executivo, com a distribuição de funções e a gradação da autoridade de cada um" denomina-se *hierarquia*.[35]

As atividades gerais do poder público dependem de uma ordem dada, dentro da lei, sem questionamento de quem a recebe, para que haja pronto atendimento às necessidades da população, especialmente às camadas mais dependentes da Administração.

2.3.7.4 Poder disciplinar

Há que se destacar, também, o *poder disciplinar* da Administração Pública, consistente em punir, após o devido processo administrativo, qualquer servidor que tenha atuado ilegalmente. Eventualmente, pode estender-se o poder disciplinar a pessoas estranhas aos quadros administrativos, como ocorre quando o motorista, por atingir certa pontuação, submetido a um processo administrativo, é punido e tem a sua carteira de habilitação suspensa.

2.3.7.5 Poder regulamentar

O *poder regulamentar* permite que os Chefes do Poder Executivo estabeleçam regras para o exato cumprimento de determinada lei. Aliás, a própria legislação, quando editada, já indica esperar um Decreto para regulamentá-la.

2.3.7.6 Poder de polícia

Um dos principais poderes administrativos é o *poder de polícia*, que já foi – e é útil – mas também já foi muito mal utilizado pelos agentes da autoridade em épocas menos democráticas. Para Bandeira de Mello, "o poder, pois, que a Administração exerce ao desempenhar seus encargos de polícia administrativa *repousa nesta, assim chamada, 'supremacia geral'*, que, no fundo, não é senão a própria supremacia das leis em geral, concretizadas através de atos da Administração".[36]

---

35. Meirelles, *Direito administrativo brasileiro*, p. 129.
36. *Curso de direito administrativo*, p. 839.

Sob aspecto mais flexível, Meirelles demonstra que o poder de polícia "é a faculdade de que dispõe a Administração Pública para condicionar e restringir o uso e gozo de bens, atividades e direitos individuais, em benefício da coletividade ou do próprio Estado".[37]

O poder de polícia estampa-se na atividade fiscalizadora e apta a restringir determinados direitos individuais em nome do interesse público, por exemplo, quando a polícia fecha o trânsito de carros em determinada via pública, para que seja usada pela população, em determinada data ou fim de semana para andar de bicicleta. Pode dar-se, ainda, quando controla a passagem de uma manifestação, impedindo que as vias sejam totalmente fechadas à circulação de veículos.

Em épocas de regime totalitário, o poder de polícia abusava de sua atribuição, pois chegava a prender pessoas, sem flagrante delito ou ordem judicial, bastando que fossem suspeitas de perturbar a ordem pública, se estivessem sem documentos ou mesmo embriagadas. Diante disso, o poder de polícia não pode, jamais, adentrar o campo do abuso de poder.

2.3.8 Serviços públicos

2.3.8.1 Conceito

O *serviço público* é aquele prestado pela Administração, direta ou indireta, conforme as normas estatais, devidamente controlado e fiscalizado, com a meta de satisfazer a interesse da sociedade ou do próprio Estado.

2.3.8.2 Princípios do serviço público

Tratando-se de serviço prestado pela Administração Pública, torna-se essencial que se respeite determinados princípios:

a) *permanência ou continuidade*: deve o serviço público ser prestado de maneira contínua, sem interrupção, pois esse é o direito dos administrados (ex.: a polícia, civil e militar, que garante a segurança pública, deve funcionar 24 horas por dia, durante todos os dias do ano);

b) *igualdade, generalidade ou universalidade*: o serviço público deve ser prestado, de maneira igualitária, a todos os administrados (ex.: se há fornecimento de energia elétrica para certa residência, não é possível que o mesmo não seja realizado ao vizinho);

---

37. *Direito administrativo brasileiro*, p. 139.

c) *eficiência*: aguarda-se da Administração Pública o melhor exemplo de prestação de um bom serviço;

d) *cortesia (urbanidade)*: parece ser algo supérfluo, mas não é. Torna-se imprescindível que os serviços públicos sejam prestados com amabilidade, polidez e gentileza, pois, caso fossem privados, o cliente assim exigiria. É justo que o Estado promova o mesmo bem-estar aos administrados;

e) *moderação*: as tarifas cobradas pela Administração devem ser módicas, não exageradas, pois o fim não é a obtenção de lucro, mas a satisfação dos administrados, sem causar prejuízo ao Estado;

f) *transparência*: o serviço público precisa ser prestado de maneira clara e aberta, sem qualquer eiva de sigilo desnecessário;

g) *atualização*: deve ser sempre modificado para acompanhar a modernização dos seus mecanismos, tal como age a iniciativa privada;

h) *inescusabilidade*: o serviço público *deve* ser prestado; não se trata de faculdade do administrador; os administrados podem exigir a sua prestação, inclusive em juízo.

2.3.8.3 Obra pública

Trata-se de construção, edificação, reparo, ampliação, redução de um bem imóvel, que se vincule ao domínio público. A obra é diferente do serviço, pois aquela é um produto dirigido a um fim específico de duração fixa, enquanto o serviço tem duração prolongada e indefinida. Realizada a obra pública, os administrados a usufruem sem maior atuação estatal; o serviço público, pela sua natureza contínua, propicia o uso e gozo dos administrados desde que não seja interrompido.

Ilustrando: construir uma delegacia de polícia é uma obra pública; a atuação dos policiais para garantir a segurança da coletividade é um serviço público.

2.3.8.4 Delegação do serviço público

– Concessão e permissão (Lei 8.987/95)

– Conceitos

A concessão é a maneira pela qual o Estado confere a um particular o exercício de determinado serviço público. A prestação de serviço é por conta e risco de quem o assume, nas condições estabelecidas pelo Poder Público. Este, aliás, pode alterar as regras de modo unilateral. Entretanto, há uma garantia contratual para a remuneração equilibrada do particular;

tarifas serão cobradas diretamente dos usuários do serviço. Ilustrando: Elektro, concessionária do serviço de distribuição de energia elétrica para certas regiões do país.

A permissão é uma forma indireta de serviços públicos por meio da qual o Estado se vale de pessoa de direito privado. Tradicionalmente, é um ato unilateral e precário, dirigido a pessoa determinada, por meio do qual o Poder Público permite que alguém desempenhe um serviço da sua atribuição; permite-se a cobrança de tarifas. Ilustrando: as empresas de transporte público, como os ônibus.

É importante registrar o disposto pelo art. 175 da Constituição Federal: "Incumbe ao Poder Público, na forma da lei, diretamente ou sob regime de concessão ou permissão, sempre através de licitação, a prestação de serviços públicos".

O poder concedente é a União, o Estado, o Distrito Federal ou o Município, em cuja competência se encontre o serviço público, precedido ou não da execução de obra pública, objeto de concessão ou permissão. Formaliza-se pela celebração de contrato público.

As concessões e permissões são fiscalizadas pelo poder concedente, responsável pela delegação, mas também pelos usuários do serviço. Legalmente, o concessionário ou o permissionário deve prestar um *serviço adequado* (é o que satisfaz os fatores de regularidade, continuidade, eficiência, segurança, atualidade, generalidade, cortesia e modicidade tarifária).

Os usuários dos serviços públicos têm o direito de receber o serviço adequado e as informações necessárias para a defesa dos interesses individuais ou coletivos; pode utilizar os referidos serviços com liberdade de escolha entre os prestadores; tem a possibilidade de levar ao conhecimento do poder público, da concessionária ou da permissionária as irregularidades encontradas, assim como comunicar os atos ilícitos cometidos por quem presta o serviço.

Nesse sentido o Código de Defesa do Usuário do Serviço Público (Lei nº 13.460/2017) – dispondo sobre a participação, proteção e defesa dos direitos do usuário dos serviços públicos da administração pública, veio preencher uma lacuna.

Havia a necessidade de uma lei geral para a proteção do usuário de serviços como a saúde, iluminação e segurança pública, pois o Código de Defesa do Consumidor não é aplicável a todos os usuários de serviços públicos.

A relação de consumo nos serviços se dá quando ocorre pagamento específico via tarifa, por exemplo, a distribuição de água. Serão consumidores apenas os usuários que utilizam o serviço como destinatários finais, para fins pessoais e não econômicos.

É o exemplo do condutor de automóvel de passeio que paga pedágio ao utilizar uma estrada ou do consumidor residencial de energia elétrica.

A Lei 13.460/2017 estabelece que a sua aplicação não afasta a necessidade de cumprimento do Código de Defesa do Consumidor quando caracterizada relação de consumo, beneficiando o gênero usuário de serviço público sem prejudicar a espécie consumidor.

A tarifa do serviço público deve ser estabelecida nos moldes apregoados pela proposta vencedora da licitação realizada, preservando-se o seu valor conforme as regras legais de revisão.

2.3.8.5 Contrato de concessão

O contrato de concessão deve conter todos os dados capazes de individualizá-lo, após a realização da licitação, entre os quais: objeto, área e prazo da concessão; modo, forma e condições de prestação do serviço; critérios, indicadores, fórmulas e outros parâmetros para definir a qualidade do serviço; preço do serviço e critérios de reajuste das tarifas; direitos, garantias e obrigações das partes; direitos e deveres dos usuários do serviço; formato de fiscalização da instalação, produto, equipamento ou material usado para a prestação do serviço; penalidades pelo descumprimento das regras contratuais; casos de extinção da concessão; bens reversíveis; critérios para indenizações devidas à concessionária; condições de prorrogação do contrato; forma de prestação de contas da concessionária ao poder concedente; exigência de publicação dos demonstrativos financeiros da concessionária; foro para solucionar divergências.

2.3.8.6 Deveres do poder concedente

Deve o poder concedente regulamentar o serviço concedido, fiscalizando a sua prestação; aplicar, quando o caso, as penalidades cabíveis; intervir no serviço, nos casos legais; extinguir a concessão, conforme a necessidade; homologar os reajustes de tarifas; cumprir e fazer cumprir os regulamentos e as cláusulas do contrato de concessão; zelar pela qualidade do serviço; declarar de utilidade pública os bens imprescindíveis para a execução do serviço; promover desapropriações, quando preciso;

verificar a necessidade de instituir servidão administrativa; cuidar do meio ambiente; incentivar a competitividade e a formação de associação de usuários para defender seus interesses.

2.3.8.7 *Obrigações da concessionária*

Cabe à concessionária prestar um serviço adequado; preservar o inventário e registros dos bens ligados à concessão; prestar contas do serviço; cumprir e fazer cumprir as normas de serviço e o contrato; permitir a fiscalização dos equipamentos e instalações, além do registro contábil; promover desapropriações e instituir servidões quando autorizadas pelo poder concedente; gerir corretamente os recursos financeiros voltados à prestação do serviço.

2.3.8.8 *Extinção da concessão*

Extingue-se a concessão pelo advento do fim do contrato; pela encampação; pela caducidade; pela rescisão; pela anulação e pela falência ou extinção da empresa concessionária (ou falecimento ou incapacidade de seu titular). Quando houver a extinção, retornam ao poder concedente os bens reversíveis, os direitos e os privilégios que haviam sido transferidos à concessionária.

Considera-se encampação a retomada do serviço pelo poder concedente ainda durante o prazo da concessão, desde que haja interesse público, de acordo com a lei, pagando-se indenização.

A caducidade torna-se viável, a ser declarada pelo poder concedente, quando o serviço estiver sendo realizado de maneira inadequada ou deficiente; quando a concessionária descumprir cláusulas contratuais ou termos legais; quando a concessionária paralisar o serviço, sem ter havido caso fortuito ou força maior; quando a concessionária perder as condições econômicas, técnicas ou operacionais; desde que a concessionária não cumpra as penalidades impostas decorrentes de infração; caso a concessionária não atenda intimação do poder concedente para regularizar o serviço; quando não apresentar a documentação relativa à regularidade fiscal durante a concessão.

A concessionária também pode rescindir o contrato, quando o poder concedente não cumprir as normas contratuais, devendo ajuizar ação para tanto.

Quanto à permissão de serviço público, será formalizada por contrato de adesão, observando-se os termos legais e as regras do edital de licitação, incluindo-se a precariedade e a revogabilidade unilateral do contrato pelo poder concedente.

2.3.8.9 Parceria público-privada (Lei 11.079/2004)

É uma forma nova de atuação do setor privado no âmbito dos serviços públicos, para melhorar a infraestrutura pública, modernizando-a, voltada a rodovias, ferrovias, aeroportos etc. Trata-se de um contrato administrativo de concessão, na modalidade patrocinada ou administrativa. A *patrocinada* significa a concessão de serviço público ou obra pública, quando envolver contraprestação pecuniária do parceiro público ao parceiro privado, independentemente da tarifa cobrada dos usuários. A *administrativa* representa o contrato de prestação de serviço, onde a Administração Pública é a usuária direta ou indireta, mesmo envolvendo execução de obra ou fornecimento de bens.

PARCERIA PÚBLICO-PRIVADA: RESUMO ESQUEMATIZADO – LEI 11.079/2004

2.3.9 Servidores públicos

2.3.9.1 Conceito

As pessoas que mantêm vínculos laborativos com a Administração Pública são, em sentido amplo, consideradas servidores públicos. Outras denominações existem: agentes públicos ou funcionários públicos, por exemplo.

Os agentes políticos, por sua vez, compõem os integrantes dos Poderes de Estado; no Executivo, estão no governo, em seus primeiros escalões. Ilustrando, são agentes políticos os magistrados integrantes do Poder Judiciário; os parlamentares, membros do Poder Legislativo; o Chefe do Executivo e os auxiliares diretos.

No mais, os servidores públicos dividem-se em *estatutários* (ocupam cargos públicos, em regime estatutário, que alguns denominam de *funcionários públicos*), *empregados públicos* (em regime celetista, ocupam empregos públicos), *servidores temporários* (contratados por curtos períodos, exercendo função pública).

2.3.9.2 Cargo, função e emprego público

Sob outro aspecto, denomina-se *cargo público* o posto existente na estrutura administrativa, por força de lei, com específicas responsabilidades e atribuições, havendo nome certo e remuneração determinada. Ex.: cargo de juiz de direito. Aponta-se a *função pública* para quem exerce atividade pública, sem ocupar cargo. Pode ter sido admitido por qualquer forma (cargo de confiança, contrato administrativo etc.). Quem é contratado pela Administração com base na Consolidação de Leis do Trabalho é o ocupante do *emprego público*.

É preciso lembrar o disposto na Constituição Federal, no art. 37, inciso II: "a investidura em cargo ou emprego público depende de aprovação prévia em concurso público de provas ou de provas e títulos, de acordo com a natureza e a complexidade do cargo ou emprego, na forma prevista em lei, ressalvadas as nomeações para cargo em comissão declarado em lei de livre nomeação e exoneração". Mais uma vez, destaca-se a regra de democratização de acesso à Administração Pública, agora para os ocupantes de seus postos vagos (cargos ou empregos, além de determinadas funções).

2.3.9.3 Benefícios dos servidores públicos

Os servidores públicos, titulares de cargos, gozam de certos benefícios: irredutibilidade de vencimentos (não pode haver nenhuma espécie de diminuição), estabilidade (somente podem ser dispensados por meio de processo administrativo), disponibilidade (ficar inativo, mas remunerado), aposentadoria especial, diversa do setor privado (recebem *proventos*).

Embora algumas vozes se insurjam contra os benefícios auferidos pelos servidores públicos é preciso considerar a natureza da sua atividade – de interesse público – sem qualquer ganho privado e ainda limitado a exercer outras atividades. Por outro lado, a denominada *irredutibilidade de vencimentos*, em muitos casos, é uma falácia, pois o poder público faz o possível para não elevar os tais vencimentos (ou subsídios), ainda que em época de inflação evidente. Ora, se o vencimento não se eleva, mas o poder de compra diminui, em via indireta, está-se reduzindo o ganho do servidor.

Além disso, a estabilidade é um conforto em épocas dramáticas de desemprego, mas não quer dizer que inexista a possibilidade de demissão do servidor desidioso.

A disponibilidade é um benefício que precisaria ser reestudado, visto não ter sentido manter um servidor inativo, com remuneração.

Quanto à aposentadoria, mais uma vez, ressalta-se a particularidade da atividade pública, limitada e restrita. Embora o setor privado goze de aposentadoria menor, é preciso considerar que podem exercer quantas atividades laborativas quiserem, o que é vedado ao servidor.

Em verdade, o que, na prática, verifica-se é sempre um número expressivo de candidatos a concursos públicos, buscando um emprego estável – esta é a mais importante meta. Pode-se até ganhar menos do que o setor privado, mas se tem a segurança do emprego. Ser um servidor público está longe de representar um privilégio; é uma opção de vida, pois, em troca de alguns benefícios, têm-se várias outras limitações.

2.3.9.4 Demissão dos servidores públicos

A demissão é a pena expulsiva aplicável ao servidor que comete infração grave no exercício de cargo efetivo e que ainda se encontra na ativa quando da apuração e da apenação. É aplicada quando verificado o cometimento dos seguintes casos: I – crime contra a administração pública; II – abandono de cargo; III – inassiduidade habitual; IV – improbidade administrativa; V – incontinência pública e conduta escandalosa, na repartição; VI – insubordinação grave em serviço; VII – ofensa física, em serviço, a servidor ou a particular, salvo em legítima defesa própria ou de outrem; VIII – aplicação irregular de dinheiros públicos; IX – revelação de segredo do qual se apropriou em razão do cargo; X – lesão aos cofres públicos e dilapidação do patrimônio nacional; XI – corrupção; XII – acumulação ilegal de cargos, empregos ou funções públicas e XIII – transgressão dos incisos IX a XVI do art. 117 da Lei 8.112/90 (art. 132 da Lei nº 8.112/1990).

É assegurado ao acusado o direito à ampla defesa e ao contraditório em competente Processo Administrativo Disciplinar (arts. 143 a 173 da Lei 8.112/1990).

A revisão do Processo Administrativo Disciplinar pode ser solicitada a qualquer tempo, observada a prescrição, com a nomeação de nova comissão diferente da que foi designada anteriormente. Procedente, perde efeito a penalidade e os direitos são restituídos (arts. 174 a 182 da Lei 8.112/1990).

A exoneração é a forma de extinção da relação funcional por ato voluntário do servidor ou por conveniência administrativa *ex officio*, não tendo qualquer cunho punitivo; assim, caracterizada infração dos deveres funcionais deverá ser aplicada a pena de demissão.

2.3.10 Bens públicos

2.3.10.1 Conceito

São os bens das pessoas administrativas, regendo-se, principalmente, por normas de direito público e, subsidiariamente, por regras da propriedade privada. Essa relação de propriedade decorre do domínio público (poder soberano do Estado sobre seus bens).

Os bens públicos envolvem imóveis, móveis, semoventes, direitos, créditos, enfim, coisas corpóreas e incorpóreas. Podem ser federais, estaduais ou municipais, conforme o ente ao qual pertençam.

2.3.10.2 Classificação

Conforme a destinação dada ao bem, podem-se indicar: a) os de uso comum do povo (mares, rios, lagos, ruas, avenidas etc.); b) os de uso especial, abrangendo imóveis voltados a serviço ou estabelecimento da administração federal, estadual, territorial ou municipal, incluindo autarquias; c) os dominicais, constitutivos do patrimônio de pessoas jurídicas de direito público, como objeto de direito pessoal ou real de cada uma dessas entidades. Os bens de uso comum do povo e os de uso especial são inalienáveis, na medida em que conservem a sua qualificação como tal, nos termos legais. Os bens dominiais podem ser alienados, desde que se respeite a forma prevista em lei. Os bens públicos não estão sujeitos a usucapião (aquisição da propriedade de bem móvel ou imóvel em razão da posse prolongada e sem interrupção, durante o prazo estabelecido em lei para atingir a prescrição aquisitiva). Convém lembrar que o uso dos bens públicos pode ser oneroso ou gratuito, dependendo do que for legalmente estabelecido pela entidade a cuja administração pertencem.

Nas palavras de Hely Lopes Meirelles, "todos os bens vinculados ao Poder Público por relações de domínio ou de serviço ficam sujeitos à sua administração. Daí o dizer-se que uns são bens do *domínio público*, e outros, bens do *patrimônio administrativo*. Com mais rigor técnico, tais bens são reclassificados, para efeitos administrativos, em *bens do domínio público* (os da primeira categoria: de uso comum do povo); *bens patrimoniais in-*

76 INSTITUIÇÕES DE DIREITO PÚBLICO E PRIVADO · Nucci

disponíveis (os da segunda categoria: de uso especial) e *bens patrimoniais disponíveis* (os da terceira e última categoria: dominiais), segundo se lê no Regulamento de Contabilidade Pública".[38]

2.3.11 Desapropriação

2.3.11.1 Conceito

Trata-se do "procedimento administrativo pelo qual o poder público ou seus delegados, mediante prévia declaração de necessidade pública, utilidade pública ou interesse social, impõe ao proprietário a perda de um bem, substituindo-o em seu patrimônio por justa indenização".[39]

2.3.11.2 Espécies

Há duas modalidades de desapropriação: a) a primeira envolve o pagamento de prévia e justa indenização em dinheiro. Está prevista no art. 5º, XXIV, da Constituição Federal: "a lei estabelecerá o procedimento para desapropriação por necessidade ou utilidade pública, ou por interesse social, mediante justa e prévia indenização em dinheiro, ressalvados os casos previstos nesta Constituição"; b) a segunda envolve o pagamento por meio de títulos especiais da dívida pública, a resgatar em parcelas anuais e sucessivas. Embora obrigue indenização justa, ela não é prévia. Ocorre nos casos de desapropriação feita em razão de política urbana, pelo Município (art. 182, CF), bem como na desapropriação efetuada para reforma agrária, pela União, objetivando imóveis que não cumpram a sua função social (art. 184, CF).

É importante ressaltar serem insuscetíveis de desapropriação para a finalidade de reforma agrária os seguintes imóveis: a) pequena e média propriedade rural, definida em lei como tal, caso seu proprietário não possua outra; b) propriedade produtiva (art. 185, CF).

O texto constitucional esclarece que a função social da propriedade é atingida quando atender, ao mesmo tempo, conforme critérios e graus de exigência fixados em lei, aos seguintes requisitos: a) aproveitamento racional e adequado; b) adequada utilização dos recursos naturais existentes e preservação do meio ambiente; c) observância das normas reguladoras das relações trabalhistas; d) exploração do local, favorecendo o bem-estar de proprietários e trabalhadores (art. 186, CF).

---

38. *Direito administrativo brasileiro*, p. 587-588.
39. Maria Sylvia Zanella Di Pietro, *Direito administrativo*, p. 151.

> Um ponto importante: as propriedades rurais e urbanas, onde quer que estejam no Brasil, que possuírem culturais ilegais de plantas psicotrópicas ou exploração de trabalho escravo serão expropriadas, sem o pagamento de qualquer indenização, destinando-as à reforma agrária e programas de habitação popular.

2.3.12 Direito econômico

2.3.12.1 Conceito

Quando se fala em *economia*, pode-se captar uma série de ideias, tais como o controle das próprias despesas ou a ação de cortar gastos para poupar. Na realidade, não é muito diferente do conceito científico de Economia, pois um país precisa controlar seus gastos, administrar corretamente suas receitas e estudar, planejando, as alterações de mercado.

Por isso, Fábio Nusdeo define a Economia como "uma ciência social", que "pressupõe a escassez em nível social, isto é, condicionando a vida de todos os seres indistintamente, sem se preocupar com o fenômeno em sua dimensão individual, muito embora ela, é claro, exista".[40]

Noutros termos, a Economia existe porque os recursos são escassos em face da imensa necessidade dos seres humanos em todos os países. É fundamental organizar os referidos recursos para não faltar. A Constituição Federal preocupa-se em apontar os princípios básicos da ordem econômica brasileira.

2.3.12.2 Princípios da ordem econômica

De acordo com preceito constitucional, a ordem econômica, no Brasil, baseia-se na valorização do trabalho humano e na livre-iniciativa, tendo por objetivo garantir a todos a existência digna, de acordo com a justiça social.

Devem-se seguir alguns princípios: a) soberania nacional; b) propriedade privada; c) função social da propriedade; d) livre concorrência; e) defesa do consumidor; f) defesa do meio ambiente; g) redução das desigualdades regionais e sociais; h) pleno emprego; i) tratamento favorecido às empresas de pequeno porte.

---

40. *Curso de economia*, p. 27.

Assegura-se, ainda, o livre exercício de qualquer atividade econômica, com ou sem autorização de órgãos públicos, a menos que assim se exija em lei.

2.3.12.3 Características

Vive-se, no Brasil, uma economia voltada a princípios capitalistas, embora muitos deles sejam contornados por fatores sociais. A valorização do trabalho e da livre- iniciativa harmonizam-se, claramente, com o direito humano fundamental do art. 5º, XIII, da Constituição Federal, consistente no livre exercício de qualquer trabalho, profissão ou ofício, desde que atendidas as qualificações exigidas por lei. Em outros termos, mas com idêntico significado encontra-se o parágrafo único do referido art. 170 da CF.

Na sequência, afirma-se o princípio da soberania nacional, embora já previsto no art. 1º, inciso I, da Constituição, devendo-se interpretá-lo, nesse contexto, como a soberania brasileira para estabelecer seus próprios fundamentos econômicos, regentes das atividades do poder público e da população em geral, sem qualquer interferência estrangeira. Assegura-se a propriedade privada, em visível preceito capitalista, ao mesmo tempo em que se garante o direito à propriedade como direito individual (art. 5º, inciso XXII, CF).

Entretanto, como mencionamos, o capitalismo vem condicionado por outros fatores, em diversos pontos do texto constitucional, enfocando-se, por exemplo, o inciso III do art. 170: "função social da propriedade". Essa função, muitas vezes, acarreta a desapropriação – quando o Estado capta ao domínio público, de maneira compulsória, a propriedade particular, com alguma finalidade social, embora o faça mediante uma indenização justa –, apresentando perfeito equilíbrio com os direitos individuais expostos no art. 5º, incisos XXIII (a propriedade atenderá a sua função social), XXIV (a desapropriação se dará por necessidade ou utilidade pública, ou por interesse social, mediante justa e prévia indenização em dinheiro), XXV (se houver iminente perigo público, a autoridade poderá usar de propriedade particular, assegurada ao proprietário indenização ulterior, em caso de dano) e XXVI (a pequena propriedade rural, assim definida em lei, desde que trabalhada pela família, não será objeto de penhora para pagamento de débitos decorrentes de sua atividade produtiva), da Constituição Federal.

No cenário da economia brasileira, é essencial garantir a livre concorrência e a defesa do consumidor. O empresário deve agir com lisura, sem a formação de cartel ou monopólio de qualquer espécie de negócio, assegurando-se, por meio de lei própria, o conjunto dos direitos de quem consome os produtos e serviços ofertados no mercado.

Nota-se a preocupação do constituinte ao incluir, entre princípios econômicos, o respeito ao meio ambiente, pois de nada adianta incentivar a economia, permitindo-se a destruição de florestas e da fauna, por exemplo. Em outro enfoque de um capitalismo de cunho social, pretende-se uma economia que possua, como um de seus objetivos, a redução das desigualdades entre as regiões do Brasil, bem como no campo da sociedade, evitando-se o imenso abismo econômico entre classes abastadas e a maioria das pessoas vivendo na pobreza ou na miséria.

Finalizam os princípios econômicos do art. 170 a *busca do pleno emprego* (quanto maior o número de pessoas economicamente ativas, empregadas e recebendo justa remuneração, maior será renda *per capita*, favorecendo o desenvolvimento social) e o *tratamento favorecido para as empresas de pequeno porte constituídas sob as leis brasileiras e que tenham sua sede e administração no País* (conceder incentivos para que as pessoas formem empresas e, com isso, desenvolvam suas aptidões e cresçam economicamente é fundamental para uma economia democrática; atualmente, há a microempresa, em diversas categorias, a pequena, a média e a grande empresa).

Se todos esses princípios fossem rigorosamente seguidos pelo poder público, a sociedade brasileira estaria em outro patamar em nível de desenvolvimento humano; porém, algo que retira o país dos trilhos corretos é o imenso abuso da classe política quanto aos desvios dos recursos públicos. A base dessa fuga de dinheiro arrecadado, por meio de tributos, para os *bolsos* de alguns apaniguados é a corrupção, um fenômeno que se arrasta há anos no Brasil, necessitando de urgente combate, visto inexistir economia resistente a tantos desvios de bilhões de reais.

PRINCÍPIOS CONSTITUCIONAIS DA ATIVIDADE ECONÔMICA (art. 170 da CF)	
Soberania nacional	Defesa do meio ambiente
Propriedade privada	Redução das desigualdades regionais e sociais
Função social da propriedade	Pleno emprego
Livre concorrência	Privilégios para empresas de pequeno porte
Defesa do consumidor	Livre exercício de qualquer atividade econômica, salvo casos previstos em lei

O *Direito Econômico* busca estudar os caminhos percorridos pela economia no país, com o fito de impor regras eficientes para a harmonia do poder público, das empresas e da população em geral, contrabalançando a intervenção estatal na vida econômica e os valores ligados à livre-iniciativa e à livre concorrência.

2.3.12.4 Política econômica

Outro ponto importante para que haja consistente desenvolvimento social é a política econômica adotada pelos governantes. Aliás, quase todas as áreas do direito possuem uma visão política da sua legislação e aplicação de suas regras. Ilustrando, quando se fala em política criminal, está-se referindo ao modo pelo qual o Estado pretende lidar com o crime e seu autor; de maneira rigorosa (com quais propostas), de modo brando (em quais bases) ou promovendo uma mistura de atuação, ora rigorosa, para determinados delitos, ora branda, para outros. Alinhando a política criminal à atividade legislativa, os juízes terão condições de aplicar a norma com mais eficiência.

Não é diferente em relação à política econômica, como bem ilustra Fábio Nusdeo, ao dizer que "a própria noção de política econômica implica a existência de fins a cuja perseguição deverá se adaptar todo o sistema, mediante distorções conscientemente impostas ao seu funcionamento, devendo entender-se aqui a palavra *distorções* como a significar uma forma de operação diversa daquela normalmente ditada pelos padrões do mercado. Apenas para exemplificar: até há algum tempo, o mercado estava ávido pela importação de diversos produtos. Esta somente não ocorria pela incidência de altas tarifas aduaneiras e outras medidas impostas pelos responsáveis pela política econômica de então".[41]

Especialmente o governo federal, que acumula e absorve vários aspectos importantes da legislação econômica, deve ter uma política econômica bem planejada, com emprego correto dos recursos públicos.

2.3.12.5 Controle da economia e agências reguladoras

O controle estatal da economia pode ser realizado de maneira intervencionista excessiva ou moderada; quanto maior a intervenção menor o respeito aos princípios econômicos adotados pelo art. 170 da Constituição Federal; porém, se houver moderada intervenção, é possível que as

---

41. *Curso de economia*, p. 139.

empresas ganhem cada vez mais e o mercado se torne voraz, com uma concorrência desleal e piorando as oportunidades de emprego, igualmente desrespeitando o ideário do referido art. 170.

O ideal é atingir o meio-termo. Por isso, existem vários órgãos de controle da economia, descentralizando a fiscalização e trabalhando em diversos setores distintos. Uma das principais figuras surgidas há alguns anos foi a *Agência Reguladora*. Trata-se de autarquia federal, com a missão de fiscalizar e regular a qualidade e a quantidade dos serviços públicos ofertados, por transferência feita a empresas do setor privado. A privatização de serviços importantes para a sociedade, antes oferecidos pelo Estado, de maneira lenta e atrasada, foi essencial para a modernização de inúmeros setores, tal como, para exemplificar, a telefonia, que se ampliou consideravelmente, permitindo o alcance de determinados serviços a várias pessoas, bastando constatar o facílimo acesso ao celular. Criou-se a Agência Nacional de Telecomunicações (ANATEL) para regular essa prestação de serviço.

A Lei 9.472/97 criou e organizou a ANATEL. Há outras no campo da vigilância sanitária, petróleo, energia elétrica, saúde etc. Embora existam muitas reclamações acerca dos serviços públicos prestados pelo setor privado, na realidade, as agências são muito mais eficientes na fiscalização e no controle dos variados setores nos quais atuam do que era, no passado, o poder público, por meio de seus órgãos.

Essa mudança de perspectiva é bem analisada por Leonardo Vizeu Figueiredo: "as agências reguladoras são fruto de uma profunda mudança na relação do aparelho estatal com a sociedade, especificamente com a ordem econômica. Observe-se que na concepção clássica, a intervenção estatal sempre se centrou no princípio da supremacia do interesse público sobre o interesse privado, não havendo, por parte do Estado, maiores preocupações com o equilíbrio de interesses dos diversos entes que compõem e participam da vida econômica de mercados específicos da economia. (...) Todavia, com a falência do Estado Intervencionista e o movimento de desestatização da Ordem Econômica, com o fim de se diminuir os gastos da máquina estatal, o Estado passou a adotar uma postura de agente regulador de mercado, não mais explorando diretamente atividades econômicas".[42]

---

42. *Lições de direito econômico*, p. 189.

2.3.12.6 Conselho Administrativo de Defesa Econômica – CADE

Um dos compromissos assumidos pelo Estado é justamente o combate ao abuso do poder econômico, algo saliente em países de sistema capitalista. Por isso, criou-se o CADE (Conselho Administrativo de Defesa Econômica), nos idos da década de sessenta. Hoje, é uma autarquia federal, vinculada ao Ministério da Justiça, regulada pela Lei 12.529/2011, cujo mister foi a implementação de um Sistema Brasileiro de Defesa da Concorrência, buscando prevenir e reprimir infrações contra a ordem econômica.

O CADE é constituído por um Tribunal Administrativo de Defesa Econômica, pela Superintendência-Geral e pelo Departamento de Estudos Econômicos (art. 5º da Lei 12.529/2011). O mais relevante é o seu Tribunal Administrativo, que tem resolvido inúmeros conflitos econômicos de grande porte entre empresas e entre estas e o poder público. O cenário administrativo, pela rapidez com que age, é muito mais interessante para empresários; tanto isso é verdade que os crimes de concorrência desleal, abuso do poder econômico, infração a marcas e patentes, entre outros similares, desapareceram dos meios forenses. São resolvidos pelo CADE. Para que esperar dezenas de anos por um julgamento no Judiciário brasileiro, reconhecidamente lento e nem sempre justo? Registre-se a competência do tribunal administrativo para atestar o que se está afirmando.

Esse Conselho deve zelar pela observância da Lei 12.529/2011; decidir sobre a existência de infração à ordem econômica, aplicando a penalidade estabelecida em lei; decidir os processos administrativos para impor sanções administrativas; ordenar providências condutoras à cessação de infração à ordem econômica; aprovar os termos do compromisso de cessação de prática e do acordo em controle de concentrações, podendo determinar a fiscalização pela Superintendência-Geral; apreciar, em recurso, as medidas preventivas adotadas pelo Conselheiro-Relator ou pela Superintendência; intimar os interessados de suas decisões; requisitar dos órgãos e entidades federais e requerer às autoridades dos Estados, Municípios, Distrito Federal, as medidas necessárias ao cumprimento da lei de defesa da concorrência; contratar a realização de exames, estudos, vistorias, aprovando os honorários profissionais e despesas do processo, a serem pagas pela empresa, quando punida; apreciar processos administrativos de atos de concentração econômica, estabelecendo acordos em controle de atos de concentração; determinar à Superintendência-Geral a adoção de medidas administrativas para a execução e cumprimento de suas decisões; requisitar serviços e pessoal de qualquer órgão ou entidade do poder público; requerer à Procuradoria Federal junto ao CADE a adoção de providências administrativas e judiciais; instruir o público quanto às formas de infração da ordem econômica; elaborar e aprovar o regimento interno do CADE; propor a estrutura do quadro de pessoal do CADE; elaborar proposta orçamentária; requisitar informes de pessoas, órgãos, autoridades e entidades públicas ou privadas; decidir pelo cumprimento das decisões, compromissos e acordos.

Com essa amplitude de atribuições, não há necessidade para que empresas de grande porte sirvam-se do Poder Judiciário. Há muito mais previsto na Lei 12.529/2011, inclusive infrações administrativas com penalidades eficazes e dentro do devido processo administrativo. Resta ao Judiciário, atualmente, julgar casos entre particulares; entre estes e empresas; entre o poder público e particulares ou empresas, mas pouca coisa em relação a matérias econômicas de grande relevo.

2.3.12.7 Termos econômicos

Alguns termos econômicos são relevantes para se compreender o mercado: a) *dumping* (vender produtos abaixo do preço para abalar e reduzir a concorrência); b) oligopólio (trata-se da concentração de determinado produto ou serviço na mão de poucos); c) monopólio (é a situação gerada pela detenção exclusiva de um produto ou serviço por uma empresa ou pessoa física, neste último caso de forma mais rara); d) produto bruto (é o conjunto de todos os bens e também serviços de um determinado sistema econômico, durante certo tempo); e) macroeconomia (área da economia que estuda os fenômenos econômicos de grandes proporções, geralmente em escala global); f) microeconomia (é o estudo do mercado, considerando as empresas individuais e os consumidores e trabalhadores individuais).

2.3.13 Direito financeiro

2.3.13.1 Conceito

As *finanças* compõem uma das partes sensíveis da vida de uma pessoa física ou jurídica, pois lida com o manuseio do dinheiro que entra (receita) e sai (despesa). No cenário das atividades do Estado, chama-se o tema de *finanças públicas*, que são dependentes de um orçamento anual de recebimentos e gastos, aprovados pelo Parlamento e colocados em prática pelo Executivo.

84 | INSTITUIÇÕES DE DIREITO PÚBLICO E PRIVADO · NUCCI

Tratar disso, em *nível de Direito Financeiro,* leva ao estudo de receitas, despesas, orçamento, dívida pública e responsabilidade fiscal. Na doutrina, de maneira singela, Harada menciona que o "Direito Financeiro é o ramo do Direito Público que estuda a atividade financeira do Estado sob o ponto de vista jurídico".[43] A bem da verdade, qualquer família entende, vulgarmente, de finanças, estabelecendo o montante de receitas, percebido mensalmente, a projeção de gastos e o orçamento disponível.

2.3.13.2 Finalidades

Baseado no princípio da legalidade, espera-se que lei complementar disponha sobre finanças públicas; dívida pública externa e interna, incluindo autarquias, fundações e outras entidades controladas pelo poder público; concessão de garantias pelas entidades públicas; emissão e resgate de títulos da dívida pública; fiscalização financeira da administração pública direta e indireta; operações de câmbio de órgãos e entes da União, Estados, Distrito Federal e Municípios; compatibilização das funções das instituições oficiais de crédito da União.

O desequilíbrio financeiro pode ser desastroso para um país, afetando, por via de consequência, toda a sociedade, bastando imaginar que se gaste mais (despesas) do que se arrecada (receitas). O orçamento entra em colapso.

Um dos pontos fulcrais para se controlar as finanças públicas é assegurar a escorreita emissão de moeda, para que não se tenha um sistema financeiro desacreditado. O art. 164, *caput,* da CF menciona ser competência da União emitir moeda, por intermédio do Banco Central.

2.3.13.3 Controle das finanças públicas

A questão de controle das finanças públicas tornou-se tão relevante nos últimos tempos que se editou a Lei de Responsabilidade Fiscal e, a par disso, novas figuras criminosas foram construídas, como se pode ver no Título XI, Capítulo IV (dos crimes contra as finanças públicas): a) crime de *contratação de operação de crédito* (art. 359-A, Código Penal; b) crime de *inscrição de despesas não empenhadas em restos a pagar* (art. 359-B, Código Penal); c) delito de *assunção de obrigação no último ano do mandato ou legislatura* (art. 359-C, Código Penal); d) delito de *ordenação de despesa não autorizada* (art. 359-D, Código Penal); e) crime de *prestação*

---

43. *Direito financeiro e tributário,* p. 17.

de garantia graciosa (art. 359-E, Código Penal); f) crime de não cancelamento de restos a pagar (art. 359-F, Código Penal); g) delito de *aumento de despesa total com pessoal no último ano do mandato ou legislatura* (art. 359-G, Código Penal); h) crime de *oferta pública ou colocação de títulos no mercado* (art. 359-H, Código Penal).

Denomina-se *entrada* o dinheiro que ingressa nos cofres públicos. Como regra, forma-se a *receita* do Estado. Segundo Regis Fernandes de Oliveira, há entradas provisórias (depósitos, cauções, fianças, empréstimos e empréstimo compulsório, indenizações etc.) e entradas definitivas (receitas tributárias, patrimoniais, preços etc.).

2.3.13.4 Receita pública

A receita pública é composta pelas entradas definitivas aos cofres do Estado para a realização de suas finalidades.[44]

Costuma-se classificar a receita pública, quanto à origem, em originária (proveniente de seu patrimônio: móveis, imóveis, indústrias, comércios etc.) e derivada (originária da cobrança de tributos).

Segundo critério de regularidade ou relativa periodicidade são classificadas em ordinárias e extraordinárias:

As receitas ordinárias, fonte permanente de recursos financeiros, ingressam com regularidade pelo desenvolvimento da atividade financeira do Estado.

As extraordinárias são aquelas auferidas em caráter excepcional e temporário. Sempre que houver necessidade a União pode lançar mão de empréstimo compulsório para atender a despesas extraordinárias, decorrentes de calamidade pública, de guerra externa ou sua iminência (art. 148, I, da CF). Também poderá instituir, na iminência ou no caso de guerra externa, impostos extraordinários (art. 154, II, da CF). Por terem caráter de contingente, serão suprimidas, gradativamente, cessadas as causas de sua criação.

2.3.13.5 Despesa pública

Denomina-se *despesa* o dinheiro gasto para fazer frente a uma diversidade de interesses, como a compra de bens, pagamento de serviços ou a quitação de dívidas.

---

44. *Curso de direito financeiro*, p. 258.

Despesa pública é o conjunto de gastos realizados pelos entes públicos para custear os serviços públicos (despesas correntes) autorizadas pelo Poder legislativo, por meio do ato administrativo chamado orçamento público ou em lei especial, prestados à sociedade ou para a realização de investimentos (despesas de capital).

2.3.13.5.1 Classificações das despesas públicas

2.3.13.5.1.1 Quanto à Natureza

Despesas orçamentárias: dependem de autorização legislativa, especificadas na lei do orçamento e/ou na lei de créditos adicionais; só podem ser efetivadas com a existência de correspondente crédito orçamentário.

Despesas extra orçamentárias: não dependem de autorização legislativa, não integrando o orçamento público. Resumem-se a devolução de valores arrecadados sob título de receitas extraorçamentárias; não pertencem ao órgão público, caracterizam-se como devolução de recursos financeiros pertencentes a terceiros.

2.3.13.5.1.2 Quanto à Categoria Econômica

Despesas Correntes

Despesas de custeio: destinadas à "manutenção de serviços anteriormente criados, inclusive as destinadas a atender a obras de conservação e adaptação de bens imóveis". (art. 12, § 1º da Lei 4.320/64).

Transferências Correntes: dotações para despesas as quais não corresponda contraprestação direta em bens ou serviços, inclusive para contribuições e subvenções destinadas a atender à manifestação de outras entidades de direito público ou privado (art. 12, § 2º da Lei 4.320/64).

Despesas de capital

Investimentos: são as dotações para o planejamento e a execução de obras, inclusive as destinadas à aquisição de imóveis considerados necessários à realização destas últimas, bem como para os programas especiais de trabalho, aquisição de instalações, equipamentos e material permanente e constituição ou aumento do capital de empresas que não sejam de caráter comercial ou financeiro (art. 12, § 4º da Lei 4.320/64).

Inversões financeiras (art. 12, § 5º da Lei 4.320/64) – são as dotações destinadas a:

I – aquisição de imóveis, ou de bens de capital já em utilização;

II – aquisição de títulos representativos do capital de empresas ou entidades de qualquer espécie, já constituídas, quando a operação não importe aumento do capital;

III – constituição ou aumento do capital de entidades ou empresas que visem a objetivos comerciais ou financeiros, inclusive operações bancárias ou de seguros.

Transferências de capital: são as dotações para investimentos ou inversões financeiras que outras pessoas de direito público ou privado devam realizar, independentemente de contraprestação direta em bens ou serviços, constituindo essas transferências auxílios ou contribuições, segundo derivem diretamente da Lei de Orçamento ou de lei especialmente anterior, bem como as dotações para amortização da dívida pública (art. 12, § 6º da Lei 4.320/64).

2.3.13.5.1.3   Quanto à Regularidade

Ordinárias: destinam-se à manutenção continuada dos serviços públicos. Renovam-se em todos os exercícios.

Extraordinárias: provocadas por circunstâncias especiais e inconstantes, possuem caráter esporádico ou excepcional. Surgem circunstancialmente nas dotações orçamentarias.

2.3.13.5.1.4   Quanto à Competência Institucional, podem ser Federais, Estaduais ou Municipais.

O *orçamento* é um termo técnico no cenário financeiro, mas é de vulgar conhecimento de qualquer pessoa, pois tanto representa um cálculo do custo de uma obra ou serviço, para que seja aprovado ou não, como também significa o cálculo geral das receitas e despesas do Estado, procurando fazer frente às necessidades da sociedade.

Nesta última visão, Kiyoshi Harada menciona que "atualmente, o orçamento deixou de ser mero documento de caráter contábil e administrativo, para espelhar toda a vida econômica da Nação, constituindo-se em um importante instrumento dinâmico do Estado a orientar sua atuação sobre

88 | INSTITUIÇÕES DE DIREITO PÚBLICO E PRIVADO · **Nucci**

a economia".[45] Verifica-se, na prática, o desrespeito à previsão orçamentária, realizada anualmente pelos Poderes de Estado, cada qual apresentando a sua proposta para a aprovação do Legislativo. Gasta-se mais do que se arrecada, criando-se várias fórmulas para burlar o orçamento geral do Estado, causando inúmeros problemas decorrentes do endividamento público.

O orçamento público é um instrumento de planejamento governamental em que constam a aprovação prévia das despesas da administração pública para um determinado período, em equilíbrio com a arrecadação das receitas previstas.

É o documento onde a administração pública reúne todas as receitas arrecadadas e programa onde de fato esses recursos serão destinados.

Como expusemos linhas acima, compete ao Congresso Nacional com a sanção do Presidente da República, dispor sobre todas as matérias de competência da União, especialmente sobre plano plurianual, diretrizes orçamentárias, orçamento anual, operações de crédito, dívida pública e emissões de curso forçado. Os três Poderes (Legislativo, Executivo e Judiciário) deverão manter um sistema integrado de controle interno para avaliar o cumprimento das metas do plano plurianual, a execução dos programas do governo e dos orçamentos da União. Deverão, ainda, comprovar a legalidade e avaliar os resultados em relação à eficácia e eficiência da gestão orçamentária, financeira e patrimonial nos órgãos estatais, além de conferir a aplicação de recurso públicos feita por entidades privadas.

Cabe ao Executivo provocar a elaboração do plano plurianual, das diretrizes orçamentárias e dos orçamentos anuais. A parte relativa ao *plano plurianual* significa um orçamento plurianual, programado para valer por mais de um ano, a fim de atender a obras e serviços estabelecidos pelo governo, quando atingem longa duração. A *lei de diretrizes orçamentárias* deve ser editada antes do orçamento, levando em consideração todas as alterações legislativas ocorridas, especialmente no campo tributário (arrecadador de dinheiro para o Estado); além disso, precisa estabelecer regras para equilibrar as receitas e despesas, tudo para atingir a harmonia financeira do Estado (federal, estadual e municipal). No tocante ao orçamento, a lei que o regulará deve abranger o orçamento fiscal dos Poderes da União, seus fundos, órgãos e entes da administração direta e indireta, incluindo fundações públicas. Além disso, deve envolver o orçamento de investimento

---

45. *Direito financeiro e tributário*, p. 74.

das empresas nas quais a União, direta ou indiretamente, tenha maioria do capital com direito a voto. Finalmente, deve abranger o orçamento da seguridade social, alcançando todas as entidades a ela vinculadas, da administração direta ou indireta, além dos fundos e fundações públicas.

Em face da relevância do tema financeiro, os projetos de lei concernentes ao plano plurianual, às diretrizes do orçamento, ao orçamento anual e aos créditos adicionais devem ser apreciados pelas duas Casas do Congresso Nacional (Câmara dos Deputados e Senado).

2.3.13.5.1.5 Princípios do direito financeiro

Existem alguns princípios norteadores do orçamento:

a) *legalidade*: é o principal, pois se coaduna com o princípio da legalidade em sentido amplo, exposto pelo art. 5º, inciso II, da Constituição, segundo o qual ninguém é obrigado a fazer ou deixar de fazer alguma coisa senão em virtude de lei. O poder público deve respeitar o orçamento elaborado, seja anual ou plurianual, atendendo-se às leis de diretrizes orçamentárias. Há de ser elaborada *lei em sentido estrito* (norma emanada do Poder Legislativo, com a sanção do Executivo) para essa finalidade, não sendo válida a edição de medida provisória, lei delegada ou qualquer outro meio legal ou administrativo;

b) *universalidade*: impõe a necessidade de se inserir no orçamento todas as receitas e despesas idealizadas para o ano vindouro. Não se pode deduzir absolutamente nada do orçamento;

c) *anualidade*: significa que o orçamento deve ser produzido todos os anos; há, hoje, o denominado orçamento plurianual, já envolvendo vários anos, o que significa menor importância ao princípio da anualidade;

d) *exclusividade*: significa que a lei orçamentária não deve conter dispositivo estranho às receitas e às despesas, podendo ser incluída a autorização para a abertura de créditos suplementares e também para a contratação de operações de crédito (art. 165, § 8º, CF). Matérias estranhas ao orçamento são vedadas, o que é razoável porque o Legislativo tem colocado assuntos totalmente diversos em certas leis (ex.: faz-se uma lei disciplinando um campo da saúde; subitamente, por emenda, coloca-se uma nova lei penal, cuidando de tema diferente, como proteção ao patrimônio);

e) *não vinculação* ou *não afetação*: quer dizer que a receita advinda de impostos não pode, como regra, ser vinculada, em expressos termos constitucionais, a órgão, fundo ou despesa específica. A vedação não envolve outros tributos, como taxas e contribuições de melhoria.

Os governos (federal, estadual, municipal) tinham o mau vezo de gastar muito mais do que podiam; a receita pública não conseguia satisfazer o montante de gastos. Não que esta realidade esteja completamente mudada, mas alterou-se, para melhor, com a edição da Lei de Responsabilidade Fiscal (Lei Complementar 101/2000).

A própria Constituição Federal estabeleceu certos limites, por exemplo, a despesa com pessoal ativo e inativo da União, dos Estados, do Distrito Federal e dos Municípios não pode exceder aos limites fixados em lei complementar. Esta legislação (Lei Complementar 101/2000) estipula que a responsabilidade fiscal pressupõe ação planejada e transparente, prevenindo-se riscos e corrigindo-se desvios aptos a afetar o equilíbrio das contas públicas, por meio do cumprimento das metas de resultados entre receitas e despesas, além da obediência a limites e condições concernentes à renúncia de receita, geração de despesa de pessoal, de seguridade social e outras.

Verificou-se, na prática, um freio relevante a diversos órgãos do poder público, que estavam acostumados a promover despesas além do acumulado pelas receitas, passando a respeitar o nível de gastos e endividamento. À essa época, surgiram os novos crimes, já citados linhas acima, previstos pelos arts. 359-A a 359-H do CP (crimes contra as finanças públicas).

Sob outro prisma, editou-se a Lei 11.079/2004, incentivando as parcerias público-privadas, pois o Estado exauriu a sua fonte de receitas tributando a sociedade, enquanto há empresas de grande porte aptas a fornecer capital para o desenvolvimento de obras e serviços públicos. Regis Fernandes de Oliveira explica que "remanesce um grupo ainda rico em possibilidade de investimentos, que são os empresários e os fundos particulares. Em regime de livre-iniciativa, há empresas que se agigantam não só na produção de bens particulares, mas que se especializam na prestação de serviços públicos e na construção de obras.

São, aliás, empresas de outros países, que têm capital, mas não têm mais onde o investir dentro de seus países. Logo, buscam outros campos mais rentáveis dos Estados em desenvolvimento, que lhes podem pagar mais, porque precisam de tais capitais".[46] Conforme dispõe o art. 2º da referida

---

46. *Curso de direito financeiro*, p. 855.

Lei 11.079/2004, "parceria público-privada é o contrato administrativo de concessão, na modalidade patrocinada ou administrativa".

Sob outro prisma, tem-se considerado o Estado um mau pagador, quando deve alguma quantia à pessoa física ou jurídica. Argumenta-se que o orçamento estatal é limitado e precisa prever alguns gastos extras para fazer valer as dívidas que contrai com terceiros. Por isso, o art. 100 da CF prevê que "os pagamentos devidos pelas Fazendas Públicas Federal, Estaduais, Distrital e Municipais, em virtude de sentença judiciária, far-se-ão exclusivamente na ordem cronológica de apresentação dos precatórios e à conta dos créditos respectivos, proibida a designação de casos ou de pessoas nas dotações orçamentárias e nos créditos adicionais abertos para este fim".

Precatório é o termo utilizado para o pedido que se faz ao poder público para quitar a sua dívida. Cabe ao Judiciário requisitar o pagamento devido, que, no entanto, ingressa numa fila, respeitando a ordem das quitações, que podem levar anos. Infelizmente, o que se constata, na prática, é uma demora absurda para que o vencedor de uma causa contra a União, o Estado ou o Município receba, efetivamente, o que lhe é devido.

2.4 Direito penal

2.4.1 Conceito

O Direito Penal é o ramo do direito público, que agrega normas voltadas à fixação do poder punitivo do Estado, criando infrações penais e suas penas, bem como as regras para a sua aplicação. Denomina-se *direito penal objetivo* o corpo de normas destinadas a combater a criminalidade, assegurando a defesa da sociedade, ao mesmo tempo em que limita o poder de punir do Estado (*ius puniendi*). Denomina-se *direito penal subjetivo* o direito de punir do Estado, quando alguém comete um crime. Pensamos ser mais apropriado dizer que o Estado não possui um mero direito punitivo, mas um poder-dever de punir, pois, havendo o delito, a sociedade cobra e espera uma atitude séria do poder público.

2.4.1.1 Política criminal

Política criminal é um modo de analisar as normas do Direito Penal, fazendo com que os Poderes de Estado obtenham uma visão conjunta e harmônica acerca do grau de intervenção capaz de ser gerado pelo poder punitivo estatal quando ocorre a prática da infração penal. O Brasil carece de uma política criminal bem definida, ora está editando leis muito benevolentes em face da crescente criminalidade; ora está produzindo leis duríssimas, que não resolvem problemas, mas são capazes de gerar superlotação carcerária, impedindo a ressocialização de todos os que estão presos. É preciso decidir qual política criminal adotar para que os Poderes de Estado atuem em conjunto.

2.4.1.2 Criminologia

Criminologia é a ciência que estuda o crime, como fenômeno social, bem como o autor do crime, em visão ampla e crítica, para desvendar as causas do delito e os motivos que levam o ser humano a delinquir, auxiliando no aperfeiçoamento do Direito Penal.

CRIMINOLOGIA E SEUS OBJETOS DE ESTUDO

2.4.1.3 Bem jurídico

Bem jurídico é um conceito importante para o Direito Penal, pois significa o valor para o qual se confere proteção jurídico-penal no caso concreto. Funciona como um critério para a criminalização de condutas;

exemplificando, a importância da vida humana é crucial para todos; por isso, o bem jurídico *vida* é protegido pelo Direito Penal. Quem o infringir, matando outra pessoa, será punido com pena variável de seis a trinta anos de reclusão (art. 121 do CP).

2.4.2 Princípios constitucionais penais

2.4.2.1 Princípios regentes

2.4.2.1.1 Dignidade da pessoa humana

Sobre os princípios regentes do Direito Penal, temos defendido que, em primeiro lugar, deve-se levar em conta o princípio geral do Estado Democrático de Direito, que é a dignidade da pessoa humana. E não se deve desconsiderar o outro princípio regente: o devido processo legal (*due process of law*).

Para a mais ampla conceituação de *dignidade da pessoa humana*, deve-se enfocar os seus dois prismas: objetivo e subjetivo. Em nível objetivo, significa o dever do Estado de garantir a todo cidadão uma vida digna, com condições mínimas de sobrevivência, assegurando a percepção de um valor capaz de atender as suas necessidades vitais, e de sua família, tais como moradia, alimentação, educação, saúde, lazer, vestuário, higiene, transporte e previdência social. Em nível subjetivo, deve o Estado garantir a respeitabilidade do ser humano, assegurando--lhe o amor próprio e a autoestima, atributos que consagram a individualidade da pessoa.

2.4.2.1.2 Devido processo legal (*due processo of law*)

Trata-se do princípio geral das ciências criminais, significando o respeito fiel a todos os princípios penais e processuais penais. Assim fazendo, pode-se dizer que o réu foi condenado, respeitado o *devido processo legal*.

2.4.2.2 Princípios específicos

2.4.2.2.1 Legalidade (ou reserva legal)

Significa não haver crime sem prévia definição legal; nem tampouco haver pena sem prévia cominação legal (art. 5º, inciso XXXIX, da CF). É um dos mais relevantes princípios do Direito Penal. O Estado não pode punir o indivíduo se não houver expressa lei penal admitindo determinada conduta como crime; também não pode aplicar a pena que quiser, pois deve seguir o padrão imposto em lei.

2.4.2.2.2 Anterioridade

Encontra-se vinculado à legalidade, demonstrando que não há crime *sem prévia* definição legal, nem pena *sem anterior* cominação legal (art. 5º, inciso XXXIX, da CF). Isto significa que tanto o crime quanto a pena precisam estar devidamente previstos na lei *antes* de alguém praticar a conduta criminosa e ser por ela punido.

2.4.2.2.3 Retroatividade da lei penal benéfica

Como regra, as leis (penais ou não) não podem retroagir para atingir fatos ocorridos no passado, como forma de garantir a segurança jurídica; leis são editadas para abranger fatos futuros.

No entanto, tratando-se de leis penais *favoráveis* ao réu ou ao condenado, a Constituição Federal autoriza a sua retroatividade; podem ser aplicadas inclusive a casos já julgados, que serão revistos (art. 5º, inciso XL, CF), de forma a amoldar a condenação à lei nova, benéfica ao acusado.

2.4.2.2.4 Humanidade

Significa que o Estado brasileiro não admite penas cruéis em sentido amplo; são assim consideradas a pena de morte (exceto em época de guerra), a pena de prisão perpétua, a pena de banimento (mandar o réu para fora do país); a pena de trabalhos forçados (art. 5º, inciso XLVII, da CF).

2.4.2.2.5 Responsabilidade pessoal (ou personalidade)

Significa que a pena não pode passar da pessoa do delinquente (art. 5º, inciso XLV, da CF). No passado, admitia-se a punição não somente do criminoso, mas de seus familiares e amigos, o que constituía um perverso método punitivo, visto que inocentes pagavam por algo que não fizeram.

Atualmente, portanto, se o réu morrer, enquanto seu processo-crime estiver tramitando na Justiça, extingue-se a sua punibilidade e ninguém sofrerá qualquer sanção. Ainda que já se encontre condenado, cumprindo a pena, a sua morte acarreta a extinção da punibilidade. Porém, não se enquadram nessa situação: a) a indenização civil decorrente do crime; os parentes da vítima podem demandar contra o réu, ou seus descendentes, no limite da herança, por uma reparação de anos; b) o confisco pelo Estado dos instrumentos do crime, bem como do produto ou proveito obtido pelo criminoso podem ser tomados inclusive das mãos de parentes ou herdeiros do réu. A meta, neste caso, é evitar o enriquecimento ilícito (locupletamento indevido).

2.4.2.2.6 Individualização da pena

O princípio assegura que as penas devem ser individualizadas para cada réu, evitando-se a pena-padrão (art. 5º, inciso XLVI, primeira parte, da CF). Noutros termos, é possível que cinco indivíduos cometam um roubo (imagine-se o mesmo fato); cabe ao julgador aplicar a pena a cada um deles de maneira particularizada, pois cada ser humano é diferente de outro. Um dos assaltantes pode ser mais violento que outro; um deles pode já ter sido condenado anteriormente por roubo; outro deles pode ter machucado uma das vítimas, enfim, *a cada um, a pena justa*, sem haver padronização.

Além disso, esse princípio desenvolve-se em três planos: a) individualização legislativa: quando um crime novo é criado por lei, o primeiro a estabelecer o parâmetro das penas mínima e máxima é o legislador (ex.: no crime de furto simples, a pena é de reclusão de *1 a 4 anos, e multa*); b) individualização judicial: quando o réu é julgado culpado, o juiz estabelece a pena, escolhendo entre o mínimo e o máximo (ex.: no crime de furto simples, o julgador fixa 2 anos de reclusão, e 10 dias-multa); c) individualização executória: na fase de execução da pena, o juiz pode alterar valores, conforme o comportamento do sentenciado e de acordo com o passar do tempo (ex.: a pena de 2 anos de reclusão pode ser abatida, caso aconteça um indulto – perdão – decretado pelo Presidente da República).

2.4.2.2.7 Proporcionalidade

Este princípio encontra-se implícito no art. 5º, inciso XLVI, segunda parte, da Constituição. Este inciso expõe todas as penas passíveis de aplicação no Brasil, desde as mais brandas até a mais grave, que é privativa de liberdade.

Assim, a gravidade das penas deve acompanhar a gravidade dos crimes, de maneira proporcional. A um delito de homicídio, é cabível pena de prisão; a um delito de ameaça, pode-se dar uma multa. O contrário não poderia ser feito, pois geraria o descumprimento da proporcionalidade.

2.4.2.2.8 Intervenção mínima (insignificância e adequação social)

Significa que o Direito Penal, no Estado Democrático de Direito, deve interferir minimamente nos conflitos sociais, pois existem outras áreas do ordenamento jurídico para cuidar disso. Exemplificando, uma disputa trabalhista não tem que virar um crime; uma contenda entre vizinhos, por conta dos limites territoriais, pode ser resolvida pelo direito civil e assim por diante.

Se o direito penal se agigantar e houver punição em demasia, o Estado torna-se autoritário e a liberdade individual é gradualmente diminuída. Este princípio também se denomina *subsidiariedade* (o direito penal não deve ser a primeira opção para resolver um conflito de interesses, mas a última – a chamada *ultima ratio*) ou *fragmentariedade* (o direito penal é apenas um fragmento do ordenamento jurídico, existindo vários outros ramos para contornar os conflitos sociais; deve-se reservar ao fragmento penal aos conflitos mais graves).

No contexto do princípio da intervenção mínima, há dois princípios muito utilizados atualmente na jurisprudência (decisão dos tribunais):

a) *princípio da insignificância*: quer dizer que pequenas lesões a bens jurídicos protegidos pelo Direito Penal, consideradas insignificantes, não devem ser punidas. Ilustrando, aquele que subtrai uma folha de papel sulfite de uma loja, não causa um prejuízo vultoso e não é caso de se acionar o poder público para lhe aplicar uma sanção penal; chama-se também de *crime de bagatela* (não se pune ofensas mínimas). Não se deve utilizar esse critério quando o delito estiver inserido no cenário dos crimes contra a administração pública, por exemplo, corrupção, concussão, peculato, entre outros. Afinal, o interesse público está em jogo, merecendo proteção, por menor que seja. Não se pode defender, a título de ilustração, ser insignificante o fato de ter o servidor público recebido uma propina de somente R$ 50,00. Pouco importa a quantia (se R$ 50,00 ou R$ 50.000,00), pois o mais relevante é punir o funcionário corrupto;

> **Súmula 599 do STJ:** "O princípio da insignificância é inaplicável aos crimes contra a administração pública".

b) *princípio da adequação social*: significa que, quando um comportamento humano é aceito e consensualmente admitido pela sociedade, não pode ser considerado crime. Exemplo: uma pessoa deseja colocar extensas tatuagens no seu próprio corpo; embora, tecnicamente, a tatuagem seja uma lesão corporal, o tatuador não será acusado da prática de um crime, pois a conduta é aceita pela sociedade. É *socialmente adequada*.

2.4.2.2.9 Ofensividade

Trata-se de princípio associado à intervenção mínima, significando que o direito penal só deve ocupar-se de graves ofensas ao direito; as mínimas ofensividades podem ser resolvidas por outros ramos, como civil, trabalhista, tributário, administrativo etc.

2.4.2.2.10 Taxatividade

É um princípio decorrente da legalidade. Não há crime sem lei anterior que o *defina*. Essa definição precisa ser feita de maneira bem clara, de modo a não gerar dúvida, portanto, taxativa. Um crime qualquer deve ser bem definido em lei, evitando-se que alguém seja acusado da prática de uma infração penal sem ter tido ideia de que poderia cometê-la. Em síntese, a redação dos tipos penais (modelo da conduta criminosa) precisa ser detalhada e nítida, para não gerar dúvidas.

2.4.2.2.11 Culpabilidade

Significa não poder haver crime sem que o autor tenha agido com dolo ou culpa (trataremos de ambos mais adiante). Antigamente, punia-se uma pessoa criminalmente mesmo que ela tivesse ferido outra por mero acidente, ou seja, sem intenção de machucar outrem e sem ter sido imprudente. Hoje, somente há delito se houver prova de que o agente atuou com dolo ou culpa.

2.4.2.2.12 Vedação da dupla punição pelo mesmo fato

O princípio advém da Convenção Americana dos Direitos Humanos, significando que não se deve punir uma pessoa mais de uma vez pelo crime cometido.

2.4.3 Fontes do Direito Penal

Quanto às fontes do Direito Penal, há de se dividir o tema em duas partes: 1) fonte material: é a criadora do direito penal e somente a União está autorizada a legislar em matéria penal (art. 22, inciso I, da CF); excepcionalmente, os Estados-membros podem legislador em assunto penal se forem autorizados por lei complementar editada pela União; b) fonte formal: é o modo de expressão do direito penal, que, em face do princípio da legalidade, é somente a lei em sentido estrito, ou seja, norma emanada do Poder Legislativo.

Não se admite a formação de norma penal por meio de lei municipal, decreto, medida provisória ou qualquer outro ato legislativo ou administrativo.

2.4.4 Estrutura do crime

2.4.4.1 Espécies de infração penal

Em primeiro lugar, torna-se necessário distinguir o gênero, que são as *infrações penais*, subdivididas em *crimes* e *contravenções penais*. Pretendeu o legislador evidenciar que os autores de crimes (ou delitos) cometem as infrações mais graves, previstas no Código Penal; os autores de contravenções praticam infrações mais brandas em matéria de ofensa ao bem jurídico protegido, conforme previsão da Lei de Contravenções Penais (Decreto-lei 3.688/41).

2.4.4.2 Tipo penal

É preciso tecer considerações sobre a estrutura do crime, que é um fato típico, antijurídico e culpável. Há três elementos para observar. Em primeiro lugar, o Direito Penal utiliza uma terminologia própria para mostrar à sociedade o que é crime. O legislador constrói os chamados *tipos penais*, que são *modelos de conduta*; quando acompanhados de uma sanção, são os *tipos penais incriminadores*. Exemplos: no crime de homicídio, o tipo penal é "art. 121 – Matar alguém. Pena: reclusão, de seis a vinte anos"; no crime de furto, o tipo penal é "art. 155 – Subtrair, para si ou para outrem, coisa alheia móvel: Pena – reclusão, de um a quatro anos, e multa".

Diante disso, o primeiro passo para se saber se uma conduta humana é criminosa será verificar a sua tipicidade, ou seja, se o fato da vida real encaixa-se no modelo de conduta proibida (tipo penal). Fulano desferiu facadas em Beltrano, que morreu. Logo, Fulano matou Beltrano, encaixando--se, perfeitamente, no tipo penal do art. 121 do CP. É um fato típico.

2.4.4.3 Ilicitude

Trata-se da contrariedade da conduta com o ordenamento jurídico, provocando lesão a direito protegido. É a segunda etapa para verificar se uma conduta pode ser considerada criminosa, logo, confere-se se o fato típico também é ilícito.

Afinal, existem certas autorizações legais, que afastam o caráter criminoso do fato. No art. 23 do CP, encontram-se as excludentes de ilicitude: estado de necessidade, legítima defesa, exercício regular de direito e estrito cumprimento do dever legal. Portanto, se Fulano matou Beltrano porque este lhe desferiu uma paulada antes de ter recebido as facadas, pode-se dizer que Fulano matou em legítima defesa. Isto não é crime. Então o fato é típico, porque Fulano matou Beltrano, mas não é ilícito, então, está fora da alçada do Direito Penal. No entanto, imagine-se que Fulano matou Beltrano sem nenhuma justificativa legal, ele cometeu um fato típico e antijurídico.

2.4.4.4 Estado de necessidade

É uma causa de exclusão da ilicitude (justificativa), consistente no sacrifício de um direito para salvar de perigo atual e inevitável o direito do próprio agente ou de terceiro, desde que outra conduta, nas circunstâncias concretas, não era razoável exigir-se. O estado de necessidade configura um cenário de perigo, envolvendo mais de uma pessoa. Muitas vezes, trata-se de um desastre ou infortúnio.

Ilustrando, várias pessoas estão em uma danceteria, assistindo um show. Inicia-se um incêndio, em face de curto elétrico. Todos tentam escapar pela única porta que existe nos fundos. Pode haver "pisoteamento", além de empurrões, quedas, socos, enfim, atitudes agressivas de frequentadores, todos voltados a escapar do incêndio. Quem estava tentando escapar, em estado de necessidade, não será responsabilizado criminalmente, por lesões causadas em outros clientes desesperados daquela danceteria. Podem até praticar fatos típicos (lesões corporais), mas serão considerados lícitos.

2.4.4.5 Legítima defesa

Trata-se da defesa necessária empreendida contra agressão humana[47] injusta, atual ou iminente, contra direito próprio ou de terceiro, utilizando, para tanto, moderadamente, os meios necessários. O Estado, por seus agentes policiais, não pode estar em todos os lugares ao mesmo tempo; por isso, permite-se que a pessoa, quando agredida, tente salvar-se da maneira como for possível.

Para a legítima defesa ser válida, é preciso que exista uma agressão injusta (ilícita; contrária à lei), acontecendo (atual) ou em vias de acontecer (iminente) contra o direito de alguém. Esta pessoa, para se defender, deve utilizar os meios necessários (os instrumentos que ela tiver ao seu dispor) para a reação. Finalmente, impõe a lei que a defesa seja moderada, isto é, o suficiente para deter a agressão, sem se transformar num ataque vingativo.

Ilustrando, o policial dá voz de prisão ao assaltante. Este reage e atira na direção do policial. Para se defender, o agente policial saca sua pistola e desfere tiros contra o assaltante. Quando este estiver sem forças para outra agressão, o policial deve cessar o ataque. Este é o sentido da moderação.

2.4.4.6 Exercício regular de direito

É o desempenho de uma atividade ou a prática de uma conduta autorizada por lei, que torna lícito um fato típico.

Ilustrando, os pais, para aplicar um castigo em seu filho, determinam que ele fique no quarto, no fim de semana, sem poder sair de casa com os amigos. É o direito decorrente do poder familiar para a educação do descendente. Os pais não respondem por sequestro ou cárcere privado, por cercear a liberdade do filho, uma vez que estão autorizados a fazer isso pela lei civil.

2.4.4.7 Estrito cumprimento do dever legal

Trata-se da ação praticada em cumprimento a um dever imposto por lei, penal ou extrapenal, mesmo que cause lesão a terceiro.

---

47. Lembre-se: não há legítima defesa contra ataque de animal ou coisa. Se um animal atacar alguém, esta pessoa pode defender-se, mas a isso se dá o nome de *estado de necessidade defensivo*. O mesmo ocorre se alguém destrói uma máquina, que o coloca em risco.

Ilustrando, quando o policial prende um assaltante, pode ser que este reaja, não querendo colocar as algemas. Se os policiais tiverem que segurá-lo, com força, para que obedeça e ceda, para a colocação das algemas, ou para o ingresso na viatura, podem causar alguma lesão corporal no preso. Pode ser um fato típico (ofensa à integridade corporal), mas os agentes policiais estavam no estrito cumprimento do dever legal. Logo, a sua ação é lícita.

DIFERENÇAS ENTRE O ESTADO DE NECESSIDADE E A LEGÍTIMA DEFESA

Estado de Necessidade	Legítima Defesa
1) Há um conflito entre titulares de bens ou interesses juridicamente protegidos	1) Há um conflito entre o titular de um bem ou interesse juridicamente protegido e um agressor, agindo ilicitamente
2) A atuação do agente do fato necessário pode voltar-se contra pessoas, animais e coisas	2) A atuação do titular do bem ou interesse ameaçado somente se pode voltar contra pessoas
3) O bem ou interesse juridicamente tutelado está exposto a um perigo atual	3) O bem ou interesse juridicamente tutelado está exposto a uma agressão atual ou iminente
4) O agente do fato necessário pode voltar-se contra terceira parte totalmente inocente	4) O titular do bem ou interesse ameaçado somente está autorizado a se voltar contra o agressor
5) Pode haver ação contra agressão justa (estado de necessidade recíproco)	5) Deve haver somente ação contra agressão injusta (ilícita)
6) Deve haver proporcionalidade entre o bem ou interesse sacrificado e o bem ou interesse salvo pela ação do agente do fato necessário	6) É discutível a necessidade da proporcionalidade entre o bem ou interesse sacrificado, pertencente ao agressor, e o bem ou interesse salvo, pertencente ao agredido
7) Há, como regra, ação	7) Há, como regra, reação
8) O agente do fato necessário, se possível, deve fugir da situação de perigo para salvar o bem ou interesse juridicamente tutelado (subsidiariedade do estado de necessidade)	8) O agredido não está obrigado a fugir, podendo enfrentar o agressor, que atua ilicitamente

2.4.4.8   Culpabilidade

Para ser considerado crime e para que alguém possa ser punido, é preciso ser também culpável. Ou seja, precisa haver um *fato típico, ilícito e culpável*. O terceiro elemento – a culpabilidade – significa haver uma reprovação pelo que Fulano fez, desde que ele seja imputável (maior de 18 anos e mentalmente são), tenha consciência de que fazia algo errado e tenha podido agir de outra maneira, embora preferisse o caminho do ilícito.

Ilustrando, se Fulano tinha 12 anos, não cometeu crime, pela legislação brasileira, mas ato infracional e seu caso seguirá para a Vara da Infância e Juventude. Caso Fulano tenha mais que 18 anos e não seja doente mental, pode-se dizer que ele é imputável (apto a ser reprovado pelo que fez). Noutros termos, para haver culpabilidade, o primeiro elemento é a percepção da imputabilidade (ser maior de 18 anos e mentalmente são).

O segundo ponto é detectar se Fulano tinha consciência do ilícito, vale dizer, sabia que o que fazia era errado ou proibido. Em terceiro, é preciso verificar se Fulano podia agir conforme as regras do Direito ou estaria coagido por alguém para fazer o que fez. Desse modo, se Fulano sabia ser errada sua conduta e ele poderia tê-la evitado, mas não evitou, deve ser reprovado. Logo, considerado culpável.

2.4.5 Sujeitos e objetos do crime

Quanto aos sujeitos e objetos do crime, temos o seguinte quadro: 1) sujeito ativo do crime é a pessoa que pratica a conduta típica (ex.: Fulano é o sujeito ativo de homicídio, pois matou Beltrano); 2) sujeito passivo do crime é a pessoa que teve o bem jurídico violado (na ilustração acima é o Beltrano, que perdeu o bem jurídico *vida*); 3) objeto material é a pessoa, coisa ou interesse contra o qual se volta a conduta típica (no exemplo citado, o objeto material é também Beltrano, pois ele que recebeu as facadas); 4) objeto jurídico é o interesse jurídico protegido pela norma penal, no caso exemplificado, a vida humana.

ESQUEMA DOS SUJEITOS E OBJETOS DO CRIME

> **Uma questão interessante:** pode a pessoa jurídica cometer crime no Brasil? Sim, pode, desde que sejam crimes ambientais (art. 225, § 3º, CF; e art. 3º, Lei 9.605/98).

2.4.6 Elemento subjetivo do crime

Tratando do elemento subjetivo do crime, seguindo o princípio da culpabilidade (não há crime sem dolo ou culpa), é fundamental definir *dolo* e *culpa*, que estão previstos no art. 18 do CP.

2.4.6.1 Dolo

O dolo é a vontade consciente de praticar o tipo penal (Fulano agiu com dolo porque *quis* matar Beltrano a golpes de faca).

O dolo se divide em *direto*, quando o agente quer determinado resultado e o persegue até conseguir atingi-lo (Fulano agiu com dolo direto em relação a Beltrano, pois era este a vítima escolhida para morrer) e *indireto* (ou eventual), quando o agente quer determinado resultado, mas percebe que pode atingir outro; ao perceber isto não cessa a sua conduta e assume o risco de produzir o segundo resultado.

Noutro exemplo, "M" está dirigindo seu carro em alta velocidade, estando embriagado, quando passa perto de uma escola; percebe nitidamente que pode atropelar e matar alguma criança; "M" não quer matar ninguém, mas não para a sua conduta de correr com o veículo, estando embriagado, assumindo o risco de matar alguém. Assim acontece e ele atropela, matando, a criança "O". "M" matou "O" com dolo eventual. Para efeito de punição, tanto faz agir com dolo direito ou com dolo eventual.

2.4.6.2 Culpa

A *culpa* é um comportamento leviano e desatencioso, que infringe o dever de cuidado objetivo, gerando um resultado involuntário, embora previsível, que podia ter sido evitado. O conceito de culpa é um pouco mais complexo, mas simples de entender.

Quando Fulano faz qualquer coisa com desatenção, pode infringir o *dever de cuidado objetivo* (é o dever que todos temos, ao viver em sociedade, de respeitar o direito alheio, atuando sempre com atenção). Ao agir levianamente, pode produzir um resultado involuntário, ou seja, um resultado danoso que não desejava, mas causou porque foi desatencioso. Esse resultado danoso era previsível (possível de ser imaginado pelo senso comum que todos os seres humanos possuem) e podia ter sido evitado, desde que Fulano agisse com atenção.

A culpa, segundo o art. 18, inciso II, do CP, divide-se em *imprudência* (fazer alguma coisa com desatenção; ex.: dirigir em alta velocidade perto de uma escola); *negligência* (deixar de fazer alguma coisa, porque agiu com desatenção; ex.: não conserta o freio do veículo e, por isso, provoca um acidente, machucando pessoas); *imperícia* (é a culpa no campo técnico; significa que um profissional atua sem pleno conhecimento do que deveria fazer; ex.: um médico faz uma cirurgia sem a devida esterilização do ambiente; ocorre uma infecção e o paciente sofre lesões ou morre).

A culpa também comporta divisão entre *culpa inconsciente* (Fulano age com desatenção e não consegue perceber o resultado danoso que provocará) e *culpa consciente* (Fulano age com desatenção, consegue perceber que pode causar um resultado danoso, mas acredita sinceramente que não vai provocar nenhum dano, embora termine provocando).

2.4.6.3 Crime consumado e tentativa

O crime pode ser consumado (quando o tipo penal é totalmente realizado) ou tentado (parte do tipo é realizado).

Quando Fulano desfere facadas em Beltrano, pretendendo eliminar a sua vida, conseguindo matá-lo, preenche o tipo penal (art. 121. *matar alguém*, do CP).

Entretanto, Fulano, pretendo eliminar a vida de Beltrano, começa a lhe desferir facadas, quando terceiros o seguram, impedindo-o de chegar ao seu objetivo. Trata-se de crime tentado (homicídio tentado).

Havendo tentativa, determina a lei que a pena a ser aplicada seja a do crime consumado, diminuída de um terço a dois terços.

2.4.7 Sanções penais e sua aplicação

2.4.7.1 Espécies de sanção penal

São previstas no Código Penal as seguintes penas: a) privativas de liberdade; b) restritivas de direitos; c) multa.

2.4.7.1.1 Penas privativas de liberdade

Existem três espécies de penas privativas de liberdade: a) reclusão; b) detenção; c) prisão simples. A pena de reclusão é destinada aos delitos mais graves, previstos no Código Penal; a pena de detenção é voltada aos crimes considerados menos graves, também previstos no Código Penal; a pena de prisão simples é destinada às contravenções penais, previstas na Lei de Contravenções Penais (são infrações penais de menor potencial ofensivo).

Quando foram criadas essas três espécies de pena (reclusão, detenção e prisão simples), tinha-se em mente a separação entre reclusos, detentos e contraventores, para o mais adequado cumprimento da pena, sem a indevida mistura entre presos autores de delitos muito graves (como homicídio, estupro, roubo etc.) e os praticantes de crimes mais leves (detenção e prisão simples, como crimes culposos e contravenções). No entanto, nunca funcionou corretamente essa divisão. Hoje, na realidade, os presos só se dividem em face do regime.

2.4.7.1.2 Regimes de cumprimento da pena

As penas privativas de liberdade são cumpridas em três regimes (art. 33, § 1º, CP): a.1) *fechado* (estabelecimento penal de segurança máxima, com muros altos, celas no seu interior e agentes de segurança para fiscalizar os presos); a.2) *semiaberto* (colônias penais agrícolas ou industriais, significando uma segurança média, com grandes alojamentos e permissão para o preso caminhar pela colônia); a.3) *aberto* (casas do albergado; locais de mínima segurança, que se assemelham a um hotel ou pensão; o preso sai para trabalhar e volta no fim do dia para ali dormir e também para passar o final de semana).

É preciso assinalar que não existem, na prática, casas do albergado, razão pela qual os juízes têm permitido que os presos, em regime aberto, fiquem em seus domicílios, criando-se a prisão-albergue domiciliar.

2.4.7.1.3 Penas restritivas de direito

As penas restritivas de direitos são: b.1) *prestação pecuniária* (consiste no pagamento de 1 a 360 salários mínimos à vítima, a seus sucessores ou a entidade social); b.2) *perda de bens e valores* (significa a perda de qualquer bem ou valor lícito, auferido antes do crime, até o seguinte teto: prejuízo causado pelo crime ou vantagem conseguida pelo delito, valendo o que for maior); b.3) *limitação de fim de semana* (representa passar 5 horas aos sábados e 5 horas ao domingo, na casa do albergado, participando de atividades educativas; vale salientar que, pela falta de casa do albergado, essa pena se tornou inexequível); b.4) *prestação de serviço à comunidade ou a entidades públicas* (significa prestar tarefas gratuitas a entidades sociais ou públicas, à razão de uma hora-tarefa por dia de condenação; de todas as restritivas de direitos, esta é, sem dúvida, a melhor penalidade); b.5) *interdição temporária de direitos* (consiste na interdição de um desses direitos: proibição do exercício de cargo, função ou atividade pública, bem como de mandato eletivo; proibição do exercício de profissão, atividade ou ofício que dependam de habilitação especial, de licença ou autorização do poder público; suspensão de autorização ou de habilitação para dirigir veículo; proibição de frequentar determinados lugares; proibição de inscrever-se em concurso, avaliação ou exame públicos).

2.4.7.1.4 Pena pecuniária

A pena de multa deve ser fixada entre 10 e 360 dias-multa, calculado cada dia-multa entre 1/30 do salário mínimo até 5 vezes esse salário.

2.4.7.1.5 Aplicação da pena

O juiz, ao aplicar a pena ao réu, obedecerá a três fases:

1ª) fixa a pena-base, que é a primeira escolha concreta feita entre o mínimo e o máximo previsto no tipo penal (exemplo do homicídio, a pena varia de 6 a 20 anos); o julgador pode impor qualquer montante entre 6 e 20 anos. Para ele escolher entre esses montantes, baseia-se no art. 59 do CP;

2ª) depois disso, o julgador aplica todas as agravantes (arts. 61 a 64 do CP) e atenuantes (arts. 65 e 66 do CP), que encontrar no caso concreto;

3ª) ao final, ele acrescenta as causas de aumento ou de diminuição da pena (ex.: a tentativa é uma causa de diminuição, que será aplicada nesta fase final). Sobre os benefícios penais aplicáveis no momento de prolatar a sentença ou durante o seu cumprimento – suspensão condicional da pena e livramento condicional – ver a parte relativa ao Direito de Execução Penal.

2.4.7.2 *Medida de segurança*

Além da pena (prisão, restrição de direitos ou multa), existe a medida de segurança, que é uma espécie de sanção penal, aplicável aos inimputáveis ou semi-imputáveis (pessoas com doença mental, que precisam ser internadas ou tratadas em ambulatório, mas não colocadas em prisões comuns).

2.4.7.3 Extinção da punibilidade

A punibilidade significa a possibilidade de aplicar concretamente a pena ao criminoso. Por vezes, o legislador impede a concretude da sanção, por razão de política criminal. Surgem as causas de extinção da punibilidade.

O Código Penal prevê causas de extinção da punibilidade no art. 107. São obstáculos impostos por lei, por medida de política criminal, quando se chega à conclusão de que, apesar de ter cometido um crime, não há necessidade de impor a pena. Exemplos: a) morte do agente (se o réu morre, o juiz julga extinta a sua punibilidade – possibilidade de ser punido); b) prescrição (se decorre um tempo muito grande entre o crime e o recebimento da denúncia, por exemplo, pode dar-se a prescrição, isto é, o Estado perde o direito de punir).

2.4.8 Espécies de crimes

Eis os principais crimes, previstos no Código Penal, seja pela importância do bem jurídico protegido, seja porque são muito frequentes: 1) homicídio (art. 121, significando eliminar a vida humana); 2) lesão corporal (art. 129, representando ofender a integridade corporal ou a saúde de um ser humano); 3) calúnia (art. 138, simbolizando imputar falsamente um fato definido como crime, manchando a reputação da pessoa); 4) difamação (art. 139, significando imputar um fato ofensivo, verdadeiro ou falso, à reputação de alguém); 5) injúria (art. 140, representando a ofensa – xingamento – que se dirige a outra pessoa, ferindo a sua dignidade ou seu decoro, ou seja, seu amor-próprio); 6) injúria racial (art. 140, § 3º, significando que a ofensa tem conteúdo *racista*, cuja finalidade do agente é menosprezar, humilhar e segregar a vítima); 7) constrangimento ilegal (art. 146, demonstrativo do interesse de alguém em querer constranger outrem a fazer qualquer coisa que a lei não manda ou deixar de fazer o que a lei permite); 8) ameaça (art. 147, significando intimidar alguém, por palavras ou gestos, anunciando-lhe um mal futuro e grave; muito comum em casos de violência doméstica); 9) redução a condição análoga à de escravo (art. 149, representando uma prática ainda existente em variados locais do Brasil, quando o patrão reduz o empregado a uma condição semelhante à de escravo, impondo-lhe limites à liberdade e trabalho exaustivo); 10) tráfico de pessoas (art. 149-A, simbolizando o agenciamento de pessoas, mediante violência, grave ameaça, coação, fraude ou abuso com o fim de remoção de órgãos, submissão a condição

108 | INSTITUIÇÕES DE DIREITO PÚBLICO E PRIVADO · Nucci

análoga à de escravo, submissão a servidão, adoção ilegal ou exploração sexual); 11) invasão de dispositivo informático (art. 154-A, representando a punição à ação de *hackers* que invadem computadores para espionar ou destruir dados); 12) furto (art. 155, significando a subtração de coisa alheia móvel); 13) roubo (art. 157, simbolizando a subtração de coisa alheia móvel, quando feita por meio de violência ou grave ameaça); 14) extorsão (art. 158, significando constranger alguém, mediante violência ou grave ameaça, a fazer algo indevido, com o objetivo de obter vantagem econômica); 15) extorsão mediante sequestro (art. 159, demonstrativo de privação da liberdade, com a finalidade de obter resgate para a liberação da vítima); 16) estelionato (art. 171, simbolizando a obtenção de vantagem indevida, mediante o uso de fraude); 17) receptação (art. 180, significando a recepção de coisas produtos de crime); 18) estupro (art. 213, demonstrativo do uso de violência ou grave ameaça para a prática de qualquer tipo de ato libidinoso); 19) estupro de vulnerável (art. 217-A, significando ter qualquer ato libidinoso com menor de 14 anos, pessoa deficiente mental ou incapaz de consentir); 20) associação criminosa (art. 288, simbolizando a reunião de três ou mais pessoas com o objetivo de cometer crimes); 21) falsificação de documento público (art. 297, representando a conduta de adulterar documento elaborado por funcionário público); 22) falsificação de documento particular (art. 298, representando a conduta de adulterar documento particular); 23) peculato (art. 312, demonstrativo da apropriação, da subtração ou do desvio de bens da administração pública pelo funcionário); 24) concussão (art. 316, simbolizando a exigência, feita por funcionário público, de vantagem indevida); 25) corrupção passiva (art. 317, significando a conduta do funcionário público que solicita ou recebe vantagem indevida em virtude da função exercida); 26) resistência (art. 329, mostrando a oposição, mediante violência ou grave ameaça, à execução de ato legal); 27) desobediência (art. 330, simbolizando o não cumprimento de ordem legal de funcionário público); 28) desacato (art. 331, significando desprezar funcionário público no exercício da sua função); 29) corrupção ativa (art. 333, representando o oferecimento ou promessa de vantagem indevida a funcionário público); 30) denunciação caluniosa (art. 339, mostrando a conduta de dar causa a investigação ou processo, afirmando crime, quando na realidade este não ocorreu); 31) falso testemunho ou falsa perícia (art. 342, significando a afirmação falsa feita por testemunha, perito, contador, tradutor ou intérprete).

2.4.9 Direito penal militar

Confere-se aos militares um direito penal específico, denominado Direito Penal Militar, que atenda às peculiaridades da carreira, em particular, o binômio *hierarquia-disciplina*. Por isso, há crimes militares em tempo de paz e os delitos militares em tempo de guerra.

Consideram-se crimes militares, em tempo de paz, os crimes retratados no Código Penal Militar, quando forem definidos de maneira diversa na lei penal comum, ou nessa lei não sejam previstos; os delitos previstos no Código Penal Militar e em leis especiais, quando forem praticados por militar, em atividade, contra militar na mesma situação; cometidos por militar em situação de atividade ou similar em lugar sujeito à administração militar, contra militar da reserva, reformado ou civil; quando praticados por militar durante manobras ou exercícios, contra militar da reserva, reformado ou civil; cometidos por militar em atividade contra o patrimônio sob administração militar ou a ordem administrativa militar; os crimes cometidos por militar da reserva, reformado ou civil contra instituições militares (delitos contra o patrimônio sob a administração militar ou contra a ordem administrativa militar; crimes em lugar sujeito à administração militar contra militar em atividade ou funcionário do Ministério militar ou da Justiça militar no exercício de função inerente ao seu cargo; crimes praticados contra militar em formatura, durante o período de prontidão, vigilância, observação, exploração, exercício, acampamento, acantonamento ou manobras; delitos fora da zona de administração militar contra militar em razão da natureza militar ou no desempenho de serviço de vigilância, garantia e preservação da ordem pública, administrativa ou judiciária, quando legalmente requisitado para esse fim, ou em obediência a determinação legal superior).

Os delitos dolosos contra a vida, como o homicídio, cometidos por militares contra civil são da competência do Tribunal do Júri. Reserva-se esse dispositivo, basicamente, à Polícia Militar. Quando crimes dolosos contra a vida forem cometidos por militares das Forças Armadas contra civil serão da competência da Justiça Militar da União, desde que cometidos no âmbito de cumprimento de atribuições estabelecidas pelo Presidente da República ou Ministro de Estado da Defesa; quando a ação envolver a segurança de instituição militar ou missão militar, mesmo que não beligerante; quando houver atividade militar, de operação de paz, de garantia da lei e da ordem, para segurança de instituição militar ou missão militar; quando houver atividade militar, de operação de paz, de garantia da lei

110 | INSTITUIÇÕES DE DIREITO PÚBLICO E PRIVADO · Nucci

e da ordem ou atribuição subsidiária. Essa ressalva, referente às Forças Armadas, em missão especial, em tempo de paz, destina-se aos militares em força de ocupação no Rio de Janeiro.

Se houver tempo de guerra externa, consideram-se delitos militares os previstos no Código Penal Militar, especificamente para esse período; os crimes militares estipulados para o tempo de paz; os delitos previstos no Código Penal Militar, com igual definição no Código Penal comum, qualquer que seja o agente: quando praticados em território nacional ou estrangeiro militarmente ocupado; quando cometidos em qualquer lugar, desde que comprometam ou possam comprometer a preparação, eficiência ou operações militares, ou atentem de outra forma contra a segurança do País; os delitos definidos na lei penal comum ou especial, quando cometidos em área de operações militares ou território estrangeiro militarmente ocupado.

2.5 Direito tributário

2.5.1 Conceito

O direito tributário é o ramo do direito público que cuida das relações entre o Estado, em sua função arrecadadora, e o contribuinte, pessoa física ou jurídica, fixando os princípios e regras para o exercício dessa atividade.

2.5.2 Princípios regentes e limitações ao poder de tributar

Como toda área do Direito, há princípios que o regem:

a) *legalidade*: o principal deles estipula que não pode haver tributo sem a sua instituição por lei (art. 150, inciso I, da CF);

b) *anterioridade*: instituído um tributo, ele só pode ser cobrado no ano seguinte (art. 150, inciso III, alínea *b*, CF);

c) *capacidade contributiva*: significa que os impostos devem respeitar a capacidade de pagamento do contribuinte, sob pena de serem considerados abusivos e confiscatórios (art. 145, § 1º, da CF);

d) *igualdade*: existente em outros ramos do direito; devem-se impor tributos de maneira igualitária, sem discriminação ou privilégios;

e) *uniformidade*: os tributos devem ser instituídos pela União em todo o território nacional, de maneira igualitária, sem privilegiar Estados, Municípios ou o Distrito Federal (art. 151, inciso I, da CF);

f) *vedação do confisco*: cobrar tributos é atividade essencial do Estado para ter dinheiro em caixa a fim de satisfazer interesses públicos; no entanto, os valores não podem ser abusivos, representando um autêntico confisco (apoderar-se do patrimônio de uma pessoa).

2.5.3 Tributo

Trata-se de uma prestação em pecúnia, de caráter obrigatório, prevista em lei, voltada a permitir que o Estado tenha recursos para satisfazer os serviços sociais aos quais está vinculado. Nos termos legais, cuida-se de "toda prestação pecuniária compulsória, em moeda ou cujo valor nela se possa exprimir, que não constitua sanção de ato ilícito, instituída em lei e cobrada mediante atividade administrativa plenamente vinculada" (art. 3º do CTN).

2.5.3.1 Espécies de tributos

São cinco espécies: a) imposto; b) taxa; c) contribuição de melhoria; d) empréstimo compulsório; e) contribuição social.

O *imposto* constitui uma obrigação advinda de um fato gerador baseado em situação independente de qualquer atividade estatal específica, no tocante ao contribuinte (art. 16 do CTN). Cuida-se, portanto, de um tributo *não vinculado*, ou seja, o contribuinte o paga sem obter de imediato uma contraprestação estatal. Quando o contribuinte recolhe o imposto de renda todos os meses (desconto em folha ou carnê-leão), está enviando dinheiro ao Estado arrecadador, não por um motivo específico (como construir um hospital, por exemplo), mas para as finalidades gerais do poder público.

A *taxa* é um tributo cobrado por conta de uma finalidade específica; pode ser cobrada pela União, pelos Estados, pelo Distrito Federal ou pelos Municípios; seu fato gerador é o exercício regular do poder de polícia do Estado, ou a utilização, de modo efetivo ou potencial, de serviço público, certo e divisível, prestado ao contribuinte ou apenas colocado à sua disposição (art. 77 do CTN). Não se pode cobrar taxa, entretanto, de serviços públicos relevantes, que constituem deveres do Estado, impostos pela Constituição Federal, tal como cuidar da segurança pública.

A base de cálculo da taxa é diversa do imposto, pois não se leva em conta a capacidade contributiva de quem deve pagá-la, mas o serviço gerado ou posto à disposição. Exemplos: taxa do lixo, em razão dos serviços de coleta, remoção e tratamento do lixo e resíduos (hoje considerada constitucional pelo STF; Súmula Vinculante n. 19); taxa de combate a incêndio, voltada a serviço público de prevenção de incêndios; taxa de licença para abrir estabelecimento comercial; taxa judiciária como contraprestação de serviço judicial (custas processuais). No entanto, não se pode cobrar taxa de iluminação pública, pois se trata de dever do Estado e direito do cidadão (Súmula Vinculante n. 41, STF).

> **Súmula Vinculante n. 19:** A taxa cobrada exclusivamente em razão dos serviços públicos de coleta, remoção e tratamento ou destinação de lixo ou resíduos provenientes de imóveis, não viola o artigo 145, II, da Constituição Federal.
>
> **Súmula Vinculante n. 41:** O serviço de iluminação pública não pode ser remunerado mediante taxa.

A *contribuição de melhoria* é o tributo cuja obrigação tem como fato gerador a valorização de um imóvel em face da atividade estatal consistente em promover obra pública. Como esclarece Hugo de Brito Machado, "distingue-se do imposto porque depende de atividade estatal específica, e da taxa porque a atividade estatal de que depende é diversa. Enquanto a taxa está ligada ao exercício do poder de polícia (fiscalização), ou serviço público, a contribuição de melhoria está ligada à realização de obra pública. Caracteriza-se, ainda, a contribuição de melhoria por ser o seu fato gerador instantâneo e único".[48] Exemplos: o asfaltamento de uma rua de terra, na zona urbana de uma cidade, valoriza os imóveis dessa via, sendo devida contribuição de melhoria por parte dos beneficiados; a construção de um parque em determinado bairro; a implementação de rede de esgotos; a construção de aeroportos etc.

A *contribuição social* é o tributo imposto pela União em relação à intervenção no domínio econômico, ao interesse de categoria profissional ou econômica ou como instrumento de sua atuação em certas áreas, como a seguridade social e custeio de iluminação pública (arts. 149, 149-A e 195, CF). A contribuição de intervenção no domínio econômico (CIDE) "são tributos federais utilizados pela União como ferramenta de regulação sobre setores estratégicos da economia. (...) as CIDEs são uma manifestação

---

48. *Curso de direito tributário*, p. 66.

CAP. II · DIREITO PÚBLICO | 113

do poder de polícia estatal para disciplina de mercados com potencial de crise" (ex.: CIDE sobre combustível ou sobre *royalties*).[49]

A *contribuição de interesse de categoria profissional ou econômica* revela-se na cobrança de anuidades dos *conselhos de fiscalização profissional*, por exemplo, o valor destinado ao Conselho Regional de Engenharia e Arquitetura (CREA) ou ao Conselho Regional de Contabilidade (CRC). A contribuição de seguridade social é o tributo destinado a custear a Seguridade Social, que abrange todas as medidas tomadas pelo Estado para atender as necessidade das pessoas, entre elas a saúde e também a previdência. Conforme dispõe o art. 195 da CF, o custeio da seguridade social cabe à sociedade, por meio de recursos advindos dos orçamentos da União, dos Estados, do Distrito Federal e dos Municípios. São exemplos de contribuições dessa espécie: a) cobra-se do empregador, da empresa e da entidade a esta equiparada, incidindo sobre a folha de salários e outros rendimentos do trabalho pago; sobre a receita ou faturamento; sobre o lucro; b) cobra-se do trabalhador e dos demais segurados da previdência social (exceto sobre aposentadoria e pensão); c) cobra-se sobre a receita de concursos de prognósticos (loterias e demais apostas permitidas pelo Estado); d) cobra-se do importador de bens ou serviços do exterior. A contribuição de iluminação pública é destinada aos Municípios e Distrito Federal para custear o serviço de iluminação pública, abrangendo bairros e setores privados. Não pode ser utilizada para custear despesas de energia elétrica relativas a bens públicos de uso especial, como as dos prédios onde funcionem órgãos administrativos dos Municípios ou a câmara de vereadores.[50]

O *empréstimo compulsório* é uma espécie de tributo restituível, cuja competência para instituí-lo é privativa da União.[51] Destina-se ao atendimento de despesas extraordinárias, advindas de calamidade pública, de guerra externa ou sua iminência, além de servir a caso de investimento público de caráter urgente e de relevante interesse nacional (art. 148 da CF). Segundo Hugo de Brito Machado, o STF não o considerou um tribu-

---

49. Mazza, *Manual de direito tributário*, p. 196.
50. Leandro Paulsen, *Curso de direito tributário*, p. 68.
51. A maioria da doutrina o considera um tributo: Paulo de Barros Carvalho (*Curso de direito tributário*, p. 62); Alexandre Mazza (*Manual de direito tributário*, p. 174); Leandro Paulsen (*Curso de direito tributário*, p. 60); Roberto Caparroz (*Direito tributário esquematizado*, p. 127). Contra, acreditando tratar-se de categoria jurídica autônoma: Hugo de Brito Machado (*Curso de direito tributário*, p. 65).

114 | INSTITUIÇÕES DE DIREITO PÚBLICO E PRIVADO · Nucci

to, motivo pelo qual não precisou respeitar o princípio da anterioridade, quando foi instituído em época pretérita (Súmula 418 do STF). No entanto, essa Súmula foi considerada afastada em face da edição da CF de 1967. Depois, com o advento da CF de 1988, o empréstimo compulsório teria alcançado um regime próprio, diverso do regime dos tributos. Logo, não precisa respeitar a anterioridade.[52]

QUADRO-RESUMO DAS ESPÉCIES TRIBUTÁRIAS		
ESPÉCIES TRIBUTÁRIAS	**CARACTERÍSTICA PRINCIPAL**	**EXEMPLOS**
Impostos	Não ligados a qualquer atividade pública.	IPTU, IR, ICMS, ISS...
Taxas	Ligadas a poder de polícia (fiscalização).	Taxa do lixo; taxa de combate a incêndio.
Contribuições de melhoria	Para vedar enriquecimento ilícito (= locupletamento); devido pelos beneficiários da melhoria realizada.	Contribuição de melhoria pelo asfaltamento de rua.
Empréstimos compulsórios	Situações de urgência (guerra/calamidade pública).	
Contribuições sociais	Categorias profissionais/ trabalhadores (custeio da previdência).	CIDE; Anuidades da OAB, CRC, CREA etc.

2.5.4 Tarifa

Embora possa ser confundida com a taxa, dela difere, basicamente, por não se cuidar de um tributo, mas de um preço público. São receitas originárias, advindas da atuação do Estado ou de terceiros (concessionárias e permissionárias de serviços públicos), quando se explora atividade econômica em regime de direito privado. O pagamento é facultativo. Exemplos: tarifa pelo consumo de água, energia elétrica, telefonia fixa, serviço postal, passagem de ônibus, trem e metrô etc.[53]

---

52. *Curso de direito tributário*, p. 67.
53. Caparroz, *Direito tributário esquematizado*, p. 121.

2.5.5 Imunidades tributárias

A imunidade tributária é uma limitação ao poder de tributar do Estado, além de constituir um direito individual do contribuinte. A Constituição Federal não adota o termo *imunidade*, mas faz a devida previsão na Seção II, do Capítulo I, do Título VI, precisamente no art. 150, inciso VI, alíneas *a* a *e*.

> Art. 150. Sem prejuízo de outras garantias asseguradas ao contribuinte, é vedado à União, aos Estados, ao Distrito Federal e aos Municípios:
>
> [...]
>
> VI – instituir impostos sobre:
>
> a) patrimônio, renda ou serviços, uns dos outros;
>
> b) templos de qualquer culto;
>
> c) patrimônio, renda ou serviços dos partidos políticos, inclusive suas fundações, das entidades sindicais dos trabalhadores, das instituições de educação e de assistência social, sem fins lucrativos, atendidos os requisitos da lei;
>
> d) livros, jornais, periódicos e o papel destinado a sua impressão.
>
> e) fonogramas e videofonogramas musicais produzidos no Brasil contendo obras musicais ou literomusicais de autores brasileiros e/ou obras em geral interpretadas por artistas brasileiros bem como os suportes materiais ou arquivos digitais que os contenham, salvo na etapa de replicação industrial de mídias ópticas de leitura a laser. (Incluída pela Emenda Constitucional nº 75, de 15.10.2013)

"A imunidade é ampla e indivisível, não admitindo, nem por parte do legislador (complementar ou ordinário), nem do aplicador (juiz ou agente fiscal), 'restrições ou meios-termos', a não ser, é claro, aqueles que já estão autorizados na própria Lei Maior".[54]

Aliás, muitas das imunidades tributárias correspondem aos princípios regentes do Direito Tributário. É vedado à União, aos Estados, ao Distrito Federal e aos Municípios exigir ou aumentar tributo sem que lei o estabeleça (art. 150, inciso I, da CF). É exatamente o *princípio da legalidade*. Proíbe-se a instituição de tratamento desigual entre contri-

---

54. Roque Carrazza, *Curso de direito constitucional tributário*, p. 466.

116 INSTITUIÇÕES DE DIREITO PÚBLICO E PRIVADO · NUCCI

buintes que estejam em similar situação, vedada toda espécie de distinção em função de ocupação profissional ou outra atividade laborativa. É o *princípio da igualdade*. Não se permite instituir tributos e cobrá-los no tocante a fatos geradores ocorridos antes do início da vigência da lei que os tenha criado ou aumentado, nem tampouco no mesmo exercício financeiro em que tenha sido publicada a lei de instituição ou aumento; no mesmo sentido, veda-se a cobrança de tributos antes de passar o prazo de 90 dias da data em que tenha sido publicada a lei que os instituiu ou elevou (noventena/nonagesimal). É o *princípio da anualidade*. Não é permitido utilizar tributo com efeito de confisco. É o *princípio da vedação ao confisco*.

Veda-se o estabelecimento, por meio de tributação, de limitações ao tráfego de pessoas ou bens, ressalvada a cobrança de pedágio. Não se permite a instituição de impostos sobre o patrimônio, a renda ou o serviço uns dos outros entes públicos, nem mesmo de templos de qualquer culto. Proíbe-se a instituição de impostos sobre o patrimônio, renda ou serviços de partidos políticos, incluindo as suas fundações, bem como das entidades sindicais dos trabalhadores, das instituições de educação e assistência social, quando não haja fins lucrativos, conforme os requisitos fixados em lei.

São, também, imunes à tributação os livros (incluindo *e-readers* e *e-books*), jornais, periódicos e o papel destinado à impressão; acrescente-se a imunidade aos fonogramas e videofonogramas musicais produzidos no Brasil, desde que contenham obras musicais de autores brasileiros ou obras em geral interpretadas por artistas brasileiros, abrangendo os suportes materiais ou arquivos digitais que os contenham, excetuada a etapa de replicação industrial de mídias óticas de leitura a laser.

Proíbe-se que a União institua tributo não uniforme em todo território nacional ou que gere alguma distinção ou preferência entre Estados, Distrito Federal e Municípios, admitindo-se a concessão de incentivos fiscais voltados à promoção do equilíbrio do desenvolvimento social e econômico entre as regiões do País (art. 170, inciso VII, da CF). É o princípio da uniformidade. A União não pode tributar a renda das obrigações da dívida pública dos Estados, Distrito Federal e Municípios, nem a remuneração e os proventos dos seus agentes públicos em nível acima dos que estabelecer para as suas obrigações e seus agentes. Não é permitido à União instituir isenções tributárias da competência de Estados, do Distrito Federal e dos Municípios (art. 151 da CF).

2.5.6 Competência tributária

A competência tributária é a competência legislativa voltada aos entes políticos, conferindo-lhes a possibilidade de instituir normas referentes a tributos e similares.

A competência para instituir tributos cabe à União, aos Estados, ao Distrito Federal e aos Municípios (art. 145 da CF).

Compete à União, nos termos do art. 153 da CF, criar impostos sobre: a) importação de produtos estrangeiros; b) exportação, para o exterior, de produtos nacionais ou nacionalizados; c) renda e proventos de qualquer natureza; d) produtos industrializados; e) operações de crédito, câmbio e seguro (ou referentes a títulos ou valores mobiliários); f) propriedade territorial rural; g) grandes fortunas, conforme lei complementar (que ainda não existe).

O imposto de renda é o mais importante da União, sujeitando-se ao princípio da anterioridade. Divide-se em imposto de renda das pessoas físicas; imposto de renda das pessoas jurídicas, imposto de renda retido na fonte. É informado pelos critérios da generalidade (deve envolver todas as pessoas físicas ou jurídicas), da universalidade (deve abranger qualquer espécie de renda ou provento) e da progressividade (as alíquotas são diferentes conforme a capacidade do contribuinte), de acordo com disposição de lei. Destina-se à arrecadação de dinheiro para o Estado, no tocante aos seus gastos gerais, sem uma específica necessidade. O imposto de renda é lançado por homologação, ou seja, cabe ao Fisco aprovar ou rejeitar a antecipação do pagamento e a declaração realizadas pelo devedor.[55]

Compete aos Estados e ao Distrito Federal, nos termos do art. 155 da CF, a criação de impostos sobre: a) transmissão *causa mortis* e doação de qualquer bem ou direito (ITCMD); b) operações concernentes à circulação de mercadorias e no tocante a prestações de serviços de transporte interestadual e intermunicipal e de comunicação, mesmo que as operações e as prestações tenham início no exterior (ICMS); c) propriedade de veículos automotores (IPVA).

Compete aos Municípios, nos termos do art. 156 da CF, editar impostos sobre: a) propriedade predial e territorial urbana (IPTU); b) transmissão "inter vivos", a qualquer título, por ato oneroso, de bens imóveis, por natureza ou acessão física, bem como de direitos reais sobre imóveis, salvo

---

55. Mazza, *Manual de direito tributário*, p. 460.

118 | INSTITUIÇÕES DE DIREITO PÚBLICO E PRIVADO · Nucci

os de garantia e cessão de direitos a sua aquisição (ITBI); c) serviços de qualquer natureza, não envolvendo as operações relativas à circulação de mercadorias e sobre prestações de serviços de transporte interestadual e intermunicipal e de comunicação, ainda que as operações e as prestações se iniciem no exterior (ISS).

2.5.7 Obrigações tributárias

Trata-se da relação jurídica existente entre o Estado e o contribuinte para que este pague um tributo, conforme previsão legal. Essa obrigação pode ser principal ou acessória. A principal é a prestação à qual se obriga o sujeito passivo (contribuinte), de natureza patrimonial (pagamento em dinheiro). A acessória não tem caráter patrimonial, implicando obrigação de fazer ou não fazer (emitir uma nota fiscal ou apresentar a declaração de imposto de renda, por exemplo). É preciso lembrar que, no âmbito do direito tributário, a obrigação acessória nem sempre segue a principal.

No polo ativo da obrigação tributária (sujeito ativo), encontra-se o Fisco (União, Estado, Distrito Federal ou Município). No polo passivo (sujeito passivo), está o contribuinte ou o responsável tributário. Preceitua o art. 121, parágrafo único, inciso I, do CTN, ser contribuinte "quando tenha relação pessoal e direta com a situação que constitua o respectivo fato gerador". Da mesma forma, no inciso II, ser responsável tributário "quando, sem revestir a condição de contribuinte, sua obrigação decorra de disposição expressa de lei". Exemplo: a pessoa que auferiu renda suficiente fica diretamente obrigada a pagar imposto de renda. Por outro lado, quanto à contribuição de seguridade social, o empregador retira a parcela referente aos vencimentos do empregado e torna-se responsável tributário, perante o Fisco, pois terá que recolher esse valor ao INSS.

Denomina-se *contribuinte de fato* (ou indireto) quem sofre a diminuição patrimonial decorrente do pagamento (como o empregado quanto ao recolhimento da contribuição de seguridade social). Considera-se *contribuinte de direito* (ou direto) aquele que está legalmente obrigado a recolher o tributo (como o patrão, no caso do montante da contribuição previdenciária descontada do salário do empregado).

O art. 166 do CTN estabelece que "a restituição de tributos que comportem, por sua natureza, transferência do respectivo encargo financeiro somente será feita a quem prove haver assumido o referido encargo, ou, no caso de tê-lo transferido a terceiro, estar por este expressamente autorizado a recebê-la". Segundo Mazza, este dispositivo demonstra o princípio da repercussão, significando que a restituição de tributos indiretos só pode ser feita pelo contribuinte de direito se houver comprovação de que ele não repassou para o contribuinte de fato o valor do encargo financeiro.[56]

2.5.8 Hipótese de incidência e fato gerador

A hipótese de incidência "é a descrição legislativa de uma situação que, ocorrendo na prática, produz a quem lhe deu causa o dever de pagar o tributo".[57] Trata-se de uma abstração de caráter geral constante em lei para dar início à obrigação tributária (ex.: ter renda – para o imposto de renda; ser proprietário de um veículo automotor – para o IPVA).

O fato gerador é a concretude daquela hipótese. Ex.: determinada pessoa tem renda de x, passível de cobrança do IR; certa pessoa é proprietária de um veículo automotor, logo, deve pagar IPVA. Conceitua o art. 114 do CTN ser "a situação definida em lei como necessária e suficiente à sua ocorrência".

2.5.9 Base de cálculo e alíquota

A *base de cálculo* "é a expressão econômica do fato gerador do tributo. Há de estar contida na norma que descreve a hipótese de incidência tributária. Assim quando a lei institui um tributo, há de se referir a uma realidade economicamente quantificável. Essa realidade é que nos permite identificar a espécie de tributo, muito especialmente distinguir e identificar a espécie *imposto*, a que mais direta e claramente se relaciona a uma realidade econômica".[58] Ilustrando, há faixas de renda diferentes; sobre cada uma dessas bases de cálculo incidirá uma alíquota e o valor do imposto a ser pago.

A *alíquota* é um percentual aplicado sobre a base de cálculo para se apurar o valor do tributo. Pode ser de 10%, 20%, 30% etc.

Ambos constituem a expressão econômica de um fato jurídico, isto é, o valor de referência para a apuração do tributo.

---

56. *Manual de direito tributário*, p. 629.
57. Mazza, *Manual de direito tributário*, p. 589.
58. Hugo de Brito Machado, *Curso de direito tributário*, p. 138.

2.5.10 Crédito e lançamento tributário

O crédito tributário somente ganha relevo jurídico, para ser cobrado, quando ele seja documentalmente apresentado, com certeza e liquidez, ao contribuinte. Por isso, exige-se o *lançamento*.

Nas palavras de Aliomar Baleeiro, "o lançamento é o ato jurídico administrativo vinculado e obrigatório, de individualização e concreção da norma tributária ao caso concreto (ato aplicativo), desencadeando efeitos confirmatórios-extintivos (no caso de homologação do pagamento ou conferindo exigibilidade ao direito de crédito que lhe é preexistente para fixar-lhe os termos e possibilitar a formação do título executivo".[59]

Nos termos do art. 142, *caput*, do CTN, é "o procedimento administrativo, tendente a verificar a ocorrência do fato gerador da obrigação correspondente, determinar a matéria tributável, calcular o montante do tributo devido, identificar o sujeito passivo e, sendo o caso, propor a aplicação da penalidade cabível".

Há, basicamente, três modalidades de lançamento: a) lançamento de ofício; b) lançamento por declaração; c) lançamento por homologação (autolançamento). O lançamento de ofício, cujas hipóteses estão previstas no art. 149 do CTN, significa que o Estado conhece perfeitamente os elementos que compõem a obrigação tributária, razão pela qual prescinde da participação do sujeito passivo (contribuinte). É o que ocorre, por exemplo, quanto ao IPVA. O Estado conhece as marcas dos veículos, tem noção do seu valor, dispões da alíquota e sabe quais são as pessoas proprietárias dos automóveis. O lançamento por declaração, nos termos do art. 147 do CTN, baseia-se na informação do sujeito passivo acerca de dados fáticos, imprescindíveis à composição do crédito tributário, como acontece no caso de transmissão da propriedade de bens imóveis (ITBI), visto que o valor da transação é informado pelo contribuinte. No lançamento por homologação, conforme art. 150 do CTN, a lei estabelece o dever do sujeito passivo de antecipar o pagamento do tributo sem que o Estado examine, previamente, a situação. É o que ocorre, por exemplo, com o ICMS. O contribuinte recolhe o valor e, comunicado ao Fisco, devidamente aprovado, extingue-se o crédito tributário.

A partir do lançamento, constitui-se formalmente o crédito tributário, que, não sendo pago, dá origem à *dívida ativa*, devidamente inscrita no

---

59. *Direito tributário brasileiro*, p. 1.188.

setor administrativo, para pagamento, pela lei ou por decisão final proferida em processo regular (art. 201 do CTN).

Note-se o encadeamento indispensável para a constituição do crédito tributário, passível de cobrança pelo Fisco. Tome-se como exemplo o IPVA (imposto sobre a propriedade de veículos automotores). Há uma hipótese de incidência: a lei prevê a tributação em relação à propriedade de veículo automotor, fixando a base de cálculo e a alíquota; Beltrano possui um veículo automotor (fato gerador); nasce a obrigação tributária de recolhimento imposto; o Estado lança o imposto, enviando o carnê de pagamento à residência do proprietário do veículo; não sendo pago no prazo, o Fisco estadual, possuindo um crédito constituído, determina a sua inscrição em dívida ativa (é a formalização da dívida); após, expede-se a certidão de dívida ativa, que servirá de petição inicial para a execução fiscal (art. 3º, *caput*, da LEF).

2.5.10.1 Suspensão do crédito tributário

Há hipóteses de suspensão da exigibilidade do crédito tributário, nos termos do art. 151 do CTN, período no qual o Fisco fica impedido de cobrar o tributo. São as seguintes hipóteses:

a) moratória (o contribuinte deve, mas pretende postergar o pagamento; o poder público pode conceder-lhe um prazo mais dilatado para isso, fazendo-o por lei);

b) parcelamento (o contribuinte deve o tributo, mas almeja pagá-lo em parcelas, aumentando o tempo para a quitação; pode-se aceitar o parcelamento por lei);

c) depósito integral do seu montante (enquanto se debate, nas esferas administrativa e judicial, a validade do tributo cobrado, evita-se qualquer constrição ao patrimônio do devedor; esse depósito, feito no montante integral e em dinheiro, ficará bloqueado até decisão final);

d) reclamações e recursos administrativos (cuida-se do exercício do princípio constitucional da ampla defesa, exercido na esfera administrativa; não há necessidade de depósito prévio de qualquer valor para interpor recurso);

e) concessão de liminar em mandado de segurança (optando o devedor por questionar o tributo judicialmente, pode obter decisão liminar obstando o curso da execução fiscal até que se decida o mandado de segurança impetrado);

f) concessão de medida liminar ou de tutela antecipada, em outras espécies de ação judicial (pode o devedor optar por outra espécie de ação, por exemplo, anulatória de lançamento ou questionando o fato gerador; é ação comum, que também pode obter do juiz medida liminar ou tutela antecipada, suspendendo a exigibilidade do crédito tributário, que se encontra *sub judice*).

Ressalte-se que a suspensão da exigibilidade do crédito tributário não afasta o dever do contribuinte de continuar realizando as obrigações acessórias.

2.5.10.2 Exclusão do crédito tributário

São causas excludentes do crédito tributário, nos termos do art. 175 do CTN: a) isenção; b) anistia. Desde logo, deve-se salientar que a exclusão do crédito tributário (obrigação principal) não afasta a obrigação acessória.

"A isenção e a anistia, ao excluírem o crédito, dispensam o contribuinte de apurar e de cumprir a obrigação tributária principal. De outro lado, impedem o Fisco de constituir o crédito pelo lançamento e de exigi-lo, seja administrativa ou judicialmente".[60]

Existe a *isenção tributária*, que decorre de lei, permitindo não tributar determinada situação, geralmente para promover o desenvolvimento de determinada região do País, por exemplo. Seguindo essa ótica, o art. 176, *caput,* do CTN preceitua que "a isenção, ainda quando prevista em contrato, é sempre decorrente de lei que especifique as condições e requisitos exigidos para a sua concessão, os tributos a que se aplica e, sendo caso, o prazo de sua duração". E fixa, no parágrafo único, que "a isenção pode ser restrita a determinada região do território da entidade tributante, em função de condições a ela peculiares" (art. 170, VII, da CF).

Diferenciando imunidade de isenção, Mazza descreve que a imunidade é uma norma constitucional, limitando a competência tributária e afastando a incidência de tributos sobre determinados itens ou pessoas. Assim sendo, a imunidade opera no plano constitucional. A isenção é um benefício decorrente de lei, excluindo o crédito tributário e liberando o contribuinte de realizar o pagamento do tributo após a ocorrência do fato gerador.[61]

---

60. Leandro Paulsen, *Curso de direito tributário*, p. 261.
61. *Manual de direito tributário*, p. 327.

Vale ressaltar, ainda, que, salvo disposição legal em contrário, a isenção não é extensiva às taxas e às contribuições de melhoria, nem tampouco aos tributos criados depois da sua concessão (art. 177 do CTN).

DIFERENÇA ENTRE IMUNIDADE E ISENÇÃO TRIBUTÁRIAS

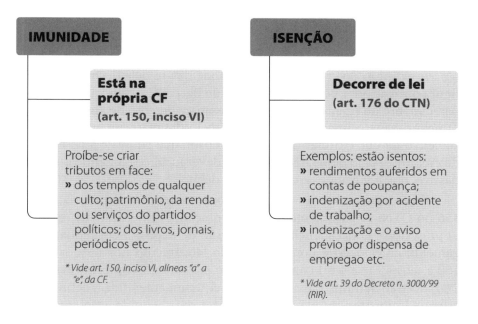

A anistia, que é uma forma de perdão, aplica-se aos casos de créditos tributários decorrentes de infrações tributárias, quando, então, dispensa-se o pagamento da multa. Abrange exclusivamente as infrações cometidas anteriormente à vigência da lei que a concede, conforme art. 180 do CTN. Não se aplica a crimes ou contravenções, nem às infrações cometidas com dolo, fraude ou simulação pelo sujeito passivo ou terceiro. Igualmente, não se aplica às infrações decorrentes de conluio entre duas ou mais pessoas.

A anistia por ser geral ou limitada (art. 181 do CTN). Nesta última hipótese, reserva-se às infrações concernentes à legislação de certo tributo; às infrações sancionadas com multas até certo montante, ainda que conjugadas com penalidades de natureza diversa; a determinada região do território da entidade tributante (nacional, estadual, municipal), conforme as peculiaridades do caso concreto; sob condição do pagamento do tributo em prazo estipulado em lei que a conceder ou pela autoridade administrativa.

INSTITUIÇÕES DE DIREITO PÚBLICO E PRIVADO · NUCCI

Quando a anistia não for geral, será concedida em cada caso concreto por despacho motivado da autoridade administrativa competente. Para tanto, deve haver um requerimento do interessado, provando o preenchimento das condições e o cumprimento dos requisitos (art. 182, *caput*, do CTN).

> **ANISTIA TRIBUTÁRIA = PERDÃO DA MULTA**

2.5.10.3 *Extinção crédito tributário*

A extinção do crédito tributário pode dar-se pela decomposição da figura obrigacional, como indica Paulo de Barros Carvalho: "a) pelo desaparecimento do sujeito ativo; b) pelo desaparecimento do sujeito passivo; c) pelo desaparecimento do objeto; d) pelo desaparecimento do direito subjetivo de que é titular o sujeito pretensor, que equivale à desaparição do crédito; e) pelo desaparecimento do dever jurídico cometido ao sujeito passivo, que equivale à desaparição do débito".[62]

Essas hipóteses estão previstas, com nomenclatura própria, no art. 156 do CTN: a) pagamento; b) compensação; c) transação; d) remissão; e) prescrição; f) decadência; g) conversão de depósito em renda; h) pagamento antecipado e homologação do lançamento nos termos do art. 150 e seus §§ 1º e 4º; i) consignação em pagamento, conforme art. 164, § 2º; j) decisão administrativa irreformável, assim entendida a definitiva na esfera administrativa, que não mais possa ser objeto de ação anulatória; k) decisão judicial passada em julgado; l) dação em pagamento em bens imóveis, nas situações legais.

O *pagamento* é a forma mais usual e simples para extinguir o crédito tributário, quando o contribuinte paga (recolhe), em dinheiro, como regra, o valor devido. A *compensação* se dá quando houver um encontro de créditos e débitos entre o Fisco e o contribuinte. Deve a lei fixar as regras para operar a compensação. Se o contribuinte pagou imposto a maior, tem um crédito com relação ao Estado; pode-se compensar esse crédito com o tributo devido. A *transação* é uma forma de troca de vantagens entre devedor e credor. Depende, apenas, de lei, estabelecendo as regras para isso. A *remissão* é uma forma de perdão, que pode dar-se de modo total ou parcial; igualmente, depende de lei. Geralmente, envolve a situação

---

62. *Curso de direito tributário*, p. 446.

econômica precária do contribuinte, pode levar em conta o erro do sujeito passivo ao deixar de pagar o tributo; leva-se ainda em consideração o pequeno valor do débito, tornando dispendiosa a cobrança pelo poder público.

A *prescrição*, como ocorre em outras áreas do Direito, implica o decurso do tempo sem que o Estado ou o interessado tome as devidas providências para obter direito seu. Com isso, perde o prazo e não mais pode fazê-lo. A ação para cobrança do crédito tributário prescreve em cinco anos, contados da data da sua definitiva constituição (art. 174, *caput*, do CTN). Cessa o curso do prazo, quando juiz ordena, por despacho, a citação do devedor para pagar. A *decadência* opera em momento anterior à prescrição. A Fazenda Pública perde o direito de constituir o crédito tributário se demorar mais de cinco anos a contar do primeiro dia do exercício seguinte àquele em que o lançamento poderia ter sido feito ou da data em que se tornar definitiva a decisão de anulação, por vício formal, do lançamento anterior (art. 173 do CTN). A *conversão do depósito em renda* significa que o contribuinte depositou certa quantia em juízo (ou em sede administrativa) para discutir o débito; caso o resultado seja favorável à Fazenda, o valor depositado converte-se aos cofres públicos, extinguindo-se o crédito tributário. O pagamento antecipado e a homologação do lançamento, nas hipóteses em que se permite o lançamento por homologação, assim que o Fisco aprova o pagamento feito pelo contribuinte, extingue o crédito tributário.

DIFERENÇA ENTRE DECADÊNCIA E PRESCRIÇÃO TRIBUTÁRIAS	
Decadência (art. 173 do CTN)	Prescrição (art. 174 do CTN)
É a **perda** do **direito propriamente dito**. A Fazenda Pública deixa de constituir o próprio crédito tributário (5 anos).	É a **perda** do direito de **cobrar**. (5 anos)

A *consignação em pagamento* é uma forma de depositar em juízo o valor do tributo, se houver recusa de recebimento, por alguma forma (art. 164 do CTN). Se o juiz decidir a demanda em favor do contribuinte, extingue-se o crédito tributário. A decisão administrativa irreformável é proveniente de autoridade administrativa com atribuição para analisar o tributo; se a decisão for favorável ao contribuinte, cessa o crédito tributário. O mesmo ocorre quando houver decisão judicial com trânsito em

126 | INSTITUIÇÕES DE DIREITO PÚBLICO E PRIVADO · NUCCI

julgado (coisa julgada), em favor do contribuinte. A *dação em pagamento* é a oferta de bem para extinguir o crédito tributário. É preciso haver lei permitindo que o Estado aceite o bem oferecido. O bem deve ser imóvel e, por óbvio, precisa interessar ao poder público, dentro dos critérios de razoabilidade e conveniência.

2.5.11 Regime especial de regularização cambial e tributária

2.5.11.1 Conceito

Cuida-se de medida de política tributária, visando à maior arrecadação de valores, quando tenham sido remetidos ou mantidos no exterior. Para tanto, a Lei 13.254/2016 instituiu o *regime especial de regularização cambial e tributária* (RERCT), permitindo a declaração voluntária de recursos, bens ou direitos de origem lícita (não pode ser produto de crime), que não tenham sido declarados ou foram declarados com omissão ou incorreção no tocante a dados fundamentais, quando remetidos ou mantidos no estrangeiro, ou repatriados por residentes ou domiciliados no Brasil, de acordo com a lei cambial ou tributária. O objetivo é não punir quem regularizar a situação desses recursos, bens ou direitos, conforme a legislação brasileira, desde que o faça nos termos desta Lei 13.254/2016.

2.5.11.2 Aplicabilidade

Destina-se aos residentes ou domiciliados no Brasil em 31 de dezembro de 2014, que tenham sido ou sejam proprietários ou titulares de ativos, bens ou direitos em períodos anteriores a 31 de dezembro de 2014, mesmo que nesta data não tenham saldo de recursos ou título de propriedade de bens e direitos. Aplica-se, ainda, aos não residentes assim que publicada a Lei 13.254/2016, desde que tenham sido residentes ou domiciliados no Brasil de acordo com a legislação tributária de 31 de dezembro de 2014. Atinge-se, também, o espólio cuja sucessão esteja aberta em 31 de dezembro de 2014.

IMPORTANTE: não se aplica a Lei 13.254/2016 a quem tiver sido condenado em ação penal cujo objeto seja um dos delitos do art. 5º, § 1º (art. 1º e nos incisos I, II e V do art. 2o da Lei no 8.137, de 27 de dezembro de 1990; Lei no 4.729, de 14 de julho de 1965; art. 337-A do Decreto-lei no 2.848, de 7 de dezembro de 1940 (Código Penal); nos seguintes arts. do Decreto-lei no 2.848, de 7 de dezembro de 1940 (Código Penal), quando exaurida sua potencialidade lesiva com a prática dos crimes previstos nos incisos I a III: 297; 298; 299; 304; no caput e no parágrafo único do art.

> 22 da Lei no 7.492, de 16 de junho de 1986; no art. 1º da Lei nº 9.613, de 3 de março de 1998, quando o objeto do crime for bem, direito ou valor proveniente, direta ou indiretamente, dos crimes previstos nos incisos I a VI), ainda que se refira aos recursos, bens ou direitos a serem regularizados pelo RERCT.

2.5.11.3 Procedimento

O interessado – pessoa física ou jurídica – deve apresentar à Receita Federal (em cópia também ao Banco Central) a declaração de regularização, abrangendo a descrição detalhada dos recursos, bens e direitos de qualquer natureza de que seja titular em 31 de dezembro de 2014 a serem regularizados (com valor em real); inexistindo saldo ou título de propriedade em 31 de dezembro de 2014, deve apresentar a descrição das condutas cometidas pelo declarante, enquadradas nos delitos previstos no art. 5º, § 1º, da Lei 13.254/2016 e dos bens e recursos que possuiu.

Embora a pessoa beneficiária do RERCT deva pagar os tributos referentes aos recursos, bens e direitos ocultos até a adesão ao programa, a parte relevante é a extinção da punibilidade dos crimes cometidos para que esses valores fossem desviados ao exterior de variadas maneiras.

2.6 Direito internacional público

2.6.1 Conceito

Houve um tempo no qual as sociedades, agrupadas em nações e, por via de consequência em Estados, não se interligavam tanto como acontece atualmente. Essa aproximação dos povos, em particular, deve-se ao fenômeno intitulado *globalização*. Há, portanto, uma sociedade internacional, que possui órgãos internacionais por meio dos quais atua, estabelece regras internacionais e debate problemas ou acertos entre países, como a Organização das Nações Unidas (ONU). O direito internacional público é um ramo da ciência jurídica que apresenta o conjunto das normas regentes das relações entre Estados e entre estes e organismos internacionais ou indivíduos.

2.6.2 Fontes do direito internacional público

As fontes do direito internacional público são os tratados, as convenções, os costumes, os atos unilaterais, as decisões de organismos internacionais e a analogia. O tratado é um acordo entre os Estados, com a finalidade de regrar, por escrito, algum assunto comum, podendo ser bilateral (assinado entre dois Estados) ou multilateral (assinado por vários Estados). Exemplo disso é o tratado de extradição, pelo qual dois Estados se comprometem a prender e enviar ao outro um estrangeiro procurado pela prática de crime, para que seja julgado ou cumpra pena. A convenção é um tratado multilateral, fixando regras gerais sobre determinado assunto.

Ilustrando, há várias Convenções de Direito Humanos, como a Convenção Americana de Direitos Humanos (Pacto de San José da Costa Rica), a Convenção Europeia de Direitos Humanos, entre outras.

Os costumes constituem as práticas reiteradas que se tornam de conhecimento amplo e são aceitos, representando normas de direito internacional público. Ilustrando, há o direito de *passagem inocente*, quando um navio estrangeiro não militar ingressa em águas territoriais de outro país apenas para passar a outro ponto: não precisa pedir autorização.

Os atos unilaterais são tomados por determinados Estados, sem consulta a outros, mas, na essência, equivalem-se aos costumes, porque são assimilados e aceitos. Exemplo disso são testes de armas, realizados em alto-mar, consentidos por outros países. Atualmente, testes nucleares são problemáticos, mas não foi sempre assim. As decisões de organismos internacionais são muito relevantes e confiáveis, porque os Estados, como regra, fazem partes desses órgãos. Assim, uma decisão tomada pela Organização Mundial do Comércio (OMC) tem *força de lei* entre os Estados aos quais atinge.

A analogia é um processo de integração das normas vigentes, em determinado ramo do direito, cuja finalidade é suprir lacunas. Desse modo, havendo alguma situação inédita entre dois ou mais Estados, pode-se utilizar a analogia para resolver eventual impasse.

2.6.3 Terminologia dos tratados

Como a terminologia dos tratados é variável, valemo-nos das lições de Celso D. de Albuquerque Mello para expor outros termos:

a) *declaração*: "usada para os acordos que criam princípios ou 'afirmam uma atitude política comum' (ex.: Declaração de Paris de 1856)";

b) *ato*: "estabelece regras de direito (Ato Geral de Berlim de 1885)";

c) *pacto*: "foi utilizado pela primeira vez no Pacto da Liga das Nações. É um tratado solene (Pacto de Renúncia à Guerra de 1928)";

CAP. II • DIREITO PÚBLICO | 129

d) *estatuto*: "empregado para os tratados coletivos geralmente estabelecendo normas para os tribunais internacionais (Estatuto da Corte Internacional de Justiça – CIJ)";

e) *protocolo*: "normalmente pode ter dois significados: a) protocolo de uma conferência, que é a ata de uma conferência; b) protocolo-acordo – é um verdadeiro tratado em que são criadas normas jurídicas (Protocolo de Aquisgrana, de 1818, sobre os ministros residentes). É utilizado neste caso como um suplemento a um acordo já existente";

f) *acordo*: "é geralmente usado para os tratados de cunho econômico, financeiro, comercial e cultural".[63]

2.6.4 Organizações internacionais

As organizações internacionais são associações estáveis compostas por Estados, constituídas por um ato internacional multilateral, que rege as relações entre as partes, com regimento próprio, para realizar finalidades interessantes aos seus membros. A principal delas é a ONU – Organização das Nações Unidas, elaborada após a 2ª. Guerra Mundial, que devastou países e apresentou um saldo imenso de mortos.

Em São Francisco, 50 países assinaram a Carta que a criou, no dia 26 de junho de 1945, mas ela só começou a existir formalmente em 24 de outubro de 1945. Há vários objetivos na Carta da ONU, embora o essencial seja a preservação da paz mundial. As suas ramificações também são muito relevantes para o mundo, como a UNESCO (voltada à educação, ciência e cultura), FAO (dirigida à alimentação e agricultura) etc. Outras organizações internacionais também são importantes para a estabilidade das relações internacionais, como a OIT (Organização Internacional do Trabalho); FMI (Fundo Monetário Internacional); OMS (Organização Mundial da Saúde), entre outros.

2.6.5 Representação diplomática

As relações internacionais trouxeram, por consequência, a representação diplomática. Para que os diplomatas trabalhem em país estrangeiro foram asseguradas *imunidades*, por meio da Convenção de Viena de 1961. A fonte histórica das imunidades diplomáticas está em Roma, porque os embaixadores eram tidos em grande honra, possuindo caráter religioso

---

63. *Direito internacional público*, v. 1, p. 133.

130 | INSTITUIÇÕES DE DIREITO PÚBLICO E PRIVADO • NUCCI

suas imunidades. Fazem com que os representantes diplomáticos de governos estrangeiros gozem de imunidade penal, tributária (com exceções, tais como impostos indiretos incluídos nos preços) e civil (com exceções, tais como direito sucessório, ações referentes à profissão liberal exercida pelo agente diplomático fora das funções). A natureza jurídica é causa de exclusão da jurisdição.

A imunidade abrange os diplomatas de carreira (de embaixador a terceiro-secretário) e os membros do quadro administrativo e técnico (tradutores, contabilistas etc.) da sede diplomática, desde que recrutados no Estado de origem (extensiva à família – art. 37, 2, Convenção de Viena).

Estende-se aos familiares dos diplomatas de carreira, que são todos os parentes que habitam com ele e vivem sob sua dependência econômica. Normalmente, os familiares são apresentados ao governo estrangeiro pela inclusão de seus nomes na lista diplomática, como preceitua a Convenção de Viena.

Envolve, ainda, os familiares dos membros do quadro administrativo e técnico, os funcionários das organizações mundiais, quando estejam a serviço, os chefes de Estado estrangeiro e membros de sua comitiva, quando em visita a Estado estrangeiro (registre-se que, no tocante aos membros da comitiva, trata-se somente de um costume internacional a concessão de imunidade, uma mostra de amizade) e os diplomatas *ad hoc* (os nomeados pelo Estado acreditante para determinada função no Estado acreditado, tal como acompanhar a posse de algum Presidente da República).

Excluem-se do contexto das imunidades os empregados particulares dos diplomatas (ex.: cozinheiro, faxineira, jardineiro etc.), mesmo que tenham a mesma nacionalidade. Entretanto, esses empregados gozam de isenção quanto aos impostos incidentes sobre seus salários, caso sejam estrangeiros. Imunidade não quer dizer impunidade. A Convenção de Viena é expressa a esse respeito, demonstrando que os diplomatas devem ser processados, pelos crimes cometidos, nos seus Estados de origem.

2.6.6 Particularidades das imunidades diplomáticas

As imunidades possuem as seguintes características:

a) *inviolabilidade pessoal*: os diplomatas não podem ser presos ou detidos, nem obrigados a depor como testemunhas, mas podem ser investigados pela polícia. O mesmo ocorre com o diplomata em trânsito, significando que desde o momento da saída do seu país de origem, para assumir sua função no exterior, até a sua volta, não pode ser preso, detido ou violado de qualquer modo;

b) *independência*: são independentes em tudo o que se refere à sua qualidade de representantes de um Estado estrangeiro;

c) *isenção da jurisdição criminal civil e tributária (com algumas exceções nos dois últimos casos)*. Quanto à imunidade penal, tem-se sustentado que ela não deve ser absoluta. Há países que prendem em flagrante o diplomata envolvido em tráfico de drogas e em infrações aduaneiras, sem qualquer autorização do Estado de origem. Afirma-se que esse tipo de atividade criminosa foge completamente à função de representação inerente à diplomacia;

d) *inviolabilidade de habitação*: há muito não mais se consideram as sedes diplomáticas extensões do território alienígena. Portanto, a área de uma embaixada é território nacional, embora seja inviolável. A Convenção de Viena, no entanto, estabelece que a inviolabilidade da residência diplomática não se deve estender além dos limites necessários ao fim a que se destina. Isso significa que utilizar suas dependências para a prática de crimes ou dar abrigo a criminosos comuns faz cessar a inviolabilidade. Além disso, podem as autoridades locais invadir a sede diplomática em casos de urgência, como a ocorrência de algum acidente grave;

e) *dever de cumprimento das leis do Estado onde estão servindo*: a atividade diplomática não lhes dá o direito de descumprir as regras do país estrangeiro. A imunidade tem início no momento em que o diplomata ingressa no país onde vai exercer suas funções e termina no instante em que o deixa (mesmo havendo rompimento de relações diplomáticas). Se morrer, sua família continua gozando da imunidade, até que deixe o país, ressalvada a hipótese da *imunidade em trânsito*.

2.7 Direito processual

2.7.1 Teoria do processo

Poderíamos iniciar este tema, baseado na Teoria Geral do Processo, abrangendo tanto processo civil quanto processo penal. No entanto, não vemos mais razão para unir o processo civil e o penal, visto que este se liga muito mais ao direito material (penal) do que ao processo da área cível. Uma ilustração disso é o fato de que a prisão cautelar (instituto de processo penal) termina provocando efeito direto na área penal, pelo instituto

132 | INSTITUIÇÕES DE DIREITO PÚBLICO E PRIVADO · NUCCI

da detração (art. 42 do CP), vale dizer, o tempo de prisão provisória será descontado no período da pena. Essa relação, com tamanha proximidade, não existe na área civil. Por isso, preferimos analisar o processo civil e o processo penal em capítulos diversos.

2.7.2 Princípios constitucionais do processo

No entanto, reconhecemos existirem princípios constitucionais comuns ao processo civil e ao processo penal. São eles:

a) *devido processo legal*: apesar de seu amplo significado, para fins de processo, demanda-se o respeito fiel a todos os princípios e regras processuais para que se possa condenar o réu com justiça (art. 5º, inciso LIV, da CF);

b) *contraditório*: significa que a parte (autor de um lado; réu de outro) pode sempre se manifestar a respeito dos fatos afirmados pelo seu adversário e também pode ter ciência das provas produzidas pela parte contrária. Ilustrando: o autor ingressa com a ação (civil ou penal); o juiz determina a citação (chamamento a juízo) do réu; este apresenta a sua defesa (também chamada impugnação ou contestação); o processo dá início à fase de colheita de provas; se o autor apresenta testemunhas para confirmar o que está alegando, o réu pode fazer o mesmo em sua defesa; se o réu apresenta um documento, o autor tem que ser intimado (ter ciência) daquele documento para que possa argumentar a respeito; ao final, autor e réu tecem as suas alegações finais; o juiz profere a sentença (art. 5º, LV, da CF);

c) *ampla defesa*: significa que a todo acusado, em processo civil, penal ou administrativo, deve-se garantir a maior oportunidade de defesa, permitindo-lhe apresentar defesa e provas em seu favor; nunca se pode condenar alguém sem que este possa se defender usando todos os recursos previstos em lei (art. 5º, LV, da CF);

d) *publicidade*: como garantia da existência e funcionamento de um Judiciário honesto e imparcial, assegura-se que os atos processuais (audiências e julgamentos no tribunal) sejam públicos, ou seja, é permitido o acesso do público em geral para assistir (isso é muito comum nos julgamentos do Tribunal do Júri). Além disso, os processos, como regra, também são públicos, ou seja, qualquer pessoa pode ir ao cartório onde ele estiver (ou pela internet) e acessar as suas folhas, tomando conhecimento do que se passa (art. 93, IX, da CF). Há exceções à publicidade, quando tiver por finalidade assegurar a intimidade alheia ou o interesse público (ex.: na área civil, os processos de família; na área penal, os processos envolvendo crianças sexualmente abusadas);

e) *juiz natural*: garante-se a todos os que pretendem discutir uma causa em juízo a existência do chamado *juiz natural*, aquele imposto por lei para julgar o processo. Esse princípio impede que qualquer força estranha ao Judiciário intervenha para *escolher* um juiz mais favorável a uma das partes; fala-se também na vedação ao tribunal de exceção, que seria a escolha de juízes para atuar apenas em determinado caso; essa escolha não pode acontecer, pois gera parcialidade; deve-se contar sempre com o juiz indicado por mecanismos previstos expressamente em lei;

f) *economia processual*: quer-se garantir às partes, que pretendem discutir uma causa em juízo, um processo célere, pois a demora excessiva pode tornar inútil o que pretende o autor ou o que deseja o réu. Esses são os principais princípios, que podem ser aplicados às duas áreas do processo: civil e penal.

2.7.3 Direito processual civil

2.7.3.1 Conceito

Um dos mais proeminentes processualistas civis, Cândido Rangel Dinamarco, menciona que "o processo é um verdadeiro método de trabalho, através do qual busca o Estado os objetivos institucionais de suas funções básicas, contando os seus órgãos, para tanto, com a cooperação de uma ou mais pessoas interessadas".[64] Em verdade, o processo é o *veículo* pelo qual trafegam as alegações das partes (autor e réu), onde se produz provas, até chegar à fase final, quando os interessados apresentam suas alegações finais e o juiz decide.

2.7.3.2 Procedimento

O método pelo qual o processo tem andamento denomina-se *procedimento*, prevendo-se passo a passo como deve tramitar cada ato processual, apontando para andamento processual mais lento e detalhado ou para um andamento processual mais célere e superficial.

Em síntese, entre processo e procedimento, a meta da Justiça é compor a lide. Como bem ensina Amaral Santos, "é meio de que se vale o Estado

---

64. *Fundamentos do processo civil*, p. 157-158.

134 | INSTITUIÇÕES DE DIREITO PÚBLICO E PRIVADO · Nucci

para exercer sua função jurisdicional, isto é, para resolução das lides e, em consequência, das pretensões. Processo é o instrumento da jurisdição".[65]

De um modo muito simples, o processo é o veículo, que conduz alguém de um lugar a outro, enquanto o procedimento é o modo como esse veículo transita: mais rápido, mais lento, em velocidade mediana etc.

Os *autos do processo* constituem o volume de folhas impressas contendo todos os fatos captados e registrados, incluindo desde a inicial, passando pela contestação, pelas provas introduzidas, até chegar às alegações finais e à sentença. Os autos do processo constituem o *livro*, que contém a história a ser contada.[66]

2.7.3.3 Organização judiciária

A Constituição Federal organiza o Poder Judiciário, nos seguintes termos: Supremo Tribunal Federal (órgão máximo do Judiciário); Conselho Nacional de Justiça; Superior Tribunal de Justiça; Tribunal Superior do Trabalho; Tribunais Regionais Federais e juízes federais; Tribunais e juízes do trabalho; Tribunais e juízes eleitorais; Tribunais e juízes militares; Tribunais e juízes dos Estados e do Distrito Federal.

O Supremo Tribunal Federal julga ações que se relacionem à matéria constante da Constituição Federal. O Conselho Nacional de Justiça foi criado para constituir um órgão fiscalizador do Poder Judiciário, em nível administrativo. O Superior Tribunal de Justiça julga casos que afrontem lei federal, quando já avaliados por tribunais estaduais ou regionais. O Tribunal Superior do Trabalho julga os casos relativos à matéria trabalhista em última instância, caso tenha havido afronta à lei trabalhista.

Os Tribunais Regionais Federais e os juízes federais (Justiça Comum) têm a competência delimitada no art. 109 da Constituição Federal, julgando, basicamente, causas em que a União, entidade autárquica ou empresa pública federal forem interessadas. Podem, também, apreciar causas entre Estado estrangeiro ou organismo internacional e pessoa do Brasil; processos envolvendo tratado ou contrato da União com Estado ou organismo estrangeiro; crimes políticos e infrações contra bens da

---

65. *Primeiras linhas de direito processual civil*, v. 1, p. 270.
66. Atualmente, com a *digitalização* do processo, proporcionando o seu trâmite pela Internet/Intranet, tem ocorrido, inclusive, julgamentos virtuais (sem a presença física dos magistrados e das partes). Por isso, já se pode indicar que os autos do processo sejam páginas eletrônicas.

União e entidades autárquicas ou empresas públicas; crimes previstos em tratado ou convenção internacional; causas envolvendo direitos humanos, quando autorizado pelo STJ; crimes contra a organização do trabalho, contra o sistema financeiro e contra a ordem econômico-financeira; *habeas corpus* quando autoridades coatoras não estejam sujeitas a outra jurisdição; mandados de segurança e *habeas data* contra ato de autoridade federal; crimes a bordo de aeronave e navios (exceto os militares); crimes de ingresso ou permanência irregular de estrangeiro; execução de carta rogatória; cumprimento de sentença estrangeira após homologação pelo STJ; disputa de direitos indígenas.

Os Tribunais e juízos eleitorais (Justiça Especial) cuidam de matéria eleitoral. Os Tribunais e juízos militares (Justiça Especial) ocupam-se de matéria militar. Os Tribunais e juízos estaduais (Justiça Comum) são competentes para matérias residuais, não inseridas na esfera de outros juízos.

2.7.3.4 Conceitos relevantes em processo civil

Outros conceitos importantes em processo civil:

a) *lide*: é uma pretensão resistida, justamente o que ocorre quando determinada pessoa deseja algo de outra e esta resiste. É, normalmente, o que termina em conflito no Judiciário;

b) *ação*: é o direito individual de se exigir do Poder Judiciário um provimento jurisdicional a uma pretensão qualquer; não quer dizer que o juiz tenha que dar procedência ao pedido; exercer-se o direito de ação apenas provocando o Judiciário a proferir uma resposta, positiva ou negativa;

c) *condições da ação*: são os elementos indispensáveis a preencher para que se possa obter do juiz uma decisão de mérito (o cerne do litígio; o conteúdo principal do conflito). São condições da ação a possibilidade jurídica do pedido (a viabilidade legal de ser, em tese, deferido o pedido); interesse de agir (a necessidade de se valer do Poder Judiciário para atingir a sua pretensão); legitimidade (haver autorização legal para agir, quanto ao autor; haver autorização legal para responder à ação, quanto ao réu);[67]

---

67. O Código de Processo Civil de 2015 inseriu, no art. 17, que, "para postular em juízo é necessário ter interesse e legitimidade". Embora não tenha constado expressamente o fator ligado à possibilidade jurídica do pedido, esta condição remanesce, mesmo que implícita no cenário do interesse. Noutros termos, não havendo viabilidade jurídica para o pedido ser aceito pelo Judiciário, inexiste possibilidade de um julgamento de mérito.

d) *jurisdição*: é o poder de aplicar o direito ao caso concreto, atribuído especificamente aos juízes;

e) *competência*: trata-se do limite da jurisdição. O magistrado tem poder jurisdicional dentro das fronteiras traçadas pela competência, conforme previsto pela lei. Observe-se um fator relevante: um Ministro do STF não tem competência para homologar uma simples separação consensual de um casal; o juiz pode homologar essa separação, mas não pode julgar, criminalmente, um deputado federal, mas somente o STF. Tanto o Ministro quanto o juiz têm jurisdição, mas a competência estabelece os limites;

> COMPETÊNCIA É MEDIDA DE JURISDIÇÃO

f) *relação jurídica processual*: significa a existência de duas ou mais partes envolvidas num processo, algumas no lado do autor, outras no lado do réu, mas disputando algum bem ou serviço. Como bem ensina Moacyr Amaral Santos, "processo é uma relação entre os sujeitos processuais, juridicamente regulada";[68]

ESQUEMA CLÁSSICO DA RELAÇÃO JURÍDICA PROCESSUAL

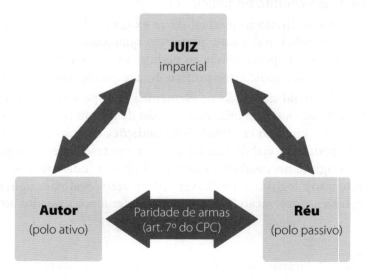

---

68. *Primeiras linhas de direito processual civil*, v. 1, p. 315.

g) *sentença*: é a decisão judicial terminativa do processo (art. 316 do CPC), que pode, ou não, resolver o mérito da causa;

h) *decisão interlocutória*: é a decisão judicial que decide uma controvérsia, sem colocar fim ao processo (art. 203, § 2º, do CPC);

i) *despacho*: é o ato do juiz que determina o seguimento do processo ou a realização de alguma prova, desprovidos de conteúdo decisório relevante (art. 203, § 3º, do CPC);

j) *acórdão*: é a decisão do colegiado, a partir do 2º. Grau (tribunais estaduais ou regionais), atingido graus superiores (Tribunais Superiores).

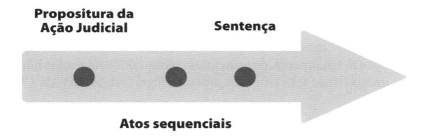

2.7.3.5   *Juizados Especiais Cíveis*

A Lei 9.099/95 criou os Juizados Especiais Cíveis e Criminais, como órgãos da Justiça comum, cuja finalidade é realizar julgamentos mais rápidos, quando envolverem causas de valores econômicos considerados baixos (área civil) ou crimes de menor potencial ofensivo (área penal).

O processo, nesses Juizados, deve basear-se nos critérios de oralidade, simplicidade, informalidade, economia processual e celeridade, cuja meta é a conciliação ou transação (art. 2º da Lei 9.099/95).

Na esfera civil, o Juizado Especial Cível deve cuidar de causas cujo valor não exceda a 40 vezes o salário mínimo, bem como os despejos para uso próprio, as ações possessórias de bens imóveis, não superiores a 40 salários mínimos.

A informalidade deve prevalecer no Juizado Cível para que os conflitos se resolvam rapidamente, seja pela forma da conciliação, seja pelo julgamento feito pelo magistrado. Este, segundo o art. 5º, deve dirigir o processo com liberdade para determinar as provas que entender cabíveis, dando particular valor às regras de experiência comum ou técnica.

2.7.4 Direito processual penal

2.7.4.1 Conceito

Os conceitos básicos de *processo*, *procedimento* e *autos* do processo podem ser verificados no item anterior.

O Direito Processual Penal é o conjunto de normas, cuja finalidade é regular o modo, os meios e os órgãos encarregados de punir do Estado, realizando-se por meio do Poder Judiciário, constitucionalmente incumbido de aplicar a lei ao caso concreto.

2.7.4.2 Princípios processuais penais

a) Princípios regentes

Conforme já exposto no capítulo referente ao Direito Penal, regem o processo penal, igualmente, os princípios da dignidade da pessoa humana (art. 1º, inciso III, da CF) e devido processo legal (art. 5º, LIV, da CF).

b) Presunção de inocência

Significa que qualquer pessoa deve ser considerada inocente até o trânsito em julgado da decisão condenatória, ou seja, quando não há mais recursos cabíveis (art. 5º, LVII, CF). Esse princípio justifica que o ônus da prova é da acusação, não cabendo ao réu demonstrar a sua inocência, que é, nesse sentido, presumida.

Além disso, o estado de inocência acarreta o direito de qualquer réu de não produzir prova contra si mesmo e também o direito ao silêncio, não necessitando declarar nada à autoridade (art. 5º, LXIII, CF).

c) Ampla defesa

Simboliza o direito do acusado de se defender de maneira extensa e abrangente, sem qualquer cerceamento, valendo-se de todos os recursos possíveis (art. 5º, LV, CF).

d) Contraditório

Representa o direito de uma das partes (acusação ou defesa) de se manifestar em relação à alegação da outra, bem como acerca das provas produzidas ou juntadas aos autos (art. 5º, LV, CF).

e) Plenitude de defesa

No Tribunal do Júri, onde o réu será julgado por jurados leigos, é preciso garantir à defesa a máxima possibilidade de apresentar provas e refutar as alegações da acusação (art. 5º, XXXVIII, alínea "a", da CF). Difere a *plenitude de defesa* da *ampla defesa*, no sentido de ser mais intensa e efetiva.

No processo-crime, diante de juiz togado, o defensor pode exercitar a defesa em termos amplos, pois o magistrado conhece o Direito e poderá suprir eventual falha da linha defensiva. Porém, quando se está diante do juiz leigo (no Tribunal do Júri), para avaliação de crime doloso contra a vida, é fundamental existir uma defesa perfeita (dentro das limitações humanas) e muito bem conduzida, tendo em vista que os jurados não conhecem o direito escrito, podendo errar no seu veredicto.

f) Isonomia das partes

Durante o curso do processo, é fundamental garantir às partes igualdade de tratamento, representativo de igualdade de todos perante a lei (art. 5º, *caput*, da CF).

g) Juiz natural

Significa que o réu tem o direito de ser julgado por um magistrado imparcial, indicado pela lei para julgar o caso; o chamado *juízo ou tribunal de exceção* é indevido, porque representa uma Corte preparada para julgar *aquele* caso, seja para absolver, seja para condenar (art. 5º, LIII e XXXVII, CF).

O juiz natural não é escolhido por ninguém, mas pela lei. Assim, espera-se que ele seja imparcial. Quando se menciona do juízo ou tribunal de exceção, sinaliza-se para um órgão julgador *excepcional*, não constante das regras normais, especialmente criado e montado para julgar certo caso, com magistrados também indicados pelo soberano. Logo, o juízo ou tribunal de exceção é composto para agir de maneira parcial. Eis o motivo pelo qual é rejeitado pelo Estado Democrático de Direito.

h) Publicidade

Os atos processuais devem ser praticados à vista do público, de modo a garantir a imparcialidade da Justiça (art. 5º, incisos XXXIII, LX; art. 93, inciso IX, da CF). É preciso considerar que, por exceção, pode-se

140 | INSTITUIÇÕES DE DIREITO PÚBLICO E PRIVADO · Nucci

restringir a publicidade somente às partes, para assegurar a intimidade ou o interesse público.

O fundamento da publicidade é assegurar o juiz imparcial, pois tudo é realizado à vista do público e das partes envolvidas.

i) Vedação das provas ilícitas

Significa que as provas introduzidas nos autos do processo somente podem ter origem lícita; quem produzir provas contrárias às normas constitucionais ou legais não poderá utilizá-las; o processo precisa ser ético, com partes atuando honestamente (art. 5º, LVI, CF).

j) Economia processual

Esse princípio, associado à *duração razoável do processo e da prisão cautelar*, indica que as partes têm direito a um processo rápido e seguro, sem delongas. No entanto, na esfera criminal, é imprescindível que a celeridade não prejudique a ampla defesa. Ao lado da economia processual, exige-se que o processo-crime seja realizado no menor tempo possível, até porque, em muitos casos, há réus presos e a prisão cautelar precisa ter um curto período (art. 5º, LXXVIII, CF).

k) Princípios do Tribunal do Júri: plenitude de defesa, sigilo das votações, soberania dos veredictos e competência para crimes dolosos contra a vida.

No Tribunal do Júri, além da plenitude de defesa, já comentado, há os seguintes princípios: *sigilo das votações*, significando que a votação, quanto à culpa ou inocência, deve ser feita em lugar distante do público para permitir tranquilidade aos jurados; *soberania dos veredictos*, simbolizando que a decisão tomada pelos jurados não podem ser reformada por tribunal togado; o veredicto do povo deve ser soberano; *competência para os crimes dolosos contra a vida*: o júri, no Brasil, precisa julgar, no mínimo, os crimes contra a vida, quando cometidos com dolo (homicídio, infanticídio, instigação a suicídio e aborto).

l) Duplo grau de jurisdição

É o direito do réu de, após condenado pelo juiz singular, recorrer a um tribunal colegiado para rever seu caso; trata-se de princípio decorrente da Convenção Americana dos Direitos Humanos.

m) Promotor natural

Representa o direito do réu de ser acusado por um promotor imparcial, designado por lei – e não por razões políticas; é princípio implícito na CF.

n) Obrigatoriedade da ação penal

Significa que o Ministério Público deve ajuizar ação contra pessoa acusada de crime de ação pública incondicionada; não cabe ao MP escolher qual demanda deve ser proposta, se existirem provas suficientes; princípio implícito na CF.

o) Oficialidade

O processo-crime é *oficial*, devendo ser conduzido por representantes do Estado; princípio implícito na CF. Inexiste punição aplicada por particular, mesmo que seja a vítima do crime. Tudo é institucionalizado pelo Estado, de modo a garantir a paz social e evitar a vingança privada.

p) Intranscendência

Simboliza a impossibilidade de se propor ação penal contra quem não seja o autor do crime e não tenha atuado com dolo ou culpa; trata-se de princípio implícito na CF.

q) Busca da verdade real

Representa a ideia que, no processo penal, o juiz deve seguir atrás de provas tanto quanto as partes, porque a verdade processual deve ser o mais próximo possível da realidade; princípio processual.

r) Oralidade

Esse princípio encontra-se associado aos princípios da concentração, imediatidade e identidade física do juiz. A oralidade, em busca da celeridade processual, impõe o predomínio da palavra oral sobre a palavra escrita. Assim fazendo, permite-se a *concentração* dos atos processuais numa única audiência; a *imediatidade* representa que o juiz tem contato pessoal e direto com a produção da prova; a *identidade física do juiz* simboliza que o magistrado encarregado de colher a prova deve ser o responsável pelo julgamento.

142 INSTITUIÇÕES DE DIREITO PÚBLICO E PRIVADO · NUCCI

s) Comunhão da prova

Quando uma prova é introduzida no processo pela acusação, por exemplo, ela passa a ser comum a todos; então não se pode falar em prova somente da acusação ou somente da defesa; elas são comuns a todos os envolvidos no feito.

t) Persuasão racional

Significa que o juiz pode decidir a causa pela livre valoração das provas, desde que fundamente a sua sentença.

u) Colegialidade

Simboliza o direito do réu de recorrer a um grau superior formado por um colegiado – e não por um só juiz.

2.7.4.3   *Institutos de processo penal*

No processo penal, durante o seu trâmite, diversamente do que ocorre no processo civil ou administrativo, é possível a decretação da prisão cautelar ou prisão provisória. Para que o réu seja preso, *antes* da sentença condenatória final, deve-se respeitar o conjunto de requisitos previstos no art. 312 do CPP.

São os seguintes: a) materialidade do crime: é a prova da existência do delito (deve sempre estar presente); b) indícios suficientes de autoria: é a prova de que o réu é o principal suspeito (deve sempre estar presente); o terceiro requisito pode ser um dos quatro a seguir enumerados: c.1) *garantia da ordem pública* (prisão destinada a quem comete crimes muito graves ou repetem delitos, colocando a sociedade em risco); c.2) *garantia da ordem econômica* (o réu promove um imenso desfalque econômico e há a viabilidade dele continuar agindo); c.3) *conveniência da instrução criminal* (o réu destrói provas, ameaça testemunhas, prejudica a produção da prova); c.4) *garantia de aplicação da lei penal* (o acusado pretende fugir para não sofrer a punição).

2.7.4.4   Habeas corpus *e revisão criminal*

Outras duas particularidades exclusivas do processo penal são as ações constitucionais do *habeas corpus* e da *revisão criminal*.

O primeiro é ação constitucional, prevista no art. 5º, inciso LXVIII, da CF, com a finalidade de evitar qualquer ilegalidade ou abuso de poder à liberdade individual de ir e vir. Portanto, toda pessoa que é presa, por qualquer razão, permite o ajuizamento (impetração) do *habeas corpus*, pleiteando ao Judiciário a sua soltura.

São consideradas situações de coação ilegal, permitindo o uso do *habeas corpus*: a) não existir justa causa para a prisão; b) quando o indivíduo estiver preso por mais tempo do que a lei prevê; c) quando o mandante da prisão não tiver competência para isso; d) quando cessar a razão autorizadora da prisão; e) quando alguém não obtiver o benefício da fiança, embora a lei permita; f) quando houver nulidade manifesta no processo; g) quando estiver extinta a punibilidade de quem é réu ou condenado.

A revisão criminal, embora não prevista expressamente na Constituição Federal, é considerada, igualmente, ação de natureza constitucional, cuja finalidade é remediar os erros judiciários, após o trânsito em julgado da decisão condenatória. Consideram-se casos de erros judiciários: a) quando a decisão condenatória divergir de texto expresso de lei penal ou contrariar as provas dos autos; b) quando a decisão condenatória se basear em depoimentos, exames ou documentos nitidamente falsos; c) quando forem descobertas novas provas, depois da sentença condenatória, acerca da inocência do condenado ou qualquer circunstância capaz de diminuir a pena.

2.7.4.5 Medicina legal

2.7.4.5.1 Conceito

Não há como o direito processual penal concluir algumas de suas indispensáveis perícias sem o auxílio da *medicina legal*, uma disciplina à parte, que tem por objetivo esclarecer dados técnicos acerca de eventos físicos, como a morte. Como ensina Odon Ramos Maranhão, "medicina legal é a ciência de aplicação dos conhecimentos médico-biológicos aos interesses do Direito constituído, do Direito constituendo e à fiscalização do exercício médico-profissional".[69]

Nessa área, trabalha-se, basicamente, com laudos periciais (é a conclusão a que chegaram os peritos, exposta na forma escrita, devidamente fundamentada, constando todas as observações pertinentes ao que foi verificado e contendo as respostas aos quesitos formulados pelas partes).

---

69. *Curso básico de medicina legal*, p. 3.

144 | INSTITUIÇÕES DE DIREITO PÚBLICO E PRIVADO · Nucci

O Brasil ainda não tem condições de aplicar a todos os casos criminais as mais novas tecnológicas científicas, de maneira generalizada, como o exame de DNA, por falta de recursos. Restam dois métodos relevantes de identificação de pessoas: a datiloscopia (impressão digital) e a fotografia.

2.7.4.5.2 Terminologia relevante

São termos relevantes nesta área do Direito:

a) *local do crime*: é o lugar onde tenha acontecido a principal parte da prática delituosa, de onde os peritos podem extrair importantes conclusões acerca da existência do crime e de quem foi o seu autor;

b) *materialidade*: é a prova da existência do crime (ex.: no homicídio, a materialidade é demonstrada por meio de exame pericial no cadáver, chamado *exame necroscópico*);

c) *corpo de delito*: é sinônimo de materialidade, pois também é a prova de existência do crime (obs.: o corpo de delito não é o cadáver; o termo *corpo* está no sentido de estrutura física e visível de algo, que, no caso, é o crime);

d) *exame de corpo de delito*: é a prova pericial utilizada para provar a existência do crime;

e) *puerpério*: é o período que abrange o final do parto até o retorno da parturiente às suas condições físico-psicológicas anteriores;

f) *estado puerperal*: cuida-se de uma fase pós-parto, que acarreta, na parturiente, alterações graves no seu estado psicoemocional, além de poder ser acompanhado de dores físicas; geralmente, dura algumas horas, mas há casos em que chega a dias;

g) *infanticídio*: significa a morte do recém-nascido, produzida pela mãe, após o parto, quando a parturiente se encontra em estado puerperal; trata-se de um termo técnico, no campo penal, visto que toda morte de criança poderia ser chamada de *infanticídio* (morte de infante);

h) *aborto*: é a interrupção da gravidez, em qualquer estágio, havendo morte do feto ou embrião;

i) *morte*: conforme expressa previsão legal, trata-se da cessação das atividades do encéfalo, mesmo que ainda ocorra, por algum tempo, o batimento cardíaco ou a respiração; esta definição legal proporciona a retirada de órgãos para transplante, antes que se percam pela falta de irrigação sanguínea; é preciso deixar claro que a morte encefálica é definitiva, pois o encéfalo controla todo o corpo; sem ele, a pessoa está morta;

j) *estupro*: trata-se do constrangimento contra qualquer pessoa, mediante violência ou grave ameaça, a praticar ou permitir que com ela se pratique qualquer ato libidinoso (ato que confere prazer sexual, podendo ser de qualquer natureza, como coito anal, felação, masturbação etc.), o que abrange a conjunção carnal (expressão reservada à penetração do pênis na vagina);

k) *inimputabilidade*: significa a incapacidade da pessoa, quando sofre de doença mental ou desenvolvimento mental incompleto ou retardado, de compreender o caráter ilícito do que faz ou, mesmo compreendendo, não tem condições de evitar esse comportamento. Cuida-se de termo técnico, na órbita penal, com nítida ligação à medicina legal, pois será o perito a atestar se o réu é (ou era à época do crime) doente mental;

l) *semi-imputabilidade*: é a falta de plena compreensão do caráter ilícito do que faz, ou de vontade suficiente de comportar-se de acordo com esse entendimento em virtude de perturbação da saúde mental ou de desenvolvimento mental incompleto ou retardado. Igualmente, deve haver exame pericial para comprovar esse estado;

m) *identidade*: nas palavras de Almeida Jr. e Costa Jr., "o conceito de identidade abrange dois elementos: a unicidade e a imutabilidade. Cada indivíduo é, com efeito, absolutamente único, distinto dos demais. E há nele alguma coisa imutável, que o mantém sempre o mesmo através do tempo".[70] É muito importante estabelecer a identidade de uma pessoa, para que se possa saber exatamente quem é o autor de um crime ou a vítima do delito;

n) *identificação*: é o procedimento por meio do qual se identifica alguém; atualmente, os métodos mais eficientes e utilizados são a colheita da impressão dactiloscópica (digitais) e a fotografia; outros métodos vêm surgindo com o avanço tecnológico (exame de DNA; exame da retina etc.).

2.7.4.6 Juizado Especial Criminal

A competência do Juizado Especial Criminal volta-se à conciliação, julgamento e execução de infrações penais de menor potencial ofensivo (art. 60, *caput,* da Lei 9.099/95).

---

70. *Lições de medicina legal*, p. 21.

Consideram-se infrações de menor potencial ofensivo as contravenções penais e os delitos cujas penas máximas não ultrapassem 2 anos, cumulada ou não com multa (art. 61 da Lei 9.099/95). Desde logo, convém registrar que esta Lei não se aplica aos casos de violência doméstica e familiar (art. 41, Lei 11.340/2006).

Este Juizado também deve nortear-se pelos critérios da oralidade, simplicidade, informalidade, economia processual e celeridade. O objetivo deve voltar-se à reparação dos danos sofridos pela vítima e para a aplicação de pena não privativa de liberdade.

Para as infrações de menor potencial ofensivo, afasta-se a imposição de prisão em flagrante para, em seu lugar, lavrar o denominado *termo circunstanciado* (um relatório policial, contendo todos os detalhes do delito ocorrido e seus autores e vítimas, bem como testemunhas). Após, as partes envolvidas podem ser imediatamente encaminhadas à presença do juiz ou poderão ser intimadas a fazê-lo no futuro.

Espera-se uma audiência marcada brevemente, onde será, inicialmente, proposta a conciliação entre o autor do fato considerado criminoso e a vítima, acompanhados por advogados, com a presença do representante do Ministério Público. Aceita a composição, pode-se aplicar, de pronto, pena não privativa de liberdade (restritiva de direito ou multa) ao agente do delito de menor potencial ofensivo. Tenta-se, quando o caso, também, a composição civil dos danos, o que serve de reparação à vítima.

A transação penal só vale para pessoas que não a tenham utilizado nos cinco anos anteriores ao fato, não sejam reincidentes ou não tenham maus antecedentes. Quando não houver conciliação, o Ministério Público (em caso de ação pública) oferecerá denúncia oral na mesma audiência (em caso de ação privada, oferta a queixa o advogado da vítima). Somente se o caso apresentar complexidade, pode-se encaminhar o caso à Justiça comum. Depois disso, o autor do fato sai ciente da nova data de audiência, onde deverá se defender e produzir a prova desejada. Nesta fase, chamada de *audiência de instrução e julgamento* (audiência única), oferecida a defesa, o magistrado decide se recebe ou não a peça acusatória. Havendo o recebimento, ouve-se a vítima, as testemunhas de acusação e defesa e, na sequência, interroga-se o réu (que pode permanecer em silêncio se quiser). Passa-se à fase dos debates entre as partes e o juiz profere decisão.

2.7.5 Direito processual militar

O Código de Processo Penal Militar acompanha os casos de crimes militares. Assim, havendo a apuração de um delito militar (ver o item próprio, Direito Penal Militar), ingressa a lei processual penal feita para essa finalidade.

2.8 Direito de execução penal

2.8.1 Conceitos básicos

O Direito de Execução Penal é, hoje, um ramo autônomo do ordenamento jurídico, pois tem legislação específica (Lei Federal n. 7.210/84), bem como estão instaladas Varas Privativas de Execução Penal por todo o Brasil. O único aspecto que não lhe confere autonomia absoluta é o fato de que se vale dos princípios constitucionais penais e processuais penais. Não há um corpo de princípios exclusivos para a execução penal.

A execução penal é a fase processual, iniciada após o processo de conhecimento, onde foi proferida sentença condenatória, na qual o Estado faz valer a pretensão executória da pena, tornando efetiva a punição do agente e buscando a concretude das finalidades da sanção penal. Cuida-se de atividade mista do Estado, parte jurisdicional (juiz cuida dos benefícios e progressão de pena do condenado), parte administrativa (Executivo mantém os estabelecimentos penais).

2.8.2 Direito penitenciário

Denomina-se Direito Penitenciário o ramo do ordenamento jurídico voltado à esfera administrativa da execução penal, que é, por si só, um procedimento complexo, envolvendo aspectos jurisdicionais e administrativos concomitantemente. O direito penitenciário regula todos os aspectos não vinculados aos temas eminentemente penais, como regime de penas, progressão, livramento condicional, medida de segurança etc. Deve regulamentar faltas disciplinares e suas punições, por exemplo, embora sempre por lei – federal ou estadual. Não concebemos um *direito* penitenciário firmado apenas em *atos administrativos*.

148 | INSTITUIÇÕES DE DIREITO PÚBLICO E PRIVADO · NUCCI

2.8.3 Critérios para a execução penal

Quando o sentenciado ingressa no sistema penitenciário, particularmente quando se trata do regime fechado (prisão de segurança máxima), é submetido a um *exame de classificação* (art. 5º da LEP) para que os agentes estatais consigam detectar exatamente onde poderão colocar o condenado para cumprir sua pena. Afinal, deve-se separar os reincidentes (condenados mais de uma vez) dos primários (condenados uma só vez); os sentenciados a elevadas penas e os que possuem penas brandas; entre outros critérios.

O órgão encarregado desse exame é a Comissão Técnica de Classificação (arts. 6º e 7º da LEP), presidida pelo diretor e composta, no mínimo, por 2 (dois) chefes de serviço, 1 (um) psiquiatra, 1 (um) psicólogo e 1 (um) assistente social, quando se tratar de condenado à pena privativa de liberdade. Sua principal tarefa é verificar a mais adequada forma de individualizar a pena em nível executório.

Denomina-se *egresso* o preso que for liberado em definitivo, pelo prazo de 1 (um) ano a contar da saída do estabelecimento ou o que for liberado condicionalmente, durante o período de prova. Em suma, é considerado *egresso* aquele que cumpriu pena ou medida de segurança, durante um ano, após o término da sanção.

A Constituição Federal veda o *trabalho forçado* (art. 5º, XLVII, alínea "c"), embora a Lei de Execução Penal preveja ser obrigatório o trabalho. A diferença consiste no seguinte aspecto: o *trabalho forçado* deve ser realizado pelo preso tenha ou não alguma utilidade, não sendo remunerado, além de, se não realizado, gerar sanções no presídio; o *trabalho obrigatório* faz parte da meta de ressocialização do preso, ensinando-lhe uma profissão ou dando-lhe condições de exercer a sua, mediante remuneração. Se o preso não o prestar, terá anotada a falta grave no seu prontuário, o que, no futuro, pode impedir-lhe de obter benefícios. Além disso, quando o preso trabalha, a cada três dias de trabalho, ele tem perdoado um dia de pena. É o que se chama de *remição*. A carga de trabalho para completar um dia precisa ser de 6 a 8 horas. Atualmente, permite-se também a remição da pena pelo estudo à razão de 4 horas de estudo por dia. A cada três dias de estudo, perdoa-se um dia de pena.

O preso conserva todos os direitos não atingidos pela perda da liberdade, impondo-se a todas as autoridades o respeito à sua integridade física e moral. Afora a liberdade, direito restringido por força de pena privativa, há que se considerar o que pode – e o que não pode – fazer o condenado em estabelecimentos penais. Desatendendo as regras, pode praticar faltas leves, médias ou graves (estas últimas estabelecidas claramente em lei), impedindo a percepção de benefícios durante a execução penal. Diversamente do direito de visita, assegurado a todos os presos, pelos familiares e amigos, criou-se, sem respaldo em lei, o direito à *visita íntima*, significando que os sentenciados podem ter contato sexual com parceiros(as). A reiteração da prática gerou um direito costumeiro que precisa ser respeitado, salvo quando colocar em risco a segurança do presídio.

2.8.4 Órgãos da execução penal

São órgãos da execução penal os que, de alguma forma, interferem no cumprimento da pena de todos os condenados, fiscalizado, orientando, decidindo, propondo modificações, auxiliando o preso e o egresso, denunciando irregularidades etc.

Estão descritos na Lei de Execução Penal (LEP): a) Conselho Nacional de Política Criminal e Penitenciária; b) Juízo da Execução; c) Ministério Público; d) Conselho Penitenciário; e) Departamentos Penitenciários; f) Patronato; g) Conselho da Comunidade; h) Defensoria Pública.

2.8.5 Estabelecimentos penais para cumprimentos de pena

Os estabelecimentos penais destinam-se ao condenado, ao submetido à medida de segurança, ao preso provisório e ao egresso. A mulher e o maior de 60 anos, separadamente, serão recolhidos a estabelecimento próprio e adequado à sua condição pessoal. O mesmo conjunto de prédios poderá abrigar estabelecimentos de destinação diversa desde que devidamente isolados.

A penitenciária é o estabelecimento penal destinado ao cumprimento da pena privativa de liberdade, em regime fechado, quando se tratar de reclusão. Busca-se a segurança máxima, com muralhas ou grades de proteção, bem como a atuação de policiais ou agentes penitenciários em constante vigilância.

A colônia penal é o estabelecimento destinado ao cumprimento da pena em regime semiaberto. Trata-se de um estabelecimento penal de segurança média, onde já não existem muralhas e guardas armados, de modo que a permanência dos presos se dá, em grande parte, por sua

150 | INSTITUIÇÕES DE DIREITO PÚBLICO E PRIVADO · Nucci

própria disciplina e senso de responsabilidade. É o regime intermediário, portanto, o mais adequado em matéria de eficiência.

Por derradeiro, a Casa do Albergado é destinada ao cumprimento da pena privativa de liberdade no regime aberto, bem como para a pena restritiva de direito, consistente na limitação de fim de semana. Cuida--se, no entanto, de ilustre desconhecida da maioria das Comarcas, por exemplo, da cidade de São Paulo, onde há um número elevado de presos inseridos no regime aberto. Trata-se de um estabelecimento adequado ao cumprimento da pena no mencionado regime aberto. Quando não há a Casa do Albergado, o sentenciado cumpre em regime albergue domiciliar (P. A. D.).

2.8.6 Procedimento da execução penal

Denomina-se *guia de recolhimento,* a peça inicial da execução penal, contendo todos os dados necessários para compreender o estado do sentenciado em relação ao crime cometido.

Quando o preso estiver cumprindo pena no regime fechado, caso cometa um crime no estabelecimento penal ou se envolva com organização criminosa, pode ser inserido no *regime disciplinar diferenciado* (RDD). Cuida-se de uma forma mais rigorosa de sistema fechado, onde o sujeito é colocado em cela individual, podendo dela sair apenas para banho de sol (duas horas diárias), com visitação limitada (art. 52, LEP).

Esses regimes são úteis para o cumprimento progressivo da pena (do mais severo ao mais brando). A individualização executória da pena impõe a flexibilidade no cumprimento da sanção penal. Diante disso, quem começa a cumprir a pena privativa de liberdade em regime fechado pode *progredir* para o regime semiaberto (colônia penal), estabelecimento onde há maior liberdade. Depois, pode o sentenciado pleitear o regime aberto, que deveria ocorrer em Casa do Albergado. Não havendo esta Casa, defere-se a prisão-albergue domiciliar (P. A. D.), sem maior fiscalização.

2.8.7 Benefícios ao sentenciado

Existem alguns benefícios reservados ao sentenciado:

a) *remição*: trata-se do desconto na pena do tempo relativo ao trabalho ou estudo do condenado, conforme a proporção prevista em lei. É um incentivo para que o sentenciado desenvolva uma atividade laborterápica ou ingresse em curso de qualquer nível, aperfeiçoando a sua formação. Constituindo uma das finalidades da pena a reeducação, não há dúvida de que o trabalho e o estudo são fortes instrumentos para tanto, impedindo a ociosidade perniciosa no cárcere. Ademais, o trabalho constitui um dos deveres do preso;

b) *livramento condicional*: **é um** instituto de política criminal, destinado a permitir a redução do tempo de prisão com a concessão antecipada e provisória da liberdade do condenado, quando é cumprida pena privativa de liberdade, mediante o preenchimento de determinados requisitos e a aceitação de certas condições. É medida penal restritiva da liberdade de locomoção, que se constitui num benefício ao condenado e, portanto, consiste em um direito subjetivo de sua titularidade, integrando um estágio do cumprimento da pena;

c) *monitoração eletrônica*: trata-se de uma faculdade do juiz a utilização do monitoramento eletrônico (tornozeleira eletrônica) para todos os casos viáveis. A situação concreta do sentenciado, a espécie de benefício pleiteado, o grau de confiabilidade do beneficiário e a estrutura de fiscalização da Vara de Execuções Criminais podem ser fatores determinantes para a indicação do monitoramento ou não. Por vezes, ilustrando, uma prisão domiciliar de pessoa idosa e enferma constitui cenário desproposital para o uso de vigilância indireta. Enfim, deve o juiz lançar mão da monitoração eletrônica em último caso, quando perceber a sua necessidade para fazer valer, de fato, as regras do benefício concedido;

d) *suspensão condicional da pena* (*sursis*): trata-se de um instituto de política criminal, tendo por fim a suspensão da execução da pena privativa de liberdade, evitando o recolhimento ao cárcere do condenado não reincidente em crime doloso, cuja pena não é superior a dois anos (ou quatro, se septuagenário ou enfermo), sob determinadas condições, fixadas pelo juiz, bem como dentro de um período de prova predefinido.

2.9   Direito eleitoral

2.9.1   Conceito

É um dos ramos do direito público, que estabelece as regras para o exercício dos direitos políticos, para o sufrágio, para os partidos políticos e a respeito da organização da Justiça Eleitoral e Ministério Público Eleitoral.

2.9.2 Soberania popular, plebiscito e referendo

A principal fonte do direito eleitoral é a Constituição Federal, apontando que a soberania popular será exercida pelo sufrágio universal, com voto direto e secreto, possuindo igual valor para todos.

Além das eleições periódicas, para a escolha de chefes do Executivo e parlamentares federais, estaduais e municipais, o povo pode manifestar-se, também, por meio de: a) *plebiscito*: trata-se de uma votação, envolvendo "sim" ou "não" sobre uma questão específica a ser implantada. Passamos pelo plebiscito, nos últimos tempos, pelo menos duas vezes: para escolher a forma de governo (monarquia ou república) e sistema de governo (parlamentarismo ou presidencialismo) e, depois, para liberar ou proibir a venda de armas no Brasil; b) *referendo*: cuida-se de uma votação, envolvendo "sim" ou "não", porém, a respeito de uma matéria já concluída, por exemplo, por meio de uma lei. Chama-se o referendo para saber se aquela lei deve permanecer ou não.

2.9.3 Alistamento eleitoral e voto

No Brasil, o alistamento eleitoral e o voto são obrigatórios para os maiores de 18 anos. No entanto, são facultativos para os analfabetos, os maiores de 70 anos, os maiores de 16 e menores de 18. Veda-se o alistamento do estrangeiro e, durante o serviço militar obrigatório, os conscritos.

Para ser elegível, demanda-se: 1) nacionalidade brasileira; 2) pleno exercício dos direitos políticos; 3) alistamento eleitoral; 4) domicílio eleitoral na circunscrição; 5) filiação partidária; 6) idade mínima de: a) trinta e cinco anos para Presidente e Vice-Presidente da República e Senador; b) trinta anos para Governador e Vice-Governador de Estado e do Distrito Federal; c) vinte e um anos para Deputado Federal, Deputado Estadual ou Distrital, Prefeito, Vice-Prefeito e juiz de paz; d) dezoito anos para Vereador. São inelegíveis os inalistáveis e os analfabetos.

2.9.4 Cassação dos direitos políticos

Sobre a cassação dos direitos políticos, é possível a sua perda ou suspensão nos seguintes casos: a) cancelamento da naturalização por sentença transitada em julgado; b) incapacidade civil absoluta; c) condenação criminal transitada em julgado, enquanto durarem seus efeitos; d) recusa de cumprir obrigação a todos imposta ou prestação alternativa, nos termos do art. 5º, VIII; e) improbidade administrativa, nos termos do art. 37, § 4º, da CF. Note-se que o preso provisório não tem os seus direitos políticos cassados e deveria votar. O Estado não providencia condições adequadas para isso, o que representa um acinte à democracia pelo sufrágio.

2.9.5 Anterioridade

Um ponto muito importante, na legislação eleitoral, é que a lei, ao alterar o processo eleitoral, somente se aplicará à eleição que ocorrer após um ano da data do início da sua vigência.

2.9.6 Partidos políticos

Como relação à existência e atuação dos partidos políticos, é livre a criação, fusão, incorporação e extinção de partidos políticos, resguardados a soberania nacional, o regime democrático, o pluripartidarismo, os direitos fundamentais da pessoa humana e observados os seguintes preceitos: a) caráter nacional; b) proibição de recebimento de recursos financeiros de entidade ou governo estrangeiros ou de subordinação a estes; c) prestação de contas à Justiça Eleitoral; d) funcionamento parlamentar de acordo com a lei.

Assegura-se aos partidos políticos autonomia para definir sua estrutura interna e estabelecer regras sobre escolha, formação e duração de seus órgãos permanentes e provisórios e sobre sua organização e funcionamento e para adotar os critérios de escolha e o regime de suas coligações nas eleições majoritárias, vedada a sua celebração nas eleições proporcionais, sem obrigatoriedade de vinculação entre as candidaturas em âmbito nacional, estadual, distrital ou municipal, devendo seus estatutos estabelecer normas de disciplina e fidelidade partidária.

Os partidos políticos, após adquirirem personalidade jurídica, na forma da lei civil, registrarão seus estatutos no Tribunal Superior Eleitoral. Somente terão direito a recursos do fundo partidário e acesso gratuito ao rádio e à televisão, na forma da lei, os partidos políticos que alternativamente: a) obtiverem, nas eleições para a Câmara dos Deputados, no mínimo, 3% (três por cento) dos votos válidos, distribuídos em pelo menos um terço das unidades da Federação, com um mínimo de 2% (dois por cento) dos votos válidos em cada uma delas; ou b) tiverem elegido pelo menos quinze Deputados Federais distribuídos em pelo menos um terço das unidades da Federação.

2.9.7 Fontes do direito eleitoral

Além do texto constitucional, as fontes do direito eleitoral são inúmeras, abrangendo leis, resoluções de tribunais, súmulas, consultas, além de outras, como qualquer ramo do direito, tais como doutrina, jurisprudência, costumes e princípios gerais de direito.

2.9.8 Órgãos da Justiça Eleitoral

São órgãos da Justiça Eleitoral: a) Tribunal Superior Eleitoral, com sede na Capital da República e jurisdição em todo o País; b) Tribunal Regional, na Capital de cada Estado, no Distrito Federal e, mediante proposta do Tribunal Superior, na Capital de Território, se houver; c) juntas eleitorais; d) juízes eleitorais.

2.9.9 Princípios eleitorais

Sobre os princípios representativos, há, basicamente, dois: a) majoritário; b) proporcional. No majoritário, ganha o candidato que obtiver o maior número de votos válidos. Considera-se eleito Presidente o candidato que, registrado por partido político, obtiver a maioria absoluta de votos, não computados os em branco e os nulos.

No proporcional, enfocam-se a legenda e o número de votos que ela obtém. É o sistema adotado para compor a Câmara dos Deputados. Por isso, um candidato muito popular, ao receber inúmeros votos, termina por eleger outros indivíduos da mesma legenda. São deformações do sistema, como bem aponta Celso Spitzcovsky: "fácil se compreender a razão de ser de inúmeras distorções que podem ser verificar nesse sistema, uma vez que candidatos que tenham obtido expressiva votação podem não se eleger em vista da quantidade de votos obtida pelo partido ou coligação. Em contrapartida, também é possível imaginar-se que um candidato que tenha obtido votação pífia consiga se eleger por conta da votação obtida pela legenda que concorreu".[71]

Em nosso entendimento, embora vivamos uma democracia, é preciso modificar as regras eleitorais para coibir distorções e assegurar que o voto popular tenha efetivo alcance ao candidato escolhido pelo povo.

---

71. *Direito eleitoral*, p. 35-36.

2.10 Direito da seguridade social

2.10.1 Conceito

Trata-se do ramo de direito público, que estabelece as normas reguladoras da seguridade social, ou seja, o conjunto de medidas protetoras à sociedade nos campos da saúde, da previdência e da assistência social.

2.10.2 Previdência social

Há diferença entre seguridade social e previdência social. A primeira é o gênero do qual é espécie a segunda.

A previdência está associada ao Ministério da Previdência Social, com atuação por meio do INSS (Instituto Nacional do Seguro Social), cuja missão é administrar o regime geral da previdência social. Sobre suas principais atividades: a) conceder direitos previdenciários aos beneficiários; b) cobrar e fiscalizar as contribuições sociais; c) criar, processar e atualizar cadastros de contribuintes.[72]

2.10.3 Saúde

Trata-se de encargo do Ministério da Saúde. Cabe à União centralizar e coordenar os programas, distribuindo os recursos; a execução fica por conta dos Estados e dos Municípios, atuando em formato coordenado com o SUS.[73]

2.10.4 Assistência social

Cabe ao Ministério do Desenvolvimento Social e Combate à Fome. Distribuem-se as funções conforme se faz na área da saúde, cabendo à União coordenar e distribuir os recursos; a execução dos serviços passa aos Estados e Municípios.[74]

---

72. Gustavo Bregalda Neves, *Manual de direito previdenciário*, p. 33.
73. Gustavo Bregalda Neves, *Manual de direito previdenciário*, p. 33.
74. Gustavo Bregalda Neves, *Manual de direito previdenciário*, p. 33-34.

QUADRO DA SEGURIDADE SOCIAL

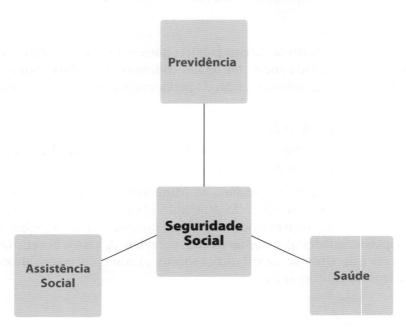

2.10.5 Abrangência da seguridade social

A seguridade social envolve um conjunto interligado de ações de iniciativa dos Poderes Públicos e da sociedade, destinadas a assegurar os direitos concernentes à saúde, à previdência e à assistência social.

2.10.6 Financiamento da seguridade social

Quanto ao financiamento da seguridade social, caberá a toda a sociedade, fazendo-o de modo direto e indireto, conforme preceituar a lei, com recursos advindos dos orçamentos da União, dos Estados, do Distrito Federal e dos Municípios.

Além disso, também constituem fontes de custeio as seguintes contribuições sociais: a) do empregador, da empresa e da entidade a ela equiparada na forma da lei, incidentes sobre: *a.1)* a folha de salários e demais rendimentos do trabalho pagos ou creditados, a qualquer título, à pessoa física que lhe preste serviço, mesmo sem vínculo empregatício; *a.2)* a receita ou o faturamento; *a.3)* o lucro; b) do trabalhador e dos demais segurados da previdência social, não incidindo contribuição sobre aposentadoria e pensão concedidas pelo regime geral de previdência social de que trata o art. 201 da CF; c) sobre a receita de concursos de prognósticos; d) do importador de bens ou serviços do exterior, ou de quem a lei a ele equiparar.

Por isso, pretendendo punir condutas ilícitas graves contra a seguridade social, a Lei 9.983/2000 instituiu: a) art. 168-A, do CP, cuja finalidade é proteger a fonte de custeio da seguridade social, em especial a previdência social, focando quem se apropria do valor da contribuição; b) art. 337-A, do CP, visando à punição de quem sonega a contribuição previdenciária. Há outros delitos, que podem envolver a seguridade social, tais como a falsificação de documento (art. 297 do CP); a inserção de dados falsos ou modificação de sistema de informações (art. 313-A do CP); a modificação ou alteração não autorizada de sistema de informações (art. 313-B do CP); o estelionato (art. 171 do CP).

2.10.7 Organização da seguridade social

A seguridade social abrange um conjunto integrado de atividades de iniciativa dos poderes públicos e da sociedade, visando a assegurar o direito à saúde, à previdência e à assistência social.

2.10.8 Princípios da seguridade social

São os seguintes, conforme lição de Miguel Horvath Júnior:

a) obrigatoriedade de filiação (significa que o seguro social é custeado por contribuições obrigatórias dos trabalhadores, dos empregadores e pelo Estado);

b) solidariedade ou compensação nacional (significa que todos os envolvidos na relação de trabalho contribuem, de maneira universal, para beneficiar a minoria mais pobre);

c) unicidade das prestações (significa que o segurado tem direito, como regra, a apenas um benefício substituto da remuneração, pois a relação previdenciária é voltada à pessoa, individualmente considerada);

d) compreensibilidade (significa que o seguro social tem por fim cobrir todas as eventualidades, na medida da capacidade econômica do Estado);

e) automaticidade das prestações (significa ser obrigação do Estado fiscalizar as contribuições; no entanto, o INSS deve pagar as prestações previdenciárias aos segurados empregados e trabalhadores avulsos, e dependentes, com ou sem recolhimento da contribuição);

158 INSTITUIÇÕES DE DIREITO PÚBLICO E PRIVADO · NUCCI

f) imprescritibilidade do direito ao benefício (significa que o direito à previdência não prescreve; pode prescrever o direito à prestação; o prazo para isso é de 10 anos, como regra);

g) expansividade social (significa que o sistema da previdência deve alcançar o maior número possível de segurados);

h) *in dubio pro operário* (significa que, havendo dúvida, decide-se em favor do segurado; porém, não é princípio absoluto, pois o que se concede inadequadamente a um segurado é, na realidade, retirado de outros, visto ser um sistema de contribuições).[75]

Para Wagner Balera e Cristiane Mussi, os princípios próprios da seguridade social são os seguintes:

a) universalidade da cobertura e do atendimento (significa que todas as situações de risco estão compreendidas na cobertura para o segurado; equipara-se ao princípio da compreensibilidade);

b) uniformidade e equivalência dos benefícios e serviços às populações urbanas e rurais (decorre da isonomia; todos os trabalhadores devem ter iguais benefícios);

c) seletividade e distributividade na prestação dos benefícios e serviços (significa que o plano de proteção ao segurado é previamente fixado pelo legislador e também é definido o grau de proteção a cada um);

d) irredutibilidade do valor dos benefícios (significa a vedação a qualquer redução no valor do benefício, que precisa manter o poder aquisitivo);

e) equidade na forma de participação no custeio (decorre do princípio da igualdade; a participação no custeio depende da capacidade econômica do contribuinte; quem não tem renda, nada paga, não perdendo a condição de beneficiário);

f) diversidade da base de financiamento (significa que as fontes de custeio levam em conta os fatos sobre os quais incidirão as contribuições, como também as pessoas naturais ou jurídicas que pagarão as contribuições);

g) caráter democrático e descentralizado da gestão administrativa com a participação da comunidade, em especial de trabalhadores, empresários e aposentados (significa a preservação da administração do sistema com a qualidade da segurança e da moralidade).[76]

---

75. *Direito previdenciário*, p. 91-100.
76. *Direito previdenciário*, p. 41-43.

2.10.9 Regime da previdência social

O regime previdenciário é "o conjunto de normas e princípios harmônicos que informam e regem a disciplina previdenciária de determinado grupo de pessoas".[77]

No Brasil, há três regimes previdenciários: Regime Geral da Previdência Social; Regimes Próprios de Previdência Social; Regime de Previdência Complementar.

2.10.10 Beneficiários da previdência social

a) Segurados obrigatórios

Os segurados obrigatórios são os previstos em lei, que se vinculam à previdência social porque exercem alguma atividade remunerada, urbana ou rural, de modo efetivo ou eventual. São os empregados, os domésticos, os avulsos, os contribuintes individuais e os segurados especiais (conferir o art. 11 da Lei 8.213/91).

b) Segurados facultativos

São segurados facultativos as pessoas maiores de 16 anos que, voluntariamente, vinculem-se ao sistema previdenciário. Exemplos: dona de casa, síndico de condomínio (não remunerado e sem isenção de cota de condomínio), estudante, presidiário etc.

c) Dependentes previdenciários

Conforme previsão legal, são dependentes do segurado o cônjuge, o(a) companheiro(a), o filho não emancipado menor de 21 anos ou inválido; os pais; o irmão não emancipado menor de 21 anos ou inválido (art. 16 da Lei 8.213/91).

2.10.11 Prestações previdenciárias

São os pagamentos feitos aos segurados, visando a reparar dano ocorrido ou lucro cessante. As prestações constituem o gênero, do qual são espécies os benefícios e serviços. Benefícios são os pagamentos em dinheiro; serviços são as prestações de assistência e amparo.

---

77. Miguel Horvath Júnior, *Direito previdenciário*, p. 166.

160 | INSTITUIÇÕES DE DIREITO PÚBLICO E PRIVADO · Nucci

Pode-se dividir da seguinte forma: a) prestações aos segurados: aposentadoria por invalidez; aposentadoria por idade; aposentadoria por tempo de contribuição; aposentadoria especial; auxílio-doença; salário-família; salário-maternidade; auxílio-acidente; b) prestações aos dependentes: pensão por morte; auxílio-reclusão; c) serviços aos segurados e dependentes: reabilitação profissional; serviço social.

Os benefícios podem ser de trato continuado ou de pagamento único.

2.10.11.1 Aposentadoria por tempo de contribuição

Exige-se a carência de 180 contribuições mensais. Após várias reformas constitucionais, demanda-se 35 anos de contribuição (homens) ou 30 anos (mulheres) para a aposentadoria integral. Outra hipótese é a contribuição por 30 anos (homens) ou 25 anos (mulheres) para a aposentadoria proporcional. Esta hipótese pode abranger o professor, quando comprovar dedicação em tempo integral no exercício da função do magistério.

2.10.11.2 Aposentadoria por idade

A carência também é de 180 contribuições mensais para os inscritos a partir de 1991 (Lei 8.213/91) ou conforme a tabela de transição prevista nesta Lei citada. A partir disso, é preciso atingir 65 anos para homens e 60 anos para mulheres. Reduz-se em cinco anos a idade para trabalhadores rurais.

2.10.11.3 Aposentadoria por invalidez

Volta-se aos segurados que se encontrem em situação de incapacidade de trabalho, total e definitiva. Não há carência para este tipo de aposentadoria. A incapacidade pode ser física ou mental; o foco é a inviabilidade de desempenhar qualquer trabalho. Faz-se exame médico-pericial para a verificação do estado do segurado. O benefício pode ser cancelado se o sujeito voltar a trabalhar, de maneira voluntária, bem como se recusar tratamento ou recuperar-se totalmente.

2.10.11.4 Aposentaria especial

Trata-se de aposentadoria destinada aos segurados empregados, quando trabalhador avulso ou cooperado, que tenham laborado 15, 20 ou 25 anos, constatando-se condições prejudiciais à saúde ou à integridade física.

2.10.11.5 Auxílio-doença

Trata-se de uma prestação previdenciária, que configura um benefício aos segurados, quando estes estejam em situação de incapacidade laboral temporária – total ou parcial. Há o auxílio comum e o acidentário. Presta-se esse auxílio enquanto durar a incapacidade. A carência para o auxílio-doença comum é de 12 contribuições mensais. Para o acidentário inexiste carência. Igualmente, não há carência para os vitimados por doenças graves. Faz-se exame médico-pericial para constatar a enfermidade e o seu alcance.

O benefício cessa se houver a recuperação da capacidade de trabalho ou se ocorrer a sua conversão em aposentadoria por invalidez, bem como em auxílio-acidente. A renda mensal corresponde a 91% do salário de benefício, não podendo ser inferior ao salário mínimo, nem tampouco superior ao teto do salário de benefício.

2.10.11.6 Salário-família

É um benefício previsto no art. 201, inciso IV, da CF. Volta-se a beneficiar quem sustenta uma família, em nível de criação e educação dos filhos. Para receber, é preciso ter filhos menos de 14 anos ou inválidos. Há quem sustente deva o benefício dar-se a quem tem filhos com menos de 16 anos, pois o texto constitucional proíbe o trabalho nessa faixa de idade. São beneficiários os segurados empregados (exceto os domésticos), os trabalhadores avulsos e os aposentados por invalidez ou idade, além dos aposentados com 65 anos ou mais (homens) ou 60 anos ou mais (mulheres). O salário-família pode ser cumulado com aposentadoria, auxílio-doença e salário-maternidade.

Cessa o benefício se houver morte do filho, contando-se do mês seguinte ao óbito; se implementar-se a idade limite, também se contando do mês seguinte à data do aniversário; cessação de invalidez; desemprego do segurado. Este último caso é polêmico, visto contrariar regras básicas do sistema previdenciário.

2.10.11.7 Salário-maternidade

É uma prestação previdenciária de curta duração, voltada à proteção da mulher e do filho. A mulher deve ser segurada da previdência social. Estende-se a proteção às mães adotivas (e a guardiães).

INSTITUIÇÕES DE DIREITO PÚBLICO E PRIVADO · Nucci

Como regra, a carência é de 10 contribuições mensais. Entretanto, para a segurada empregada doméstica e trabalhadora avulsa, dispensa-se a carência. O INSS paga o benefício por 120 dias, a contar do parto (na realidade, começa 28 dias antes do parto e finda 91 dias depois, podendo ser aumentado em duas semanas antes ou depois do parto). Se houver aborto natural ou acidental a prestação será de duas semanas.

2.10.11.8 Auxílio-acidente

Cuida-se de prestação previdenciária destinada a indenizar quem perdeu a capacidade laboral, por conta de acidente do trabalho ou de outra natureza. A meta é reparar a diminuição da renda provocada pela redução da capacidade de trabalho. Esta pode perder-se de maneira integral ou parcial. Comprova-se por meio de perícia médica. São beneficiários do auxílio-acidente laboral o empregado, o avulso e o segurado especial.

Quando houver acidente de outra natureza, todos os segurados têm direito. Suspende-se o benefício se houver a reabertura do auxílio--doença, que deu origem ao auxílio-acidente. Fica suspenso até cessar o auxílio-doença reaberto, quando então será reativado (a menos que haja a aposentadoria por invalidez). Termina o auxílio-acidente em caso de óbito do segurado, se houver aposentadoria ou havendo concessão de auxílio-acidente de valor superior.

2.10.11.9 Pensão por morte

Cuida-se de um benefício voltado ao dependente do segurado. Por ocasião do óbito deste, aquele sofre um desfalque econômico, justamente por *depender* do segurado. Assim sendo, é um benefício mensal e sucessivo, substituindo o salário de contribuição ou o rendimento do segurado falecido. Deve-se provar a condição de dependente e a morte do segurado. Inexiste período de carência.

2.10.11.10 Auxílio-reclusão

O auxílio-reclusão é uma prestação continuada, que substitui o salário de contribuição ou o rendimento do trabalhador, voltado aos dependentes do preso, desde que este não receba remuneração do empregador, nem esteja percebendo auxílio-doença, aposentadoria ou abono de permanência em serviço. Destina-se a segurados de baixa renda. O direito, na verdade, é da família do preso e não deste último.

Para receber o benefício, inexiste período de carência, bastando a condição de segurado de baixa renda, que seja preso. Trimestralmente, demonstra-se que o segurado continua preso, para a continuidade do benefício. Pode-se pagar o referido benefício mesmo que não se trate de cumprimento de pena, mas sim de prisão cautelar. O termo inicial é a data da prisão; será mantido enquanto o segurado estiver detido. O cálculo do auxílio-reclusão é o mesmo que se utiliza para a pensão por morte.

2.10.11.11 Acidente do trabalho

Acontece em razão do exercício do trabalho, acarretando lesão corporal ou perturbação funcional, dando causa à morte. Pode, ainda, provocar perda ou redução da capacidade de trabalho – total ou parcial.

Como explica Miguel Horvath Júnior, há três espécies de acidentes de trabalho: acidente-tipo, doença profissional e doença do trabalho. O primeiro é uma causa inerente ao trabalho e não a problema orgânico do trabalhador. Caracteriza-se pela rapidez do acontecimento, geralmente por violência (explosão ou queda, por exemplo). O segundo decorre diretamente do trabalho, desenvolvido ao longo da vida do trabalhador. Desenvolve-se de forma lenta e gradual, mas constante. A doença do trabalho decorre do meio ambiente ou dos instrumentos usados (ex.: a epilepsia decorrente do estímulo visual fotoelétrico e ruídos elevados).[78]

2.10.11.12 Abono anual (gratificação natalina)

Trata-se de um acréscimo no ganho do segurado, concedido anualmente para aposentados e pensionistas. Deve ter por base o valor dos proventos do mês de dezembro de cada ano. O abono anual também é devido a quem recebeu, durante o ano, auxílio-doença, auxílio-acidente ou aposentadoria, pensão por morte ou auxílio-reclusão.

O valor do abono natalino equivale ao valor integral da prestação mensal mensalmente recebida pelo beneficiário. Porém, será proporcional ao número de meses em que tenha ocorrido o recebimento da prestação continuada, quando inferior a doze.

---

78. *Direito previdenciário. Série concursos públicos e OAB*, p. 84-85.

2.10.11.13 Seguro-desemprego

Trata-se da prestação de natureza previdenciária, paga ao segurado, quando esteja desempregado (este estado deve ser involuntário, ou seja, se o empregado pede demissão não tem direito ao seguro). Há uma lei própria regulando o tema (Lei 7.998/90).

O benefício é temporário (até cinco meses, como regra) e substitui a renda do trabalhador, enquanto ele mantiver o *status* de desempregado. Para a sua obtenção, deve haver pedido por parte do segurado. Além disso, ele tem caráter personalíssimo (somente quem pode requerer é o segurado desempregado).

Segundo dispositivo legal, o direito ao seguro-desemprego involuntário depende da comprovação de "ter recebido salários de pessoa jurídica ou pessoa física a ela equiparada, relativos a pelo menos 12 (doze) meses nos últimos 18 (dezoito) meses imediatamente anteriores à data de dispensa, quando da primeira solicitação", "ter sido empregado de pessoa jurídica ou pessoa física a pelo menos 9 (nove) meses nos últimos 12 (doze) meses imediatamente anteriores à data de dispensa, quando da segunda solicitação"; "ter sido empregado de pessoa jurídica ou pessoa física a cada um dos 6 (seis) meses imediatamente anteriores à data de dispensa, quando das demais solicitações", "não estar em gozo de qualquer benefício previdenciário de prestação continuada, previsto no Regulamento dos Benefícios de Previdência Social, excetuado o auxílio-acidente e o auxílio-suplementar previstos na Lei 6.367/76, bem como o abono de permanência em serviço previsto na Lei 5.890/73"; "não estar em gozo de auxílio-desemprego"; "não possuir renda própria de qualquer natureza suficiente à sua manutenção e de sua família", "matrícula e frequência, quando aplicável, nos termos do regulamento, em curso de formação inicial e continuada ou de qualificação profissional habilitado pelo Ministério da Educação, nos termos do art. 18 da Lei nº 12.513, de 26 de outubro de 2011, ofertado por meio da Bolsa-Formação Trabalhador concedida no âmbito do Programa Nacional de Acesso ao Ensino Técnico e Emprego (Pronatec), instituído pela Lei nº 12.513, de 26 de outubro de 2011, ou de vagas gratuitas na rede de educação profissional e tecnológica (Incluídos pela Lei nº 13.134, de 2015).

Há direito ao seguro-desemprego quando a empresa falir.

2.10.12 Habilitação ou reabilitação profissional

Destina-se ao segurado incapacitado, total ou parcialmente, para o trabalho, sem qualquer carência, com caráter obrigatório, bem como às pessoas deficientes, para obter os meios adequados de incentivo ao seu reingresso no mercado de trabalho. A empresa que contar com 100 ou mais empregados deve reservar 2% a 5% das vagas para beneficiários reabilitados ou deficientes habilitados.

2.10.13 Serviço social

A sua finalidade é orientar o beneficiário, bem como apoiá-lo, no que necessitar quanto a problemas familiares e pessoais, em relação à Previdência Social.

2.10.14 Reajustamento de benefícios

O valor dos benefícios precisa ser reajustado anualmente, na data de reajuste do salário mínimo, para que não haja perda do poder aquisitivo. O benefício não pode sofrer reajuste além do limite máximo do salário de benefício na data do reajustamento, respeitando-se o direito adquirido.

2.10.15 Desaposentação

É possível ao segurado aposentado retornar ao trabalho. Deve contribuir com a previdência social, sem esperar outra aposentadoria ou benefício da previdência.

Não se utiliza o valor das contribuições realizadas após a aposentadoria para compor a revisão do cálculo da aposentadoria já recebida.

2.11 Direito da infância e da juventude

2.11.1 Conceitos fundamentais

Cuida-se de dever da família, da sociedade e do Estado assegurar à criança, ao adolescente e ao jovem, com absoluta prioridade, o direito à vida, à saúde, à alimentação, à educação, ao lazer, à profissionalização, à cultura, à dignidade, ao respeito, à liberdade e à convivência familiar e comunitária, além de colocá-los a salvo de toda forma de negligência, discriminação, exploração, violência, crueldade e opressão.

Nesse contexto, faz-se a concentração dos principais e essenciais direitos da pessoa humana, embora voltados, especificamente, à criança e ao adolescente. Evidencia-se o princípio da *absoluta prioridade*, juntamente com o princípio da *proteção integral*. Cria-se uma imunidade ao infante para que fique longe de atos prejudiciais ao ideal desenvolvimento do ser humano em tenra idade. Há a *proteção integral* voltada a afastar do menor a negligência, discriminação, exploração, violência, crueldade e opressão.

Quanto ao princípio da absoluta prioridade ou do superior interesse, cuida-se de princípio autônomo, encontrando respaldo no art. 227, *caput*, da Constituição Federal, significando que, à frente dos adultos, estão crianças e adolescentes. Todos têm direito à vida, à integridade física, à saúde, à segurança etc., mas os infantes e jovens precisam ser tratados em *primeiríssimo lugar* (seria em primeiro lugar, fosse apenas prioridade; porém, a absoluta prioridade é uma ênfase), em todos os aspectos. Precisam ser o foco principal do Poder Executivo na destinação de verbas para o amparo à família e ao menor em situação vulnerável; precisam das leis votadas com prioridade total, em seu benefício; precisam de processos céleres e juízes comprometidos.

2.11.2 Irresponsabilidade penal

Dispõe o artigo 228 da Constituição Federal serem penalmente inimputáveis os menores de dezoito anos, sujeito à legislação especial. O termo *inimputável* significa ser uma pessoa inapta para ser avaliada criminalmente pelos seus atos. No Brasil, são inimputáveis os menores de 18 anos, presumindo-se a sua falta de maturidade para compreender o caráter ilícito do que fazem. Além disso, são também inimputáveis os doentes mentais ou com desenvolvimento mental incompleto ou retardado. Estes também não entendem a ilicitude do que praticam. De qualquer modo, os menores de 18 anos podem ser punidos em outro ramo do Direito, como veremos no próximo tópico. Os doentes mentais e assemelhados recebem medida de segurança, ou seja, são internados para tratamento (ou obrigados a comparecer periodicamente em ambulatórios estatais).

2.11.3 Direito da infância e juventude

A legislação especial, que cuida dos menores de 18 anos, é o *Direito da Infância e Juventude*. Temos sustentado a autonomia científica desse ramo do Direito, pois cuida, em leis especiais, dos direitos das crianças e dos adolescentes, além de tratar dos meios corretivos, quando houver o cometimento de atos infracionais.

Não se trata de submatéria de Direito Civil, muito menos de Direito Penal. Da mesma forma que hoje se reconhece a autonomia do Direito de Execução Penal, embora contenha princípios comuns ao Direito Penal

CAP. II • DIREITO PÚBLICO | 167

e ao Processo Penal, deve-se acatar a distinção do Direito da Infância e Juventude como regente de seus próprios passos, embora se apoiando, igualmente, de princípios de outras áreas.

Suas normas servem-se do Direito Civil, dos Processos Civil e Penal, do Direito Penal, bem como adentram o Direito Administrativo e, sobretudo, sustentam-se no Direito Constitucional. Mas são normas da *Infância e Juventude*, cujas peculiaridades são definidas no Estatuto da Criança e do Adolescente (Lei 8.069/90).

TABELA DE IDADES: CRITÉRIO BIOPSICOLÓGICO	
CRIANÇA	Até 11 anos
ADOLESCENTE	12 anos completos – até 17 anos
ADULTO	18 anos completos ou mais

> **OBSERVAÇÃO:** Pela CONVENÇÃO DOS DIREITOS DA CRIANÇA (inserida no ordenamento jurídico brasileiro por meio do Decreto 99.710/90), **criança é todo ser humano com menos de 18 anos de idade** (artigo 1º).

2.11.4 Princípios da infância e juventude

São outros princípios do Direito da Infância e Juventude:

a) *brevidade*: encontra similar na *duração razoável da prisão cautelar*, no processo penal. Entretanto, possui maior amplitude, pois a privação da liberdade do adolescente deve ser a mais breve possível tanto na fase cautelar quanto após a decisão de internação. Conecta-se aos dois outros que vêm a seguir;

> **MENOR INFRATOR não é preso; ele é APREENDIDO**

b) *excepcionalidade*: seu semelhante, no processo penal, é a presunção de inocência (aplicável igualmente ao adolescente), que dá ensejo ao caráter excepcional das medidas cautelares restritivas de direitos. Se o réu é inocente até sentença condenatória definitiva, logicamente a sua prisão cautelar somente pode ocorrer em situação excepcional. No caso do adolescente, pela sua própria condição de pessoa em formação, a segregação é a *ultima ratio* (*última opção*);

168 | INSTITUIÇÕES DE DIREITO PÚBLICO E PRIVADO · Nucci

c) condição peculiar de pessoa em desenvolvimento: no cenário da privação da liberdade do adolescente, entende-se a preocupação do constituinte, afinal, a segregação pode afetar gravemente a formação da personalidade do jovem. Aliás, a privação da liberdade é capaz de modificar até mesmo a personalidade do adulto, portanto, com muito mais força o fará no tocante ao menor de 18 anos. Por isso, a orientação ao juiz é tríplice, ao impor uma internação: observar que se trata de pessoa em desenvolvimento físico-mental, de modo que a privação da liberdade precisa ser excepcional e breve.

2.11.5 Critérios de proteção da criança e do adolescente

Nos termos legais, constitui *criança* o ser humano até 11 anos completos e *adolescente*, o ser humano com 12 anos completos. Associando-se ao disposto pelo Código Civil, torna-se adulto, para fins civis, o ser humano que atinge 18 anos de idade; no mesmo prisma, o Código Penal fixa em 18 anos a idade da responsabilidade para fins criminais. Diante disso, aplica-se o conteúdo da Lei 8.069/90, como regra, à pessoa com até 17 anos.

No intuito de proteger integralmente a criança e o adolescente, inclusive, se preciso, dos próprios pais, tutores ou responsáveis legais, novos artigos foram introduzidos no Estatuto da Criança e do Adolescente, conhecidos como a *lei da palmada*.

Essa Lei dispõe que a criança e o adolescente têm o direito de ser educados e cuidados sem a utilização de castigo físico ou de tratamento cruel ou degradante, como formas de correção, disciplina, educação ou qualquer outro pretexto, pelos pais, pelos parentes, pelos responsáveis, pelos agentes públicos executores de medidas socioeducativas ou por qualquer pessoa encarregada de cuidar deles, tratá-los, educá-los ou protegê-los.

A referida Lei estabelece conceitos, buscando não deixar dúvidas quanto ao alcance das vedações impostas. Considera-se castigo físico a ação de natureza disciplinar ou punitiva aplicada com o uso da força física sobre a criança ou o adolescente que resulte em sofrimento físico ou lesão. Aponta-se como tratamento cruel ou degradante a conduta ou forma cruel de tratamento em relação à criança ou ao adolescente que humilhe ou ameace gravemente ou ridiculize. Embora tenha sido redigido em termos muito exagerados, o objetivo do legislador foi abranger os responsáveis pelos menores quando abusam do poder familiar e terminam prejudicando crianças ou adolescentes de modo físico e mental.

Na sequência, com o fito de demonstrar as penalidades aos abusadores, preceitua-se que os abusadores estão sujeitos, conforme a gravidade do caso, a encaminhamento a programa oficial ou comunitário de proteção à família; encaminhamento a tratamento psicológico ou psiquiátrico; encaminhamento a cursos ou programas de orientação; obrigação de encaminhar a criança a tratamento especializado; advertência. As medidas punitivas serão aplicadas pelo Conselho Tutelar.

É direito do infante ou do jovem ser, primordialmente, criado e educado, pela sua família natural, com quem deve viver. No entanto, nem sempre isso é possível até pelo fato de que alguns pais biológicos abandonam seus filhos, sendo necessária, nesse contexto, a família substituta. Não havendo parentes, o menor deve ser colocado em acolhimento institucional ou familiar (este último inexiste, de fato, no Brasil; seriam famílias meramente acolhedoras dispostas a ficar somente um tempo com o menor até ele encontrar a definitiva, via adoção).

Tramita pela Vara da Infância e Juventude, promovido pelo Ministério Público, o processo de destituição do poder familiar (não só em casos de abandono, mas também de comprovados maus-tratos). Destituído o poder familiar, o infante ou adolescente é encaminhado para adoção. Há um cadastro de interessados em cada Comarca. Consultam-se os ali inscritos e, havendo interessado, o juiz coloca o menor sob guarda provisória para início do estágio de convivência. Após análises técnicas (psicossociais), quando positivas, consolida-se a adoção, que hoje é uma só, plena e irrevogável, igualando filhos naturais e adotados.

A mera falta ou carência de recursos matérias da família natural não constitui motivo suficiente para a perda ou suspensão do poder familiar. Se não houver outro motivo, forte o suficiente para autorizar a separação da família, a criança ou adolescente será mantida em seu núcleo familiar de origem. A partir daí, busca-se incluir a família em programa assistencial. Essa regra busca eliminar a ideia de que pessoas pobres não podem cuidar de seus filhos e devem entregá-los à adoção. Certamente, seria isso um abuso estatal, caso fosse preceito normativo.

No entanto, como linhas acima foi descrito, há o princípio da proteção integral, que, junto ao princípio da absoluta prioridade do interesse infantojuvenil, exigem um tratamento digno às crianças e aos adolescentes, que não podem, a pretexto de serem de origem humilde, ser atirados nas ruas para esmolar ou lavar para-brisas de veículos. O Estado deve inserir a família em programa assistencial, mas é fundamental que o grupo familiar

170 | INSTITUIÇÕES DE DIREITO PÚBLICO E PRIVADO · NUCCI

concorde e participe, pelo bem dos infantes e dos jovens. Do contrário, evitando-se que sejam inseridos no universo das drogas ilícitas, ficando fora da escola, é mais sensato retirá-las do convívio da família natural para que sejam abrigadas, até que possam ser adotadas.

Existem alguns termos específicos deste ramo do Direito: a) *família natural*: é a família biológica; pai e mãe responsáveis pelo nascimento da criança; b) *família extensa* (ou ampliada): forma-se por parentes próximos com os quais os infantes ou jovens convivam e mantenham vínculos de afeição e afinidade; c) *família substituta*: esta forma de família se dá por meio da colocação do menor sob guarda, tutela ou adoção.

2.11.6 Adoção

Podem adotar todos os maiores de 18 anos, independentemente do estado civil. Portanto, alguém pode adotar, sendo solteiro, uma criança; pode um casal, em união estável ou casado, fazer o mesmo; tem-se admitido, atualmente, inclusive, a adoção por casais homossexuais, casados ou em união estável. Só não podem adotar os ascendentes e os irmãos do adotando, ou seja, se a avó deseja ficar com o neto, que perdeu os pais, ela passará a ser tutora – e não mãe adotiva, pois já existe laços de sangue entre eles. O mesmo se dá quanto aos irmãos mais velhos. Pode-se até deferir uma adoção a uma pessoa falecida, desde que o estágio de convivência com a criança ou adolescente tenha começado antes da morte e haja provas do expresso desejo de adotar.

Em cada Comarca, como já mencionado, haverá um cadastro de pessoas interessadas em adotar crianças e/ou adolescentes. Para ingressar nesse cadastro, o interessado dirige-se ao fórum da localidade onde reside e faz a inscrição. Haverá um período de preparação psicossocial e jurídica, orientado por equipe técnica da Vara da Infância e Juventude.

Durante o preparo, é recomendável ter contato com crianças e adolescentes, em acolhimento institucional, em condições de adoção, sob supervisão técnica, para que os interessados sintam de perto o que significa esse gesto tão nobre quanto difícil. Atualmente, o Conselho Nacional de Justiça e outros órgãos têm divulgado dados a respeito da proporção entre interessados à adoção e crianças e jovens disponíveis. Há mais interessados que menores. Por que, então, não se consegue simplesmente zerar o número de infantes e jovens prontos para a adoção? Porque muitos brasileiros – os estrangeiros são bem mais flexíveis – querem escolher "filhos idealizados", como se fossem às compras e pudessem eleger os produtos almejados. Para adotar é preciso muito desprendimento e nenhum preconceito.

A adoção internacional é permitida, embora tenha sido bastante dificultada pelas leis brasileiras nos últimos tempos, o que nos parece irracional e ilógico. Prefere-se manter crianças e adolescentes em abrigos do que liberá-los para adoção internacional, como se houvesse uma *reserva de crianças ou jovens* para brasileiros.

2.11.7 Menores infratores

Mudando de enfoque, é preciso considerar o lado dos menores infratores. De acordo com o art. 228 da CF e com o art. 27 do CP, os menores de 18 anos são inimputáveis ou penalmente irresponsáveis. Entende-se não possuírem capacidade e maturidade suficientes para entender o caráter ilícito do que fazem; logo, no Brasil, não cometem crimes, mas *atos infracionais.* O ato infracional é a conduta descrita como crime ou contravenção penal, na legislação comum.

Os infratores podem receber as seguintes penalidades, chamadas *medidas socioeducativas*, após responderem, com todas as garantias conferidas a um adulto, a um devido processo legal, na Vara da Infância e Juventude: a) advertência; b) obrigação de reparar o dano; c) prestação de serviços à comunidade; d) liberdade assistida; e) inserção em regime de semiliberdade; f) internação em estabelecimento educacional, entre outras. A mais grave é a internação, pois equivale à *prisão* para o adulto.

III
DIREITO PRIVADO

1. CONCEITO DE DIREITO PRIVADO

Ao Direito concerne, no Estado Democrático de Direito, regular e compor todos os conflitos emergentes em sociedade. Por vezes, basta dirigir o procedimento de conciliação ou mediação e as partes saem satisfeitas; noutros casos, o Judiciário intervém de maneira diversa, por meio do direito de ação, para aplicar compulsoriamente as regras jurídicas. Como já vimos, conforme o destinatário das normas jurídicas, percebe-se a divisão entre o direito público e o direito privado.

O *direito privado* regula as relações entre particulares, predominando interesses disponíveis e individuais, abrangendo desde uma venda e compra de um bem, passando por contratos de prestação de serviços, pelo casamento, pelo direito à herança, até alcançar direitos empresariais e trabalhistas. Esta brevíssima síntese demonstra estar o direito privado dividido em *direito civil, direito comercial (ou empresarial), direito trabalhista e direito internacional privado.*

2. RAMOS DO DIREITO PRIVADO

2.1 Direito civil

O Direito Civil é o ramo do direito privado, cuja finalidade é regular, mediante normas expressas e implícitas, as relações individuais de particulares, abrangendo a personalidade, a família, a sucessão, o patrimônio, as obrigações e a responsabilidade civil.

Editou-se o Decreto-lei 4.657/42, denominado à época, *Lei de Introdução ao Código Civil Brasileiro*, contendo princípios e regras básicas para serem aplicadas a todo o ordenamento jurídico civil, embora fossem normas úteis para outros ramos do direito igualmente. A partir da Lei 12.376/2010, que reformulou o conteúdo do Decreto-lei 4.657/42, passou a denominar-se *Lei de Introdução às normas do direito brasileiro* – LINDB, alargando o seu grau de abrangência a vários outros ramos jurídicos. Convém, pois, fazer um breve relato da sua importância.

2.1.1 *Lei de Introdução às Normas do Direito Brasileiro*

O Decreto-lei 4.657/42, modificado pela Lei 12.376/2010, começa por indicar, no art. 1º, qual o prazo de *vacatio legis*, em geral, para todas as leis editadas no Brasil. Denomina-se *vacatio legis* o período de vacância, quando a lei já foi publicada e todos os brasileiros devem dela tomar ciência, mas ainda não está valendo.

Optou-se pelo prazo de 45 dias como tempo suficiente para a lei ser de todos conhecida (art. 1º, *caput*, da LINDB). Logicamente, trata-se de uma ficção legal, pois há inúmeras leis publicadas todos os dias e os brasileiros não as conhecem; apenas ouvem falar de algumas. Porém, não há outro modo de fazer as leis se tornarem divulgadas, afinal, o nosso direito é codificado (sistema do *civil law*), todo estruturado em Códigos e Leis Especiais, todos escritos.

Na verdade, o conteúdo das leis chega à sociedade pelo caminho da *informação*, que é transmitida pela imprensa, pela internet, pelas divulgações internas feitas por empresas, pelas escolas, pelas universidades, enfim, pelas leituras e por *ouvir dizer*. Quando se trata de uma lei muito relevante, a imprensa escrita e falada toca tanto no assunto que é quase impossível não chegar ao conhecimento da maioria dos brasileiros. É preciso lembrar que uma lei pode ser publicada com incorreção. Se, antes de entrar em vigor, a lei for novamente publicada com a devida correção, o prazo da *vacatio legis* começa a correr de novo (art. 1º, § 3º, da LINDB).

No entanto, publicada com erro, ao entrar em vigor, não há outra medida a não ser a edição de outra nova lei.

Outro fator interessante é a *definitividade* das leis, ou seja, a lei terá vigência até que outra a revogue ou altere. Como regra, as leis de todas as áreas do Direito entram em vigor por tempo indeterminado, até que outra a revogue de maneira explícita (colocando no texto da lei nova que a antiga não mais vigora) ou de modo implícito (contrariando integralmente o texto antigo).

Um dos aspectos mais controversos a enfrentar, como já mencionamos linhas acima, é ter a certeza de que o destinatário da norma tem conhecimento da sua existência. No sistema do direito codificado (direito escrito em lei e códigos), não há outra forma a não ser por presunção; a presunção de que, publicada a lei no Diário Oficial, as pessoas ficarão cientes. Por isso, o ordenamento jurídico preceitua que ninguém se escusa de cumprir a lei, alegando que não a conhece (art. 3º da LINDB). E, no campo penal, dá-se o mesmo.

No Código Penal, expressamente consta que o desconhecimento da lei é inescusável. Embora existam algumas alternativas, ao menos no campo penal, para se alegar erro de proibição (dizer ao juiz que não sabia ser proibida determinada conduta), essa escusa é raramente utilizada, até porque a informação, hoje, desloca-se muito rápido e chega às pessoas por incontáveis meios (um simples celular é capaz de transmitir informação em tempo real).

O direito codificado padece de alguns males, como a existência de lacunas (ausência de lei específica para disciplinar determinado caso concreto), mas, para suprir esses *vazios legislativos*, o juiz decidirá de acordo com a analogia, os costumes e os princípios gerais de direito (art. 4º da LINDB). No capítulo 1, abordamos esses institutos. De todo modo, na área civil, o magistrado não pode deixar de decidir um caso alegando ausência de lei normatizando o assunto. Ele deve valer-se de analogia, costumes e princípios gerais de direito para julgar a demanda. No campo penal, para a interpretação das normas pode-se utilizar os costumes e os princípios gerais de direito, mas a analogia, que é um procedimento de suprir lacunas, só pode ser usada se for em benefício do réu (*in bonam partem*). Isto porque, em penal, obedece-se, firmemente, ao princípio da legalidade: somente há crime se houver lei que o defina; só há pena se houver lei que a comine.

Como direito individual fundamental, a Constituição Federal, no art. 5º, XXXVI, estabelece que "a lei não prejudicará o direito adquirido, o ato jurídico perfeito e a coisa julgada". Seguindo essa linha, o art. 6º, *caput,* da LINDB, preceitua o mesmo: "a lei em vigor terá efeito imediato e geral, respeitados o *ato jurídico perfeito*, o *direito adquirido* e a *coisa julgada*".

INSTITUIÇÕES DE DIREITO PÚBLICO E PRIVADO · Nucci

O ato jurídico perfeito é o ato já consumado, conforme a lei vigente à época em que foi efetivado. O direito adquirido é aquele em relação ao qual o seu titular pode exercer, como aqueles cujo início do exercício tenha termo prefixado ou condição preestabelecida inalterável a arbítrio de outrem. A coisa julgada significa a imutabilidade de uma decisão judicial, da qual não se possa mais interpor recurso.

2.1.2 Personalidade e capacidade civil

Para a lei civil, a personalidade (ser alguém sujeito de direitos e deveres; ser pessoa aos olhos da lei) começa com o nascimento com vida (art. 2º do CC). Ressalva-se que, desde a concepção, a lei assegura alguns direitos ao nascituro (feto ou embrião, em gestação). Somente para ilustrar, o nascituro já pode receber doações (art. 542 do CC). No âmbito do direito penal, para servir de comparação, protege-se a vida do nascituro, vedando-se o aborto (arts. 124 a 126 do CP).

Vida intrauterina (nascituro)
Ex: proteção de direitos sucessórios, alimentos gravídicos.

Durante a vida
Ex: personalidade, casamento, propriedade, contratos etc.

Após a morte
Ex: sucessão por testamento (disposições de última vontade) ou por lei.

Quanto à capacidade para exercer os atos da vida civil, há os absolutamente incapazes (menores de 16 anos); os relativamente incapazes, em relação a determinados atos (maiores de 16 e menores de 18; os ébrios habituais e os viciados em tóxicos; os que não conseguem exprimir sua vontade por causa transitória ou permanente – por doença mental, por exemplo; os pródigos – são os que gastam tudo o que têm compulsoriamente) e os plenamente capazes (maiores de 18 anos).

O nascimento traz a personalidade; ela cessa com a morte. Quando o indivíduo desaparecer, constatando-se a sua ausência, permite-se a abertura da sucessão de seus bens, presumindo-se a sua morte. Além disso, pode ser declarada a morte presumida, sem afirmação de ausência, caso seja muito provável a morte de quem estava em perigo de vida; caso alguém, desaparecido em campanha ou feito prisioneiro, não seja encontrado até dois anos após o término da guerra. Por cautela, a declaração da morte presumida, nesses casos, somente poderá ser requerida depois de esgotadas as buscas e averiguações, devendo a sentença fixar a data provável do falecimento.

Denomina-se *comoriência*, quando dois ou mais sujeitos morrem na mesma ocasião, não se conseguindo demonstrar quem faleceu antes; presume-se a morte simultânea, sendo essas pessoas reciprocamente herdeiras.

Os direitos da personalidade humana são intransmissíveis e irrenunciáveis, não podendo o seu exercício sofrer limitação voluntária (art. 11 do CC). Um elemento muito relevante a considerar nesse campo concentra-se na disposição do próprio corpo; noutros termos, até que ponto a pessoa pode simplesmente dispor do seu corpo físico (vide o aspecto relacionado à mudança de sexo).

A lei civil preceitua que, salvo por exigência médica, é vedado o ato de disposição do próprio corpo, quando importar diminuição permanente da integridade física, ou contrariar os bons costumes. Ora, está-se estabelecendo uma regra no mínimo estranha, pois a *disposição do próprio corpo* estaria condicionada à integridade física e, pior, aos bons costumes. Há muito tempo, o Direito começou a livrar-se dessa expressão dúbia, denominada *bons costumes*; afinal, se existem os *bons*, na contramão, deve-se supor haver os *maus costumes*. Geralmente, quando normas jurídicas apontam os *bons costumes* terminam por se referir ao comportamento sexual, o que, nos dias atuais, é antiquado e inadequado.

178 | INSTITUIÇÕES DE DIREITO PÚBLICO E PRIVADO · Nucci

É preciso colocar um fim nessa matéria: *não existem bons ou maus costumes*. Pode-se dizer que há atos éticos e antiéticos, morais e imorais, mas costumes bons ou ruins são totalmente despropositados. Nem os civilistas, especializados na área do Direito Civil, conseguem dar exemplos críveis do que venha a ser, nesse contexto, *bons costumes*. Muitos deles confundem os tais *bons costumes* com atos legais; logo os maus costumes seriam os atos ilegais. Mas, assim sendo, não haveria a menor necessidade de se incluir no Código Civil a expressão obtusa "bons costumes". Ao menos na área penal, o Código livrou-se dos *bons costumes*, já não lidando com tal expressão.

Embora a lei civil repute válida a disposição gratuita do próprio corpo, no todo ou parcialmente, para depois da morte, com o fim científico ou altruístico, já havia lei anterior dispondo a respeito dos transplantes e da doação de órgãos a título gratuito. A ressalva é constituir crime *vender órgãos, tecidos ou material humano*.

Sob outro ângulo, ninguém pode ser constrangido a submeter-se, com risco de vida, a tratamento médico ou a intervenção cirúrgica (art. 15 do CC). Na realidade, essa norma civil precisa ser interpretada em confronto com o estado de necessidade, previsto no art. 24 do CP. Isto significa que, em quadro de urgência, para salvar a vida humana, os médicos podem, sim, promover qualquer tratamento ou intervenção de forma célere e imediata, mesmo contra a vontade do paciente. Entre o valor da vida e a autonomia da vontade, ainda prevalece o valor da vida. Afora o momento emergencial, prevalece a vontade de cada um, a respeito de haver tratamento ou intervenção cirúrgica.

2.1.3 Pessoa jurídica e domicílio

A pessoa jurídica é uma entidade, com finalidade própria, distinta da pessoa física que dela faça parte, a quem a lei atribui personalidade, tornando-a sujeito de direitos e deveres.

As pessoas jurídicas podem ser de direito público, interno ou externo, e de direito privado. São pessoas jurídicas de direito público interno: a) União; b) Estados, Distrito Federal e Territórios; c) Municípios; d) autarquias, inclusive as associações públicas; e) demais entidades de caráter público criadas por lei.

São pessoas jurídicas de direito público externo os Estados estrangeiros e todas as pessoas que forem regidas pelo direito internacional público.

São pessoas jurídicas de direito privado: a) associações; b) sociedades; c) fundações; d) organizações religiosas; e) partidos políticos; f) empresas individuais de responsabilidade limitada – EIRELI.

No específico caso das pessoas jurídicas de direito público interno, são elas civilmente responsáveis por atos dos seus agentes que nessa qualidade causem danos a terceiros, ressalvado direito regressivo contra os causadores do dano, se houver, por parte destes, culpa ou dolo. Noutros termos, haverá uma responsabilidade objetiva entre a pessoa jurídica de direito público interno e a pessoa prejudicada, de algum modo, por algum de seus agentes (haverá responsabilidade independentemente de se apurar dolo ou culpa, bastando provar o nexo causal entre a conduta do agente e o resultado danoso para outrem).

Reitera-se o conteúdo do art. 37, § 6º, da CF: "as pessoas jurídicas de direito público e as de direito privado prestadoras de serviços públicos responderão pelos danos que seus agentes, nessa qualidade, causarem a terceiros, assegurado o direito de regresso contra o responsável nos casos de dolo ou culpa" (responsabilidade objetiva). Porém, se a pessoa jurídica quiser obter ressarcimento pelo dano causado pelo seu agente, deve mover-lhe ação específica e, nesse caso, provar que ele agiu com dolo ou culpa (responsabilidade subjetiva).

DIFERENÇA ENTRE RESPONSABILIDADE CIVIL OBJETIVA E SUBJETIVA

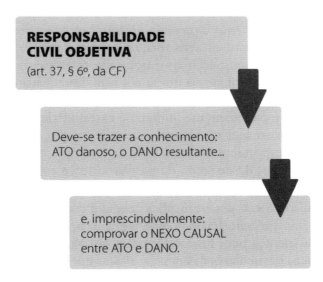

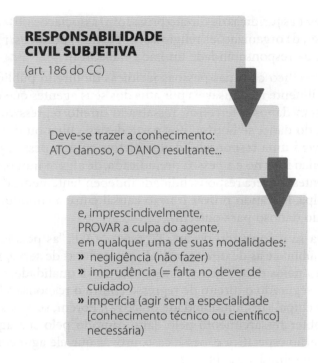

A pessoa jurídica tem o início da sua existência legal quando feita a inscrição do seu ato constitutivo no registro civil; após, todas as alterações que ocorrerem também serão devidamente registradas. Seria uma *certidão de nascimento*, com adendos toda vez que a pessoa jurídica alterar a sua constituição, os seus fins, os seus sócios etc. O registro, a lei civil, conterá a denominação, os fins, a sede, o tempo de duração e o fundo social, quando houver; o nome e a individualização dos fundadores ou instituidores, e dos diretores; o modo por que se administra e representa, ativa e passivamente, judicial e extrajudicialmente; se o ato constitutivo é reformável no tocante à administração, e de que modo; se os membros respondem, ou não, subsidiariamente, pelas obrigações sociais; as condições de extinção da pessoa jurídica e o destino do seu patrimônio, nesse caso.

O administrador da pessoa jurídica deve agir conforme o estatuto que a regula e os fins que a norteiam. Como regra, os bens da pessoa jurídica devem ser suficientes para responder pelas obrigações contraídas, sem envolver os bens particulares das pessoas físicas que a compõem (sócios).

Mas, o art. 50 do CC permite a *desconsideração da pessoa jurídica (disregard of legal entity)*, quando houver abuso, caracterizado pelo desvio de finalidade ou pela confusão com o patrimônio dos sócios. Nessas hipóteses, determinados efeitos de algumas obrigações podem ser estendidos aos bens particulares dos administradores ou sócios da pessoa jurídica. O fim desta se dá por dissolução, registrando-se no cartório respectivo (onde se inscreveu o seu nascimento), cancelando-se a sua inscrição.

A maior parte das pessoas jurídicas tem fins lucrativos, atuando no cenário comercial. Porém, existem as *associações* (união de pessoas organizadas para fins não econômicos, logo, não visando ao lucro). Muitas ONGs (organizações não governamentais), que cuidam de atividades sociais e benemerentes, são associações civis.

Outra espécie de pessoa jurídica é a *fundação*, que pode ser de direito privado ou público, cuidando-se de um acervo de bens, criado pelo seu instituidor, para atender a alguma finalidade, declarada no ato de sua instituição.

Considera-se *domicílio* da pessoa natural o local onde ela fixa a sua residência com ânimo definitivo (art. 70 do CC). É o que se denomina de *sede jurídica*, ou seja, onde ela mais pode ser encontrada do que em outro lugar. Mas há, ainda, o conceito de *residência*, que também é o lugar onde a pessoa natural habita, embora possa ali estar só de maneira transitória. Ilustrando, Fulano pode residir na cidade X, mas também na cidade Y, onde mantém uma casa de veraneio. No entanto, o seu domicílio é na cidade X, onde ele realmente habita com ânimo definitivo.

Porém, o art. 71 demonstra que caso a pessoa natural tenha diversas residências, onde, alternadamente, viva, considerar-se-á domicílio seu qualquer delas. No caso de Fulano, ao passar temporadas na sua casa de veraneio, ele também pode considerá-la seu domicílio. Há de se considerar, também, o domicílio profissional, local onde a pessoa natural exerce a sua atividade laborativa (art. 72 do CC). Quem não tem residência habitual, terá por seu domicílio qualquer local onde puder ser encontrada (art. 73 do CC).

No caso das pessoas jurídicas, o domicílio é da União, o Distrito Federal, dos Estados e Territórios, as respectivas capitais; do Município, o lugar onde funcione a administração municipal; das demais pessoas jurídicas, o lugar onde funcionarem as respectivas diretorias e administrações, ou onde elegerem domicílio especial no seu estatuto ou atos constitutivos (art. 75, incisos I a IV, do CC).

Se a pessoa jurídica possuir diversos estabelecimentos em diferentes locais, cada um deles é considerado domicílio para os atos ali praticados (art. 75, § 1º, do CC). No art. 78, vislumbra-se a possibilidade de, em contratos escritos, as partes especificarem um domicílio para o cumprimento de direitos e obrigações. É o chamado *foro de eleição*, pois neste local deverá ser ajuizada qualquer demanda para discutir os termos contratuais.

2.1.4 Bens imóveis e móveis

O termo *bem*, entendido como algo que desperta o interesse de alguém ou o direito pertencente a uma pessoa, é utilizado em inúmeras áreas jurídicas. Geralmente, ele vem acompanhado do termo *jurídico*, pois significa um *bem lícito*, passível de tutela pelo ordenamento. Afinal, de outro ponto de vista, há os *bens ilícitos*, que, embora despertem o interesse de alguns, o Estado não os reconhece como *jurídicos*; eis por que muitos são de origem criminosa, tal como as drogas ilegais (maconha, cocaína, heroína etc.). Nota-se, portanto, que ser apenas um *bem*, com valor econômico, não significa constituir um *bem jurídico*.

O patrimônio de uma pessoa física ou jurídica, entendido como o conjunto de suas riquezas, possuidoras de valor econômico, pode ser composto por bens imóveis e móveis. São imóveis o solo e tudo quanto se lhe incorporar natural ou artificialmente (art. 79 do CC). Em face dessa definição, pode-se considerar imóvel tanto a árvore, plantada no solo, quanto a casa nele construída. Para efeitos legais, mas dissociado do conceito naturalístico, também são considerados imóveis os direitos reais sobre imóveis e as ações que os asseguram (ex.: a posse de um imóvel); o direito à sucessão aberta (os bens que estão sendo inventariados, porque alguém faleceu e deixou sucessores), conforme art. 80 do CC.

Não perdem o perfil de imóveis as edificações que, separadas do solo, mas conservando a sua unidade, forem removidas para outro local e os materiais provisoriamente separados de um prédio, para nele se reempregarem. É interessante anotar que o conceito de imóveis, para fins civis, pode divergir de outras áreas do Direito, como acontece no cenário penal. Para ser objeto de furto (coisa móvel), considera-se todo bem passível de remoção de um lugar a outro. Então, os materiais provisoriamente separados de um prédio, desde que possam ser carregados para outro lugar, são tidos por bens móveis para efeito penal.

No entanto, o disposto no Código Civil harmoniza-se com o conceito de *bem móvel* do Direito Penal, vale dizer, são móveis os bens suscetíveis de movimento próprio, ou de remoção por força alheia, sem alteração da substância ou da destinação econômico-social. Para efeitos legais, entram na categoria de móveis as energias que tenham valor econômico (energia elétrica ou solar, por exemplo), os direitos reais sobre objetos móveis e as ações correspondentes (ilustrando, o penhor) e os direitos pessoais de caráter patrimonial e respectivas ações (direito autoral, por exemplo).

Outras classificações de bens:

a) *fungível:* o bem móvel que pode ser substituído por outro da mesma espécie, quantidade e qualidade, como o dinheiro (art. 85 do CC);

b) *consumível:* o móvel cuja utilização gera a sua destruição imediata, conforme art. 86 do CC (alimentos, por ilustração);

c) *divisível*: o que pode ser fracionado, sem modificar a sua essência, diminuir muito o seu valor ou causar prejuízo aos que dele se valem (art. 87 do CC);

d) *singular*: embora reunido a outro, é considerado individualmente (ilustrando, materiais de construção), conforme art. 89 do CC;

e) *coletivo*: é uma universalidade de bens singulares, pertencentes a uma pessoa, com destino único, como expõe o art. 90 do CC (um rebanho, por exemplo);

f) *principal*: é o bem que vale por si, nos campos abstrato e concreto, como um veículo, ilustrando (art. 92 do CC);

g) *acessório*: é o bem que depende do principal, supondo a sua existência para ter algum valor, como a roda de um veículo (art. 92 do CC);

h) *pertença*: é o bem cujo destino é o uso, serviço ou embelezamento de outro, de maneira duradoura, como a mobília da sala de uma casa (art. 93 do CC).

Benfeitorias

Algo relevante é o reconhecimento das benfeitorias (consertos e modificações em determinado bem, resultando em ganho para o proprietário), que se dividem em *voluptuárias* (puro embelezamento ou recreio), *úteis* (facilitam ou elevam a capacidade de uso do bem) e *necessárias* (conservam e impedem a deterioração do bem), conforme se constata do art. 96 do Código Civil.

Essas diferenças auxiliam a realização de determinados tipos de contrato, como os de locação de bens imóveis, estipulando quais benfeitorias estão autorizadas ao locatário e quais ele perde o seu valor, se as fizer contra a vontade do locador.

Como regra, o locatário pode realizar benfeitorias necessárias, pois evitam a perda do bem imóvel que ele ocupa e paga por isso. Sob outro prisma, as úteis e as voluptuárias precisam de autorização do locador, sob pena de se incorporarem ao imóvel e quem as fez não ser indenizado. Aliás, em alguns contratos, as benfeitorias voluptuárias são até proibidas, sem prévia autorização do dono do imóvel. Afinal, o que é bonito para uma pessoa pode não ser para outra.

QUADRO CLASSIFICATÓRIO E EXEMPLIFICATIVO DE BENFEITORIAS

Necessária	Útil	Voluntária
» À conservação » Exemplos: troca de calhas numa casa (a fim de evitar umidade e/ou infiltrações nas paredes); troca do telhado.	» Aumenta a utilidade » Exemplo: desfazimento de jardim e transformar a área em garagem.	» Aformoseamento » Exemplos: construção de jardim de inverno; construção de um chafariz no jardim (ambos elementos decorativos).

Bens públicos

Constituem bens públicos os que forem de domínio nacional, pertencentes às pessoas jurídicas de direito público interno (União, Estados, Municípios, Distrito Federal etc.), nos termos do art. 98 do CC.

Eis uma relação de bens públicos: a) os de uso comum do povo, tais como rios, mares, estradas, ruas e praças; b) os de uso especial, tais como edifícios ou terrenos destinados a serviço ou estabelecimento da administração federal, estadual, territorial ou municipal, inclusive os de suas autarquias; c) os dominicais, que constituem o patrimônio das pessoas jurídicas de direito público, como objeto de direito pessoal, ou real, de cada uma dessas entidades (art. 99 do CC). É relevante identificar o bem público, pois ele é inalienável, enquanto conservar essa destinação, na forma da lei (art. 100 do CC).

2.1.5 Fatos e negócios jurídicos

Considera-se *fato*, em sentido amplo, um resultado naturalístico qualquer (se cai um raio de destrói o telhado de uma casa; se alguém joga pedras e destrói o telhado de uma casa: ambos são fatos). Entretanto, o *fato jurídico* é aquele abrangido pelo Direito, provocando alguma consequência na esfera de interesse de alguma pessoa. Esses fatos jurídicos podem advir de um negócio jurídico (avença entre duas ou mais pessoas, que se expressam pela convergência de vontades), de um ato jurídico (manifestação de vontade de conteúdo lícito) ou de um ato ilícito (conduta humana proibida pelo Direito).

Quanto ao negócio jurídico, requer-se *agente capaz* (como regra, maior de 18 anos em gozo de suas faculdades mentais), *objeto lícito* (o objetivo do negócio precisa ser aprovado pelo ordenamento jurídico) e *forma prescrita em lei ou não vedada* (alguns negócios exigem o formato indicado em lei para a sua realização, como a venda e compra de um imóvel) (art. 104 do CC). Registre-se uma forma imprescindível para a validade dos negócios jurídicos: é essencial a escritura pública para a constituição, transferência, modificação ou renúncia de direitos reais sobre imóveis de valor superior a 30 vezes o maior salário mínimo vigente no País (art. 108 do CC).

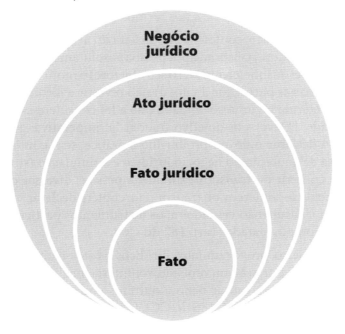

Dentre outras hipóteses, o Código Civil considera um negócio jurídico defeituoso, sujeito à anulação, quando: a) houver declaração de vontade maculada por erro substancial (importante para a natureza do negócio; ligar-se à identidade ou à qualidade de pessoa, que manifestou sua vontade; referir-se a direito), nos termos dos arts. 138 e 139. Os negócios jurídicos são, também, anuláveis por dolo, quando este for a sua causa (art. 145 do CC). O *dolo* é um termo comum ao Direito Civil e ao Penal, mas com significados diversos. No campo penal, trata-se da vontade consciente de praticar uma conduta típica, vale dizer, em sentido amplo, um delito. No campo civil, é a utilização de um engodo ou instrumento fraudulento para levar alguém a erro, resultando em algo que o prejudica, sendo benéfico a quem atua com dolo.

Outro fator, que pode levar à anulação do negócio jurídico é o uso da *coação* (constrangimento físico ou moral em relação a alguém, capaz de levá-lo a realizar um negócio jurídico). Outras causas para invalidar um negócio: *estado de perigo* (alguém é pressionado pela necessidade de se salvar – ou familiar – de um grave dano, assumindo obrigação muito onerosa), conforme art. 156 do CC; *lesão* (alguém, por necessidade ou inexperiência, obriga-se a uma prestação desproporcional em relação ao valor da contraprestação), conforme art. 157, *caput*, do CC; *fraude contra credores* (negócio praticado por um devedor já insolvente ou por esse negócio reduzido à insolvência), nos termos do art. 158 do CC.

O negócio jurídico, conforme se constata do art. 166 do CC, é considerado nulo, quando: a) celebrado por pessoa absolutamente incapaz; b) for ilícito, impossível ou indeterminável o seu objeto; c) o motivo determinante, comum a ambas as partes, for ilícito; d) não revestir a forma prescrita em lei; e) for preterida alguma solenidade que a lei considere essencial para a sua validade; f) tiver por objetivo fraudar lei imperativa; g) a lei taxativamente o declarar nulo, ou proibir-lhe a prática, sem cominar sanção. Outra causa de anulação do negócio jurídico é a simulação (situações que aparentam conferir ou transmitir direitos a pessoas diversas daquelas às quais realmente se conferem, ou transmitem; contém declaração, confissão, condição ou cláusula não verdadeira; os instrumentos particulares forem antedatados, ou pós-datados (art. 167 do CC).

Por derradeiro, provocam fatos jurídicos os atos ilícitos. Nos termos da lei civil, quem, por ação ou omissão voluntária, negligência ou imprudência, violar direito e causar dano a outrem, ainda que exclusivamente moral, comete ato ilícito (art. 186 do CC). O vetor da vontade humana no

CAP. III • DIREITO PRIVADO | **187**

Direito Civil é muito mais brando do que no âmbito penal. Basta *querer* ou *agir descuidadamente* (imprudência), gerando lesão a outrem e está configurado o ato ilícito, suscetível de reparação.

2.1.6 Prescrição e decadência

Na esfera civil, esses dois institutos têm conteúdos diferentes do que na órbita penal. Considera-se *prescrição* o decurso de determinado período, que impede o exercício do direito de ação; considera-se *decadência* a perda do direito material em razão do decurso do tempo. Na esfera penal é exatamente o oposto: a prescrição extingue o direito de punir do Estado (*jus puniendi*); a decadência elimina a viabilidade de propositura de ação penal privada (queixa).

DIFERENÇA ENTRE PRESCRIÇÃO E DECADÊNCIA NO DIREITO CIVIL	
Prescrição	Perda do direito de **ingressar com ação judicial.** Exemplos: a) prescreve em **3 anos** o direito de cobrar judicialmente **aluguéis de prédios** (urbanos ou rústicos), b) prescreve em **5 anos** o direito de ingressar com ação de cobrança referente a honorários de **profissionais liberais** (advogados, curadores, contadores etc.).
Decadência	É a perda do direito propriamente dito pelo seu **não exercício**.

2.1.7 Obrigações

2.1.7.1 Conceito

O direito das obrigações consiste em ramo do direito civil, voltado a regular as relações jurídicas entre duas ou mais partes, cujo objeto é uma prestação de fundo econômico, com caráter variado. Na visão de Washington de Barros Monteiro, "é uma relação jurídica, de caráter transitório, estabelecida entre devedor e credor e cujo objeto consiste numa prestação pessoal econômica, positiva ou negativa, devida pelo primeiro ao segundo, garantindo-lhe o adimplemento por meio de seu patrimônio"[1]. Em suma, cuida-se da relação estabelecida entre credor (beneficiário da obrigação) e devedor (quem deve cumprir a obrigação). As fontes das obrigações podem ser os contratos, os atos unilaterais de vontade e os atos ilícitos.

ESQUEMA DAS OBRIGAÇÕES

2.1.7.2   Espécies de obrigações

São espécies de obrigações:

a) *obrigação de dar coisa certa*: o credor paga um preço e o devedor fica obrigado a lhe entregar um determinado veículo, tal como estipulado no contrato de venda e compra (arts. 233 a 242 do CC);

b) *obrigação de dar coisa incerta*: consiste na entrega de algo indeterminado, mas determinável; não pode tratar-se de alguma coisa completamente imponderável, pois seria impossível cumprir a obrigação. Por isso, o art. 243 do CC preceitua que "a coisa incerta será indicada, ao menos, pelo gênero e pela quantidade". Cria-se a obrigação incerta por contrato, por exemplo, para a compra de um filhote macho da raça Rottweiler do cruzamento dos cães X e Y. Determina-se o gênero e a quantidade, mas é incerto que nasça um filhote macho (ver, ainda, os arts. 244 a 246, do CC);

c) *obrigação de fazer*: significa que o devedor deve realizar algum trabalho que somente a ele compete e foi escolhido justamente por particularidades suas (ilustrando, o dever de uma determinada banda comparecer em uma festa para animar os convidados). Nos termos do art. 247 do CC, "incorre na obrigação de indenizar perdas e danos o devedor que recusar a prestação a ele só imposta, ou só por ele exequível" (conferir os arts. 248 e 249 do CC);

---

1.   *Apud* Maria Helena Diniz, *Dicionário jurídico*, v. 3, p. 463.

d) *obrigação de não fazer*: cabe ao devedor, nesta hipótese, abster-se da prática de certa conduta; a omissão do devedor é o "ganho" do credor, como ocorre na hipótese de não concorrência. Ilustrando, vende-se um determinado negócio, obrigando-se o vendedor a não se instalar naquela região ou cidade, promovendo idêntico negócio, a fim de *não concorrer* com o comprador (checar arts. 250 e 251 do CC);

e) *obrigação alternativa*: o cumprimento da obrigação, pelo devedor, dá-se de maneira alternativa, podendo ele optar entre uma coisa e outra. Pode-se estabelecer que o credor escolha uma coisa ou outra (art. 252, *caput*, do CC). Exemplo: estipula-se, por contrato, ter o credor o direito de escolher uma fêmea ou um macho da ninhada aguardada do casal X e Y, desde que seja o primeiro comprador a fazer a referida opção (conferir, ainda, os arts. 252 a 256 do CC);

f) *obrigação divisível e indivisível:* no primeiro caso, a prestação devida pode ser cumprida parcialmente, no campo econômico, sem prejuízo de sua substância e de seu valor. Maria Helena Diniz ilustra: se *A*, *B* e *C* devem a *D* a quantia de R$ 300.000,00, o débito será partilhado em partes iguais entre os três devedores (cada um pagará R$ 100.000,00 ao credor); se *A* deve a *B*, *C* e *D* a quantia de R$ 60.000,00, pagará a cada um dos credores a quantia de R$ 20.000,00.[2] No segundo caso (obrigação indivisível), a prestação deve ser cumprida por inteiro; se fosse realizada em partes, o credor não teria ganho ou utilidade. Hamid Charaf Bdine Jr. fornece um bom exemplo: contrata-se uma banda para um evento; não adianta a apresentação parcelada de dois músicos; depois, outros dois e, finalmente, mais três. A banda é composta e assim conhecida (por inteiro) por 7 integrantes[3] (ver os arts. 257 a 263 do CC);

g) *obrigação solidária*: é assim considerada a obrigação devida a mais de um credor ou atribuída a mais de um devedor, cada qual com direito à dívida total (art. 264 do CC). A solidariedade não se presume; decorre de lei ou da vontade das partes (art. 265 do CC). Exemplo: o devedor *A* emite um título de crédito avalizado por *B*; vencido, o credor pode cobrar o total tanto de *A* quanto de *B*. No campo da solidariedade, há a ativa e a passiva: g.1) *obrigação solidária ativa*: há vários credores e um devedor; um dos credores pode demandar o pagamento integral do devedor e depois

---

2.   *Dicionário jurídico*, v. 3, p. 468.
3.   In: Peluso, *Código Civil comentado*, p. 175.

190 | INSTITUIÇÕES DE DIREITO PÚBLICO E PRIVADO · Nucci

partilhar com os outros credores (arts. 267 a 274; g.2) *obrigação solidária passiva*: há vários devedores e o credor pode demandar o total da dívida de um só deles, se desejar (arts. 275 a 285 do CC);

h) *obrigação* "propter rem": é uma obrigação de caráter misto (pessoal e real), tratando-se de "figura autônoma, situada entre o direito real e o pessoal, já que contém uma relação jurídico-real em que se insere o poder de reclamar certa prestação positiva ou negativa do devedor. É uma *obrigação acessória mista*, por vincular-se a direito real, objetivando uma prestação devida ao seu titular". Exemplo: a dívida do condômino para com o condomínio; ele deve porque é proprietário do imóvel, ao mesmo tempo em que contribui para manter a coisa comum.

2.1.7.3 Transmissão de obrigações

Quanto à transmissão das obrigações, há, basicamente, duas maneiras:

a) *cessão de crédito*: o credor cede o seu crédito, se a isso não se opuser a natureza da obrigação, a lei, ou a convenção com o devedor; a cláusula proibitiva da cessão não poderá ser oposta ao cessionário de boa-fé, se não constar do instrumento da obrigação (art. 286 do CC). Exemplos de cessão: o juiz transfere o crédito do falecido ao herdeiro; uma dívida representada por um título de crédito, como regra, é transmissível a outrem. Exemplo de impedimento de cessão: o crédito decorrente de pensão alimentícia, visto ser natureza pessoal e pode até mesmo acarretar a prisão do devedor (conferir, também os arts. 287 a 298 do CC);

b) *assunção de dívida*: faculta-se a terceiro assumir a obrigação do devedor, com o consentimento expresso do credor, ficando exonerado o devedor primitivo, salvo se aquele, ao tempo da assunção, era insolvente e o credor o ignorava (art. 299, *caput*, do CC). A transmissão da dívida para outra pessoa depende do consentimento do credor, porque, afinal, houve confiança na realização do negócio, isto é, o credor acreditou no devedor (conferir os arts. 299, parágrafo único, a 303 do CC).

2.1.7.4 Adimplemento e extinção das obrigações

Sobre o adimplemento e a extinção das obrigações, a forma mais usual se dá pelo *pagamento*. Espera-se, por óbvio, que o próprio devedor satisfaça o credor, pagando sua dívida. Entretanto, qualquer interessado na extinção da dívida pode pagá-la, usando, se o credor não concordar, dos meios conducentes à exoneração do devedor (art. 304, *caput*, do CC). Exemplo: o pai pode quitar a dívida assumida pelo filho. Pode fazê-lo diretamente ao credor, sem necessidade de entregar o montante ao filho para que este encaminhe ao credor (conferir, também, os arts. 305 a 307 do CC). Sob outro prisma, o devedor deve saber a quem efetua o pagamento, pois "quem paga errado, paga duas vezes". O pagamento deve ser feito ao credor ou a quem de direito o represente, sob pena de só valer depois de por ele ratificado, ou tanto quanto reverter em seu proveito (arts. 308 a 312 do CC).

Para a extinção da obrigação, o devedor precisa entregar exatamente a prestação combinada, pois o credor não é obrigado a receber prestação diversa da que lhe é devida, ainda que mais valiosa (art. 313 do CC; ver, também, arts. 314 a 326). Como regra, o pagamento será realizado no domicílio do devedor, a menos que os envolvidos no negócio disciplinem de forma diversa ou o faça a lei, a natureza da obrigação ou certas circunstâncias, como prevê o art. 327 do CC (conferir os arts. 328 a 330). Convém às partes envolvidas no negócio que estabeleçam exatamente a data do pagamento. Se isto não for feito, o credor pode exigi-lo a qualquer tempo (art. 331 do CC; ver, também, os arts. 332 e 333).

Por vezes, o credor recusa-se a receber o pagamento, por razões diversas, mas sem respaldo legal. Se isto ocorrer, o devedor pode fazer o *pagamento em consignação*. Reputa-se pagamento, extinguindo a obrigação, o depósito judicial ou em estabelecimento bancário da coisa devida, nos casos e forma legais (art. 334, CC).

São hipóteses, autorizando a consignação: a) se o credor não puder, ou, sem justa causa, recusar receber o pagamento, ou dar quitação na devida forma; b) se o credor não for, nem mandar receber a coisa no lugar, tempo e condição devidos; c) se o credor for incapaz de receber, for desconhecido, declarado ausente, ou residir em lugar incerto ou de acesso perigoso ou difícil; d) se ocorrer dúvida sobre quem deva legitimamente receber o objeto do pagamento; e) se pender litígio sobre o objeto do pagamento (art. 335 do CC; ver, também, os arts. 336 a 345).

Há uma modalidade de pagamento, denominada *pagamento com sub--rogação*. Esta se realiza, de pleno direito, em favor do credor que paga a dívida do devedor comum; do adquirente do imóvel hipotecado, que paga a credor hipotecário, bem como do terceiro que efetiva o pagamento para não ser privado de direito sobre imóvel; do terceiro interessado, que paga a dívida pela qual era ou podia ser obrigado, no todo ou em parte". (art. 346 do CC). Como acentua Bdine Jr., "ocorre a sub-rogação sempre que alguém passa a ocupar a posição de outra pessoa em determinada relação jurídica (...). A regra não é taxativa, pois não há razão de ordem pública que impeça a criação de outros casos de sub-rogação, com amparo na autonomia privada – a liberdade das pessoas de dispor sobre sua própria esfera de direitos e deveres (...)".[4] Conferir os arts. 347 a 351 do CC.

Denomina-se *imputação do pagamento* a indicação de qual débito está sendo pago, quando o devedor possuir mais de um, da mesma natureza, desde que líquidos e vencidos, a um só credor (art. 352 do CC). Se não indicar, aceitando a quitação de uma delas, não poderá reclamar contra a indicação feita pelo credor, a menos que prove ter havido o emprego de violência ou dolo (art. 353 do CC). Conferir, também, os arts. 354 e 355 do CC.

Considera-se *dação em pagamento*, quando o credor aceita receber prestação diversa da que lhe é devida (art. 356 do CC). Se o devedor há de se entregar uma marca de veículo, mas o credor aceita outra, como exemplo. Checar, ainda, os arts. 357 a 359.

Ainda no âmbito do pagamento, denomina-se *novação* a substituição de uma obrigação por outra; finda a primeira, remanesce a segunda. São hipóteses: a) quando o devedor contrai com o credor nova dívida para extinguir e substituir a anterior; b) quando novo devedor sucede ao antigo, ficando este quite com o credor; c) quando, em virtude de obrigação nova, outro credor é substituído ao antigo, ficando o devedor quite com este (art. 360 do CC). Ver, ainda, os arts. 361 a 367 do CC.

Ocorre a *compensação* se duas pessoas forem ao mesmo tempo credor e devedor uma da outra, as duas obrigações extinguem-se, até onde se compensarem. Eis um instituto viável em Direito Civil, mas inaceitável na área criminal. No âmbito civil, se *A* deve R$ 500,00 a *B* e este passa a dever R$ 500,00 a *A*, inexiste razão plausível para que ambos "paguem um ao outro". As dívidas compensam-se. Na esfera penal, se duas pessoas causam lesões recíprocas, por dolo ou culpa, ambas respondem pelo que fizeram; inexiste compensação. Conferir, ainda, os arts. 369 a 380 do CC.

O instituto da *confusão* aponta a extinção da obrigação, quando, na mesma pessoa, confundem-se as qualidades de credor e devedor (art. 381 do CC). Exemplo: "o devedor é o único sucessor do credor e sobrevém a morte deste último. Nesse caso, o crédito do credor será transmitido ao devedor, que, em consequência, será credor e devedor de si mesmo em

---

4.   In: Peluso, *Código Civil comentado*, p. 246.

relação à mesma obrigação, que será considerada extinta nos termos deste dispositivo. A confusão é meio legal de extinção da dívida, de maneira que será reconhecida mesmo que não haja intenção das partes ou manifestação de vontade nesse sentido".[5] Ver, também, os arts. 382 a 384.

A *remissão de dívida* significa a extinção da obrigação de cumprir a prestação, embora sem ter havido o pagamento. O credor *perdoa* a dívida, aceitando o devedor essa postura. Conferir arts. 385 a 388 do CC.

Quando ocorre o inadimplemento da obrigação, podem advir várias consequências. Em geral, "não cumprida a obrigação, responde o devedor por perdas e danos, mais juros e atualização monetária segundo índices oficiais regularmente estabelecidos, e honorários de advogado" (art. 389 do CC). Conferir os arts. 390 a 393 do CC.

Denomina-se *mora* a situação gerada pelo devedor que não efetua o pagamento na data aprazada ou o credor que se recusa a receber a prestação na época, local e forma combinada ou fixada em lei (art. 394, CC). Portanto, há viabilidade de *mora* para os dois lados da relação jurídica. Verificar, ainda, os arts. 395 a 401, CC.

Consideram-se *perdas e danos* além do que efetivamente é devido ao credor, também o que ele razoavelmente deixou de ganhar em face do atraso do devedor (art. 402 do CC). O pagamento de perdas e danos é uma forma de reparação, motivo pelo qual se inclui a atualização monetária, abrangendo juros, custas e honorários advocatícios. Checar os arts. 403 a 405 do CC.

Cláusula penal é uma pena ou multa instituída em favor de quem descumpre o negócio firmado. É importante observar que o valor cominado à cláusula penal não pode ser superior ao montante da obrigação principal (art. 412 do CC), pois, se fosse viável, seria mais vantajoso provocar o descumprimento do contrato do que adimpli-lo. Não se pode privilegiar a má-fé. Essa pena ou multa é uma obrigação acessória, prevista nos arts. 408 a 416 do CC.

Em negócios jurídicos, é comum o pagamento de arras ou sinal para segurar a avença tal como inicialmente pactuado. Pode ser um adiantamento em dinheiro ou a entrega de alguma coisa móvel. A providência destina-se a não permitir o lucro exagerado de uma parte sobre a outra. Conferir, ainda, os arts. 418 a 420 do CC.

---

5. Bdine Jr., in: Peluso, *Código Civil comentado*, p. 271.

2.1.8 Contratos

2.1.8.1 Conceito

No Brasil, como regra, prevalece a plena liberdade de contratar *em razão e nos limites da função social do contrato* (art. 421 do CC). O contrato é um negócio jurídico entre duas ou mais partes, disciplinando obrigações, conforme a sua natureza. Deve respeitar a vontade convergente das pessoas envolvidas, desejando *fechar o negócio*, pois, afinal, o contrato *faz lei entre as partes* (*pacta sunt servanda*).

2.1.8.2 Requisitos do contrato

Como bem esclarece Maria Helena Diniz, "num contrato, as partes contratantes acordam que se devem conduzir de determinado modo, uma em face da outra, combinando seus interesses, constituindo, modificando ou extinguindo obrigações".[6]

Segundo a autora, em síntese, são requisitos subjetivos dos contratos:

a) *existência de duas ou mais partes*; afinal, sendo um negócio, não se admite apenas uma parte envolvida;

b) *capacidade civil* para contratar (como regra, um menor de 16 anos não pode fazê-lo validamente, por exemplo);

c) *autorização para a contratação* (ex.: venda e compra entre ascendente e descendente, havendo outros descendentes depende da concordância destes);

d) *consentimento válido dos envolvidos* (ex.: não pode o negócio ser fruto de vícios de vontade, como dolo, coação etc.).

São requisitos objetivos:

a) *licitude do seu objeto* (ex.: não há, como negócio jurídico, um contrato de venda e compra de drogas ilícitas). Afirma-se que o contrato não pode ferir a lei, a moral, os princípios da ordem pública e os bons costumes. Nesse aspecto, é preciso avançar, pois o envolvimento de moral e bons costumes termina por engessar a possibilidade de negociação de assuntos presentes no cotidiano das pessoas, resultando prejuízo para as pessoas. Um exemplo é o contrato de prestação de serviço de prostituição. Esta, individualmente realizada, é penalmente irrelevante. Por que haveria

---

6. *Curso de direito civil brasileiro*, v. 3, p. 31.

de ser considerado um negócio civilmente ilícito? Somente porque fere a moral ou os bons costumes sexuais, algo que muda rapidamente com o passar do tempo, tanto assim que há inúmeros países no mundo que legalizaram e regulamentaram a prostituição, inclusive como atividade empresarial. Por certo, existem outros países que ainda a consideram um crime, mesmo quando realizada individualmente. Essa oscilação precisa ser observada no campo civil, mormente num país como o Brasil, cuja Constituição Federal tende a preservar a intimidade e a vida privada das pessoas, não cabendo ao Estado intervir nesse aspecto. Já existem julgados de tribunais, inclusive do Superior Tribunal de Justiça, considerando a prostituição uma atividade lícita; portanto, o negócio entre profissional do sexo e cliente seria válido;

b) *possibilidade jurídica e física do objeto* (ex.: venda e compra da Lua não constitui negócio jurídico válido);

c) *determinação do objeto*, que precisa ser certo ou, caso seja indeterminado, necessita ser determinável (ex.: pode-se comprar toda a colheita de café, embora não se saiba quanto isto significa, dependendo do caso concreto);

d) *objeto economicamente ponderável*; aos negócios espelhados em contratos precisam ter algum significado no universo econômico (ex.: não se presta, como regra, a um contrato a venda e compra de um guardanapo; mas se este objeto tiver pertencido a uma celebridade, passa a ter valor econômico).[7]

O Código Civil estabelece regras gerais para os contratos, que são, basicamente, as seguintes:

a) os contratantes devem agir conforme os princípios de probidade e boa-fé (art. 422);

b) em contrato de adesão (é o contrato em que uma das partes o elabora, sendo que a(s) outra(s) somente adere(m), sem discutir seus termos), cláusulas ambíguas ou contraditórias devem ser interpretadas em favor do aderente (art. 423). Nos termos do art. 54 do Código de Defesa do Consumidor, "contrato de adesão é aquele cujas cláusulas tenham sido aprovadas pela autoridade competente ou estabelecidas unilateralmente pelo fornecedor de produtos ou serviços, sem que o consumidor possa discutir ou modificar substancialmente seu conteúdo";

---

7. *Curso de direito civil brasileiro*, v. 3, p. 35-38.

c) em contrato de adesão, são consideradas nulas as cláusula estipuladoras de renúncia antecipada do aderente a direito resultado da natureza do negócio (art. 424);

d) é lícito firmar contratos atípicos (sem uma forma legal expressa), desde que observadas as regras gerais da lei civil (art. 425); e) é vedado o contrato cuidando de herança de pessoa viva (chamado *pacto corvino*) (art. 426).

2.1.8.3   Formação do contrato

Para a formação dos contratos, devem-se respeitar alguns pontos essenciais:

a) como regra, feita a proposta de contrato, o proponente está a ela obrigado, salvo se inserida alguma exceção (art. 427 do CC);

b) a proposta perde a obrigatoriedade se, feita pessoalmente, não foi aceita de pronto; se feita a pessoa ausente, sem prazo, decorrer tempo suficiente para chegar a resposta a quem propôs; se realizada a pessoa ausente, não se responde no prazo dado; se antes ou simultaneamente chegar ao destinatário a retratação do proponente (art. 428 do CC);

c) equivale à proposta a oferta feita ao público (ex.: oferta de recompensa por achar um animal perdido) (art. 429 do CC);

d) a aceitação feita fora do prazo, contendo alterações, importará outra proposta (art. 431 do CC);

e) desconsidera-se a aceitação se, antes de chegar ou junto com ela, chegar ao proponente a retratação do aceitante (art. 433 do CC);

f) considera-se celebrado o contrato no lugar em que foi proposto (art. 435 do CC).

2.1.8.4   Vícios redibitórios

Em matéria contratual, é importante destacar o papel dos denominados *vícios redibitórios* (são os defeitos ocultos da coisa objeto do contrato, tornando-a imprópria ao uso ou diminuindo-lhe o valor, conforme art. 441 do CC). Assim acontecendo, o adquirente pode rejeitar a coisa ou reclamar abatimento do preço (art. 442 do CC). Se o vendedor conhecia o vício ou defeito, além de restituir o valor pago, responderá por perdas e danos; se não conhecia, somente restituirá o montante pago (art. 443 do CC).

Como regra, o prazo para reclamar o vício redibitório é de 30 dias, em caso de coisa móvel; de um ano, se imóvel, contando-se a partir da data da entrega (art. 445, *caput,* CC). Esses prazos não correm dentro o período de garantia do produto, mas o adquirente deve denunciar o defeito ao alienante em até 30 dias após tê-lo descoberto (art. 446 do CC).

2.1.8.5   Evicção

Denomina-se *evicção* a "perda total ou parcial da propriedade da coisa alienada, por força de decisão judicial, fundada em motivo jurídico anterior, que a confere a outrem, seu verdadeiro dono, com o reconhecimento, em juízo, da existência de ônus sobre a mesma coisa, não denunciado oportunamente no contrato"[8].

Por essa razão, nas escrituras públicas de venda e compra de um imóvel, consta, sempre, que o alienante responderá por evicção. É o disposto pelo art. 447 do CC: "nos contratos onerosos, o alienante responde pela evicção. Subsiste esta garantia ainda que a aquisição se tenha realizado em hasta pública". Conferir, ainda, os arts. 448 a 457 do CC.

2.1.8.6   Espécies de contratos

Algumas espécies de contratos:

a) *contrato aleatório*: *álea* significa um risco, uma possibilidade de perder ou ganhar; o contrato aleatório representa esse panorama, pois os negociantes não sabem, de antemão, quem vai ganhar ou perder, dependendo de um risco futuro e incerto (ex.: contrato de seguro; se houver sinistro, haverá indenização; senão, nada será pago), conforme preveem os arts. 458 a 461 do CC;

b) *contrato preliminar*: é, basicamente, um pré-contrato; as partes obrigam-se a, futuramente, celebrar um contrato definitivo sobre determinado negócio jurídico, prevendo perdas e danos se não for realizado. Conferir os arts. 462 a 466 do CC;

c) *contrato com pessoa a declarar*: cuida-se do contrato em que um dos negociantes preserva o direito de indicar quem vai adquirir os direitos daí advindos e assumirá as obrigações (ver arts. 467 a 471 do CC).

---

8.   Maria Helena Diniz, *Dicionário jurídico*, v. 2, p. 514.

2.1.8.7 Extinção do contrato

Para a extinção do contrato, há os seguintes caminhos:

a) *distrato*: as partes, que celebraram o contrato, negociam a sua rescisão, fazendo-o pelo mesmo meio em que se fez o contrato original; na maior parte das vezes, dá-se de comum acordo (arts. 472 e 473 do CC);

b) *cláusula resolutiva*: há dois modos de estabelecer que, se uma das partes não cumprir o avençado, haverá a rescisão contratual: de modo expresso ou implícito. De modo expresso, opera-se de pleno direito, como demonstra o art. 474 do CC; no caso de não haver cláusula explícita nesse sentido, o inadimplemento, para gerar a rescisão, depende de interpelação judicial;

c) *exceção de contrato não cumprido (exceptio non adimpleti contractus)*: essa modalidade de extinção depende de um contrato bilateral, cujas prestações de ambas as partes sejam exigíveis com o passar do tempo (ex.: contrato de locação; sem o pagamento do aluguel, pode-se exigir de volta o imóvel). Não é possível aplicar essa *exceção* se for um contrato de venda e compra à vista: um entrega o bem e o outro, o dinheiro. Conferir os arts. 476 e 477 do CC;

d) *resolução por onerosidade excessiva*: havendo um contrato cujas partes se obriguem a prestações sucessivas no tempo, pode ocorrer uma situação extraordinária e imprevisível tornando o contrato muito oneroso para uma delas; pode o devedor pedir a rescisão do contrato (ex.: num contrato em que uma das partes obriga-se a fornecer um produto mediante o pagamento de certo preço, durante um tempo determinado; se um raio destruir a fábrica, o produto não poderá mais ser fornecido sem haver onerosidade excessiva para uma das partes). Checar os arts. 478 a 480 do CC.

2.1.8.8 Outras espécies de contratos

Há várias espécies de contratos, expressamente previstos no Código Civil:

a) *compra e venda*: um dos mais comuns e frequentes, significa o pagamento de certo valor em dinheiro para que outrem transfira a propriedade de alguma coisa (art. 481 do CC). Verificar, ainda, os arts. 482 a 504. Uma cláusula especial nesse tipo de contrato é a *retrovenda*, significando que o vendedor de coisa imóvel pode reavê-la no prazo máximo de três anos (prazo decadencial), restituindo o valor recebido e reembolsando as despesas do comprador (art. 505 do CC). Checar, também, os arts. 506 a 508 do CC. Outra cláusula particular do contrato de compra e venda pode ser a *venda a contento* e *a sujeito a prova*. No primeiro caso, realiza-se a venda e compra, mas ela se encontra sob condição suspensiva, mesmo com a coisa entregue; submete-se a coisa ao agrado do adquirente (art. 509 do CC); o segundo caso envolve a compra e venda feita sob condição suspensiva, a depender de ter a coisa as qualidades apregoadas pelo vendedor (art. 510 do CC). A cláusula de *preempção* ou *preferência* fixa ao comprador a obrigação de ofertar ao vendedor a coisa que ele pretende vender ou dar em pagamento para que este se valha do seu direito de preferência, em igualdade de condições (art. 513 do CC). Ilustrando, alguém vende um imóvel, com cláusula de preempção; no futuro, se o dono do imóvel, que foi o comprador, resolver vendê-lo, deve oferecê-lo primeiro ao vendedor para que este possa readquirir o que era dele. Checar, ainda, os arts. 514 a 520 do CC. Há, também, a *venda com reserva de domínio*, significando que a venda de coisa móvel pode ser realizada, reservando ao vendedor a propriedade, até que o preço total seja pago (ex.: vende-se veículos desse modo; a empresa financiadora paga o carro e passa a sua posse ao financiado, mas detém o domínio, o que consta, inclusive, no documento de porte obrigatório do carro). Verificar os arts. 521 a 528 do CC. Havendo a cláusula de *venda sobre documentos*, está-se praticando uma tradição (transferência do bem) de maneira simbólica. Quando o vendedor entrega os documentos, já pode exigir o pagamento do preço, como se faz, por exemplo, com a entrega de um imóvel. Checar os arts. 529 a 532 do CC;

b) *troca ou permuta*: trata-se da entrega de um bem, recebendo em troca outro bem, sem envolver dinheiro (art. 533 do CC);

c) *contrato estimatório*: trata-se de uma *venda por consignação*, que tem sido usual no mercado de veículos. O dono do carro o entrega a uma loja, que o expõe e anuncia; quando o veículo for vendido, o preço combinado é repassado ao dono e o lojista fica com a comissão. Ver os arts. 534 a 537 do CC;

d) *doação*: cuida-se de um contrato por meio do qual alguém transfere a propriedade de um bem a outra pessoa, sem qualquer espécie de pagamento (art. 538, CC). Conferir, ainda, os arts. 539 a 554 do CC;

e) *locação de coisas*: trata-se de um contrato em que uma das partes cede a outrem um bem, por determinado período, mediante uma certa remuneração (art. 565 do CC). Verificar, também, os arts. 566 a 578 do CC;

200 INSTITUIÇÕES DE DIREITO PÚBLICO E PRIVADO · NUCCI

f) *empréstimo*: pode dar-se na forma de comodato ou mútuo. O comodato significa colocar à disposição de alguém uma coisa não fungível (impossível de ser substituída por outra com as mesmas características) de maneira gratuita (ex.: permite-se que alguém more em determinada casa, sem pagar qualquer preço, por prazo determinado ou indeterminado, dependendo do acordo). Checar os arts. 579 a 585 do CC. O mútuo significa a entrega de algo fungível (algo possível de ser substituído pela mesma espécie, quantidade e qualidade), gratuitamente, para ser posteriormente devolvido (ex.: o empréstimo de certa quantia em dinheiro). Ver os arts. 586 a 592 do CC;

g) *prestação de serviço*: significa fornecer um trabalho lícito qualquer, não sujeito a leis trabalhistas, mediante retribuição, geralmente em dinheiro (ex.: contrata-se um pintor para determinado serviço, mediante remuneração). Verificar os arts. 593 a 609 do CC;

h) *empreitada*: trata-se de contrato muito comum, quando alguém contrata outrem para executar uma obra; o contratante fornece o valor em dinheiro e o contratado (empreiteiro), sem qualquer subordinação, executa o trabalho pessoalmente ou por meio de terceiro, contando com material por ele adquirido ou comprado pelo contratante. Conferir os arts. 610 a 626 do CC;

i) *depósito voluntário*: cuida-se de contrato a título gratuito, pelo qual uma pessoa (depositário) recebe uma coisa móvel para guardar até que o depositante a solicite de volta. Pode haver disposição expressa prevendo remuneração do depositário. Checar os arts. 627 a 646, CC;

j) *depósito necessário*: é um contrato que ocorre por fatores estranhos à vontade das partes, pois ocorre em face de um imprevisto, levando alguém a entregar a outrem um objeto para guarda, para evitar a sua destruição; nem mesmo se escolhe o depositário diante da urgência que o caso requer. Cabe remuneração a quem guarda a coisa. Ver, também, os arts. 647 a 652 do CC;

k) *mandato*: é o contrato específico para quem quer nomear alguém seu procurador, com determinados poderes, para, em nome do mandante, realizar atos ou administrar bens ou interesses; utiliza-se a *procuração*, como instrumento do mandato. Conferir os arts. 653 a 666 do CC; sobre as obrigações do mandatário: arts. 667 a 674 do CC; sobre as obrigações do mandante: arts. 675 a 681 do CC. Há, ainda, o *mandato judicial*, que confere poderes a um advogado para agir em juízo em nome do mandante, por meio da *procuração ad judicia*;

l) *comissão*: trata-se de avença, segundo a qual atribui o comitente ao comissário a venda e compra de bens; o comissário a realiza em seu próprio nome, à custa do comitente. Funciona como se fosse um mandato, com finalidade específica de venda e compra, sem representação. Bem explica Claudio Luiz Bueno de Godoy "a comissão é um contrato consensual, aperfeiçoado sem exigência de forma especial; bilateral, indutivo de prestação e obrigação a ambas as partes afetas; *intuitu personae* (pessoal); lastreado na confiança que se deposita na pessoa de quem recebe poderes para agir à conta de outrem; oneroso, devido à comissão, mesmo que não ajustada, como remuneração do comissário".[9] Ver os arts. 693 a 709 do CC;

m) *agência e distribuição*: é o contrato segundo o qual alguém assume, em caráter habitual, sem vínculo de dependência, a obrigação de promover, à conta de outra pessoa, mediante retribuição, a realização de determinados negócios, em zona específica, caracterizando-se a distribuição quando o agente tiver à sua disposição a coisa negociável (art. 710 do CC). Trata-se das atividades de representante comercial de uma empresa, sem vinculação hierárquica, que age intermediando negócios. Conferir, ainda, os arts. 711 a 721 do CC;

---

9. In: Peluso; *Código Civil comentado*, p. 558.

n) *corretagem*: trata-se de contrato bem conhecido, especialmente no ramo da venda e compra de imóveis, que se dá, na maioria dos casos, com a intermediação de um corretor. Este, por sua vez, não se vincula ao cliente por nenhum modo, seja por mandato ou relação de dependência, devendo obter negócios para o cliente, extraindo daí a sua comissão (art. 722 do CC). Checar os arts. 723 a 729 do CC;

o) *transporte*: é o contrato cujo conteúdo é obrigar alguém a levar pessoas ou coisas de um lugar a outro, mediante ajustada retribuição (art. 730 do CC). Ver os arts. 731 a 733 do CC. No tocante ao contrato de transporte de pessoas, o transportador pode responder pelos danos causados às pessoas transportadas e suas bagagens, salvo motivo de força maior, sendo nula qualquer cláusula excludente da responsabilidade (art. 734 do CC). Conferir, ainda, os arts. 735 a 742 do CC). No contrato relativo ao transporte de coisas, deve-se detalhar o que está sendo carregado (natureza, valor, peso e quantidade, entre outros fatores necessários), apontando o destinatário (nome e endereço). Conferir os arts. 743 a 756 do CC;

p) *seguro*: este é outra forma de contrato com relação à qual muitos têm familiaridade, por já ter, alguma vez, *segurado* o veículo, um imóvel, a vida, entre outros. Quem oferta o seguro se obriga a garantir interesse legítimo do segurado, mediante o pagamento do prêmio, relativo a pessoa ou a coisa, contra riscos predeterminados (art. 757 do CC). Chegar, também, os arts. 758 a 777 do CC. Há contrato de *seguro de dano* (art. 778). Nos seguros de dano, a garantia prometida não pode ultrapassar o valor do interesse segurado no momento da conclusão do contrato, sob pena do disposto no art. 766, e sem prejuízo da ação penal que no caso couber). Outros artigos sobre o tema: arts. 779 a 788 do CC. Há, ainda, o contrato de *seguro de pessoa,* quando o capital segurado é estipulado pelo proponente. Há possibilidade de contratar mais de um seguro com outros seguradores (art. 789 do CC). Outros artigos sobre o assunto: arts. 790 a 802 do CC;

q) *fiança*: significa que alguém garante a satisfação do credor em face de uma obrigação assumida pelo devedor, quando este não a cumpra (art. 818 do CC). Cuida-se, também, de um contrato de fácil compreensão, pois usado largamente em contratos de locação, nos quais alguém assina como fiador, vale dizer, garantidor de eventuais dívidas do locatário. Há, na essência, um pacto entre o fiador e o credor do afiançado. Conferir os outros arts. 819 a 826.

> **Súmula 549:** É válida a penhora de bem de família pertencente a fiador de contrato de locação.

Jogos e apostas, que valham dinheiro, não são legalizados, nem regulados, no Brasil, considerando-se atividade ilícita, inclusive no âmbito penal. Entretanto, o Código Civil, no art. 814, menciona que as dívidas de jogo ou de aposta, embora não obriguem o pagamento, uma vez que este seja feito, não se pode reclamá-lo de volta, a menos que tenha havido dolo por parte do ganhador, ou quem perdeu seja menor ou interdito. Por outro lado, por óbvio, há jogos e apostas regulamentadas pelo Estado, como loteria, sena etc., não se aplicando o disposto neste capítulo.

2.1.8.9 Responsabilidade civil

Responsabilidade é um termo utilizado tanto no Direito Civil quanto nas demais áreas do ordenamento jurídico. Significa, basicamente, a *obrigação* nascida em virtude das próprias condutas (ações e omissões), vale dizer, um dever de indenizar ou reparar o dano porque houve a violação de certo direito. Para oferecer um contraste, no âmbito criminal, nasce a responsabilidade de receber a punição a partir do momento em que alguém comete um crime – um ato ilícito, por excelência.

A lei civil é clara ao dispor que o causador de dano a outrem, por ato ilícito, deve repará-lo. A obrigação de reparação pode dar-se independentemente de culpa nos casos expostos em lei ou quando a atividade normalmente desenvolvida pelo autor do dano implicar, por sua natureza, risco para os direitos de outrem (art. 927 do CC).

Relembrando os artigos importantes neste tema: "art. 186. Aquele que, por ação ou omissão voluntária, negligência ou imprudência, violar direito e causar dano a outrem, ainda que exclusivamente moral, comete ato ilícito" e "art. 187. Também comete ato ilícito o titular de um direito que, ao exercê-lo, excede manifestamente os limites impostos pelo seu fim econômico ou social, pela boa-fé ou pelos bons costumes".

Na lição de Maria Helena Diniz, a responsabilidade civil é a "aplicação de medidas que obriguem alguém a reparar dano moral e/ou patrimonial causado a terceiro em razão de ato do próprio imputado, de pessoa por quem ele responde, ou de fato de coisa ou animal sob sua guarda, ou, ainda, de simples imposição legal. A responsabilidade civil requer prejuízo

204 | INSTITUIÇÕES DE DIREITO PÚBLICO E PRIVADO · NUCCI

a terceiro, particular ou Estado, de modo que a vítima na recomposição do *status quo ante* ou em uma importância em dinheiro".[10]

É importante destacar o estabelecimento da *extensão* da responsabilidade civil. São igualmente responsáveis pela indenização civil: a) os pais, pelos filhos menores que estiverem sob sua autoridade e em sua companhia; b) o tutor e o curador, pelos pupilos e curatelados, que se acharem nas mesmas condições; c) o empregador ou comitente, por seus empregados, serviçais e prepostos, no exercício do trabalho que lhes competir, ou em razão dele; d) os donos de hotéis, hospedarias, casas ou estabelecimentos onde se albergue por dinheiro, mesmo para fins de educação, pelos seus hóspedes, moradores e educandos; e) os que gratuitamente houverem participado nos produtos do crime, até a concorrente quantia (art. 932, CC).

E há uma responsabilidade objetiva (sem dolo ou culpa) nesse cenário, quando as pessoas indicadas nas alíneas *a* até *e* do parágrafo antecedente, ainda que não haja culpa de sua parte, responderão pelos atos praticados pelos terceiros ali referidos (art. 933, CC).

2.1.9   Coisas

2.1.9.1   Conceito e diferenças básicas

O Direito Civil das Coisas envolve a propriedade e a posse de bens. O primeiro passo é diferenciar *propriedade, posse* e *detenção*. A propriedade *é o direito que a pessoa física ou jurídica tem, dentro dos limites normativos, de usar, gozar e dispor de um bem, corpóreo ou incorpóreo, bem como de reivindicá-lo de quem injustamente o detenha.*[11]

A posse *é a relação de fato entre a pessoa e a coisa, tendo em vista a utilização econômica desta. É a exteriorização da conduta de quem normalmente age como proprietário. É a visibilidade do domínio.*[12]

A detenção é retenção de alguma coisa, não em nome próprio, mas de outrem, em relação de dependência, que pode ser o possuidor ou proprietário (ver art. 1.198 do CC).

---

10.   *Dicionário jurídico*, v. 4, p. 200.
11.   Maria Helena Diniz, *Dicionário jurídico*, v. 3, p. 974.
12.   Francisco Eduardo Loureiro, in: Peluso, *Código Civil comentado*, p. 983-984.

Ilustrando, como regra, o proprietário de bens imóveis os têm em domínio registrado em cartório de imóveis, como ocorre quando se compra uma casa ou apartamento; no caso de bens móveis, alguns possuem documento e registro, como os veículos automotores, embora existam os que não são passíveis de registro, como a mobília de uma residência; o possuidor é aquele que tem o uso, gozo e fruição, mas não a disposição de alguma coisa móvel ou imóvel, como ocorre nos casos em que o proprietário entrega o bem para que terceiro o explore por um certo tempo; o detentor é aquele que tem um bem imóvel ou móvel para exercer com ele alguma atividade em nome de outrem, geralmente, o proprietário. É o que acontece com o caseiro de um sítio (*fâmulo da posse*) ou o motorista de um táxi, que não lhe pertence, mas a uma empresa.

2.1.9.2 Posse

Em termos legais, a posse pode ser direta, quando alguém detém a coisa por um período em relação pessoal ou real com o bem (como acontece com o posseiro, retendo uma área rural, onde cultiva e produz, há tempos, sem que o proprietário reclame ou saiba; dentro de certo tempo, poderá requerer o usucapião, para tornar-se proprietário), ou indireta, quando a relação com o bem existe, mas temporariamente está impedido de gozar ou usufruir da coisa. É o que ocorre no tocante ao locador, que tem a posse indireta do bem imóvel que lhe pertence, e o locatário, que detém a posse direta, porque usa e goza da coisa, embora não possa dispor (vender) do bem.

Considera-se de *boa-fé* a posse, quando o possuidor não conhece o vício ou o obstáculo da coisa, que impede a sua aquisição (art. 1.201 do CC). De *má-fé*, a posse obtida de maneira clandestina, quando o possuidor tem noção de agir ilicitamente. *Justa* é a posse por meios não violentos, clandestinos ou precários. Por via de consequência, *injusta* é a posse conseguida de maneira coativa, sub-reptícia ou inconsistente (art. 1.200 do CC).

Quanto ao efeito gerado pela posse, tem o possuidor o direito de ser nela mantido se houver turbação (perturbação); caso haja esbulho (usurpação; espoliação; tomada de algo), o possuidor tem o direito se ser na posse restituído. Em caso de violência iminente, cabe a legítima defesa da posse. Havendo turbação ou esbulho, o possuidor pode ingressar com ação de manutenção ou reintegração de posse, nesta ordem. Conferir os arts. 1.210 a 1.222 do Código Civil.

FORMAS JUDICIAIS DE PROTEÇÃO DA POSSE	
Situação a proteger/resolver	Ação judicial (nome)
Risco iminente	Interdito proibitório
Turbação (= perda parcial da posse)	Manutenção da posse
Esbulho (= perda total da posse)	Reintegração da posse

2.1.9.3 Direitos reais

2.1.9.3.1 Conceito

São considerados *direitos reais* (normas relativas aos bens móveis e imóveis):

a) propriedade (direito de usar, gozar e dispor de um bem);

b) servidões (restrições legais ao uso, gozo e disposição de um bem);

c) superfície (direito de usufruir de determinado terreno);

d) usufruto (direito de colher os frutos de um bem móvel ou imóvel por determinado tempo);

e) uso (direito de usufruir de coisa alheia, de modo gratuito ou oneroso);

f) habitação (direito de usar casa alheia de modo gratuito);

g) direito do promitente comprador do imóvel (promessa de compra e venda, sem pacto de arrependimento, feita por instrumento público ou particular, registrada no Cartório de Registro de Imóveis, adquirindo o promitente comprador direito real à aquisição do imóvel);

h) penhor (transferência efetiva da posse para garantia do débito ao credor, fazendo-o o devedor, ou alguém por ele, em relação a uma coisa móvel, suscetível de alienação; entrega de um bem móvel ao credor para garantir o seu crédito junto ao devedor);

i) hipoteca (garantia incidente sobre bem imóvel para que o devedor cumpra sua obrigação de pagar; porém, incide também em navios e aeronaves);

j) anticrese (entrega de bem imóvel ao credor para que este usufrua os rendimentos e frutos do referido bem, compensando uma dívida);

k) concessão de uso especial para fins de moradia (direito de usar um imóvel público, atendendo os fins sociais da propriedade);

l) concessão de direito real de uso (direito de uso de terrenos públicos ou privados, por certo tempo, para fins de regularização fundiária de interesse social);

m) laje (direito de concessão da superfície superior ou inferior de uma construção para se manter unidade distinta da originalmente construída sobre o solo).

A transmissão dos bens móveis se faz pela tradição (entrega do bem a quem de direito), quando por ato entre vivos. Quanto aos bens imóveis, são transmitidos por meio do registro no cartório de registro de imóveis.

2.1.9.3.2 Propriedade

O direito de propriedade é reconhecido e garantido pela Constituição Federal, no art. 5º, inciso XXII: "é garantido o direito de propriedade". Por outro lado, assegura-se, ainda, a função social da propriedade, conforme art. 5º, inciso XXIII: "a propriedade atenderá a sua função social".

Na prática, significa que o poder público pode *desapropriar* (passar ao domínio público, de maneira compulsória, uma propriedade particular, mediante indenização prévia e justa) bens para fazer valer a sua utilidade em favor da coletividade.

Uma das formas de adquirir a propriedade é a usucapião, que possui diversos modelos. Um deles aponta que alguém que, por 15 anos, sem interrupção, nem oposição, possuir como seu um imóvel, adquire-lhe a propriedade, independentemente de título e boa-fé; podendo requerer ao juiz que assim o declare por sentença, a qual servirá de título para o registro no Cartório de Registro de Imóveis. O prazo pode ser reduzido a dez anos se o possuidor houver estabelecido no imóvel a sua moradia habitual, ou nele realizado obras ou serviços de caráter produtivo (art. 1.238 do CC).

Outro modo de usucapião aponta para aquele que exercer, por 2 anos ininterruptamente e sem oposição, posse direta, com exclusividade, sobre imóvel urbano de até 250m² cuja propriedade divida com ex-cônjuge ou ex-companheiro(a) que abandonou o lar, utilizando-o para sua moradia ou de sua família, adquirir-lhe-á o domínio integral, desde que não seja proprietário de outro imóvel urbano ou rural (1.240-A, *caput,* do CC).

208 | INSTITUIÇÕES DE DIREITO PÚBLICO E PRIVADO · NUCCI

Perde-se a propriedade de um bem nas seguintes hipóteses: a) por alienação (venda do bem); b) por renúncia (rejeição da propriedade); c) por abandono (largar o bem sem vigilância); d) por perecimento da coisa (destruição do bem); e) por desapropriação (o poder público transfere o bem para seu domínio).

2.1.10 Família

2.1.10.1 Fundamento constitucional

A importância da família é essencial para o Estado, assim como a proteção às crianças e ao adolescente. O art. 226, *caput,* da Constituição Federal preceitua constituir a família a base da sociedade, merecendo especial proteção do Estado.

A partir disso, há algumas regras importantes: a) o casamento civil tem gratuita a sua celebração; b) o casamento religioso tem efeito civil, quando seguidos os requisitos estabelecidos pela lei civil; c) reconhece-se a união estável entre homem e mulher como entidade familiar, devendo a lei favorecer a sua transformação em casamento; d) considera-se igualmente entidade familiar a comunidade formada por qualquer dos pais e seus descendentes (família monoparental); e) homem e mulher exercem, igualmente, os direitos e deveres da sociedade conjugal; f) admite-se o divórcio para dissolver o casamento civil; g) o planejamento familiar é livre decisão do casal; h) o Estado deve assegurar assistência à família, buscando mecanismos para coibir a violência no âmbito das suas relações.

Na sequência, encontram-se importantes deveres para a proteção de crianças e adolescentes: a) devem a família, a sociedade e o Estado garantir à criança e ao adolescente, com *absoluta prioridade,* o direito à vida, à saúde, à alimentação, à educação, ao lazer, à profissionalização, à cultura, à dignidade, ao respeito, à liberdade e à convivência familiar e comunitária; b) devem proteger o infante e o jovem de qualquer forma de negligência, discriminação, exploração, violência, crueldade e opressão (art. 227 da CF).

No âmbito da família, os pais devem assistir, criar e educar os filhos menores; os filhos maiores devem ajudar e amparar os pais na velhice, carência ou enfermidade (art. 229 da CF).

2.1.10.2 Casamento e união estável

O casamento "estabelece comunhão plena de vida, com base na igualdade de direitos e deveres dos cônjuges" (art. 1.511 do CC), formando a família. Entretanto, esta se estrutura, igualmente, pela união estável entre homem e mulher, segundo a CF, mas, ainda, pela união estável (ou união civil) entre homem e homem ou mulher e mulher, conforme decisão tomada pelo Supremo Tribunal Federal. Celebra-se o casamento perante o juiz de paz.

É possível que o casamento religioso se equipare ao civil, desde que cumpridas as exigências legais. Em verdade, o casamento e a união estável comungam dos mesmos princípios e buscam a tutela da família, base da sociedade brasileira. Podem casar-se o homem e a mulher com, pelo menos, 16 anos, desde que autorizados pelos pais ou representantes legais. Atingida a maioridade, aos 18 anos, podem decidir livremente.

Constituem impedimentos para contrair matrimônio a união entre: a) ascendentes e descendentes, seja o parentesco natural ou civil; b) afins em linha reta; c) adotante e cônjuge do adotado, bem como o adotado com quem foi cônjuge do adotante; d) irmãos entre si e demais colaterais; e) adotado e filho do adotante; f) pessoas casadas (constitui crime de bigamia se houver o matrimônio); g) cônjuge sobrevivente com pessoa condenada pelo homicídio ou tentativa de homicídio contra seu consorte.

Constituem causas suspensivas: a) viúvo (ou viúva) que possuir filho do cônjuge falecido enquanto não for feito o inventário dos bens do casal, com partilha aos herdeiros; b) viúva – ou mulher com casamento anulado – até 10 meses depois da viuvez ou dissolução do casamento; c) divorciado, enquanto não homologada ou finalizada a partilha de bens do casal; d) tutor ou curador e seus descendentes, ascendentes, irmãos, cunhados ou sobrinhos com a pessoa tutelada ou curatelada, enquanto não prestadas as contas e terminada a tutela ou curatela.

São deveres dos cônjuges (art. 1.566): a) fidelidade recíproca; b) vida em comum no domicílio conjugal; c) mútua assistência; d) sustento, guarda e educação dos filhos; e) respeito e consideração recíprocos. Se, antigamente, a direção da sociedade conjugal cabia ao marido, após a CF de 1988, dispõe o art. 1.567, *caput,* do Código Civil o seguinte: "a direção da sociedade conjugal será exercida, em colaboração, pelo marido e pela mulher, sempre no interesse do casal e dos filhos". Se houver divergência, resolverá o juiz.

210 | INSTITUIÇÕES DE DIREITO PÚBLICO E PRIVADO · NUCCI

Dissolve-se o matrimônio: a) pela morte de um dos cônjuges; b) pela nulidade ou anulação do casamento; c) pela separação judicial; d) pelo divórcio. A inviabilidade de vida em comum pode dar-se nas seguintes hipóteses: a) adultério; b) tentativa de morte; c) sevícia ou injúria grave; d) abandono do lar por um ano contínuo; e) condenação por delito infamante; f) conduta desonrosa.

O cônjuge considerado culpado pela separação perde o direito de usar o sobrenome do outro, como regra. Segundo o art. 1.580 do Código Civil, ultrapassado o período de um ano, a contar do trânsito em julgado (quando não mais cabe nenhum recurso) da sentença que decretou a separação judicial, ou da decisão concessiva de medida cautelar de separação de corpos, qualquer das partes poderá requerer a conversão em divórcio. Se houver separação de fato por mais de dois anos, o divórcio pode ser requerido, igualmente, por qualquer dos cônjuges ou por ambos.

Seguindo preceito constitucional, o Código Civil também reconhece como entidade familiar a união estável entre o homem e a mulher, desde que configurada a convivência pública, duradoura e sem lapso de continuidade, com o fim de constituir família (art. 1.723, *caput*, do CC). Essas relações entre companheiros devem respeitar os deveres de lealdade, respeito e assistência, além de guarda, sustento e educação dos filhos (art. 1.724 do CC).

Outras regras: a) aplica-se às relações patrimoniais os critérios do casamento, sob regime da comunhão parcial de bens; b) a união estável pode transformar-se em casamento, a depender do pedido dos companheiros; c) se houver união entre pessoas impedidas de casar, forma-se um concubinato.

2.1.10.3 Parentesco

São parentes, em linha reta, os que estiverem uns para com os outros na relação de ascendentes e descendentes (art. 1.591 do CC). Em linha colateral ou transversal, até o quarto grau (= primos), os que forem originários de um só tronco (ancestral comum), sem descenderem uns dos outros (art. 1.592, CC).

O parentesco é natural (advindo da gestação e nascimento) ou civil (advindo da adoção). Na linha reta, contam-se os graus de parentesco pelo número de gerações. Na linha colateral, também pelo número de gerações, subindo de um dos parentes até o ascendente comum e, descendo, até encontrar outro parente (art. 1.594, CC).

Cada cônjuge ou companheiro é considerado aliado aos parentes do outro pelo vínculo de *afinidade* (art. 1.595 do CC). Esse parentesco por afinidade é limitado aos ascendentes, aos descendentes e aos irmãos do cônjuge ou companheiro. Na linha reta, a afinidade não termina com a dissolução do casamento ou união estável (art. 1.595, §§ 1º e 2º, CC).

Quanto aos filhos, já houve discriminação entre naturais e adotados; entre os nascidos na constância do casamento e os nascidos de outros tipos de relação extraconjugal. Hoje, não há mais. Por isso, todos os filhos são iguais perante a lei, possuindo os mesmos direitos e qualificações, havidos ou não da relação matrimonial, proibidas quaisquer discriminações (art. 1.596 do CC).

Há maior facilidade para o reconhecimento de filhos. Quando havido fora do casamento, pode ser reconhecido pelos pais, juntos ou separados (art. 1.607, CC). Quanto aos filhos havidos fora do matrimônio, o reconhecimento é irrevogável e poderá ser feito de diversas maneiras: a) no momento de registrar o nascimento; b) por meio de escritura pública ou escrito particular; c) por testamento; d) por manifestação direta e expressa diante de juiz (art. 1.609 do CC).

A adoção não mais é regida pelo Código Civil, mas pelo Estatuto da Criança e do Adolescente.

2.1.10.4 *Poder familiar*

Trata-se do poder dos pais para conduzir a vida dos filhos menores de 18 anos, em nome do seu bem-estar e da sua proteção. Se houver divergência entre pai e mãe, decidirá o juiz, o que é algo indesejado, pois representa a *falência* do entendimento entre os cônjuges ou companheiros, algo que poderá levar à separação.

Em nome da igualdade entre homem e mulher, preceitua a lei civil que cabe aos pais o pleno exercício do poder familiar. Este poder consiste em: a) dirigir a criação e educação dos filhos; b) exercer a guarda unilateral ou compartilhada; c) conceder ou negar consentimento aos filhos menores para o casamento; d) conceder ou negar permissão para viagem ao exterior, desde que menores; e) conceder ou negar consentimento para a mudança de residência para outro Município, quando menores; f) nomear-lhes tutor por testamento ou documento autêntico; g) representar os filhos menores judicial e extrajudicialmente, até os 16 anos; após essa idade e menores de

212 | INSTITUIÇÕES DE DIREITO PÚBLICO E PRIVADO · Nucci

18 anos, assisti-los; h) reclamar os filhos de quem os tenha ilegalmente; i) exigir a prestação de obediência, respeito e os serviços próprios à sua idade (art. 1.634 do CC).

O poder familiar não é absoluto. Por isso, dispõe o art. 1.638 do Código Civil a perda do poder familiar, por ato judicial, nas seguintes situações: a) aplicação de castigo imoderado ao filho; b) abandonar o filho; c) praticar atos contrários à moral e aos bons costumes; d) incidir, reiteradamente, em faltas, conforme previsão legal; e) entregar o filho de forma irregular a terceiros para adoção.

2.1.10.5 Regime de bens entre os cônjuges

Os nubentes podem estabelecer o regime de bens que desejarem. O regime da comunhão universal de bens indica que todos os bens havidos pelos cônjuges, antes ou depois do casamento, pertencem a ambos. O regime da comunhão parcial de bens (regime oficial, ou seja, caso não haja opção expressa, é o regime vigente) aponta para os bens adquiridos após o matrimônio pertenceram a ambos os cônjuges; os que já forem de propriedade dos cônjuges antes do casamento, cabem a somente eles, individualmente. O regime da separação de bens preserva os bens de ambos os cônjuges antes do matrimônio e também o que for adquirido por um ou outro depois.

É obrigatório o regime da separação de bens nos seguintes casos (art. 1.641, CC): a) quando houver o casamento sem observar as causas suspensivas da celebração; b) quando pessoa maior de 70 anos casar-se; c) quando os contraentes do casamento dependerem de suprimento judicial.

O pacto antenupcial pode ser feito para estipular o regime de bens no casamento. Precisa ser realizado por escritura pública, elaborando-se a inscrição no Registro de Imóveis.

2.1.10.6 Alimentos

Os parentes, os cônjuges (ou companheiros) podem pleitear uns aos outros os alimentos de que precisem para viver de modo compatível com a sua condição social, atendendo às necessidades de sua educação (alimentos civis). A fixação dos alimentos deve respeitar a proporção das necessidades do reclamante e dos recursos de quem é obrigado a pagar. Devem, ainda, ser apenas os indispensáveis à subsistência (alimentos naturais), quando a culpa resultar de quem os pede (art. 1.694 do CC).

REPRESENTAÇÃO ESQUEMÁTICA DO DIREITO A ALIMENTOS

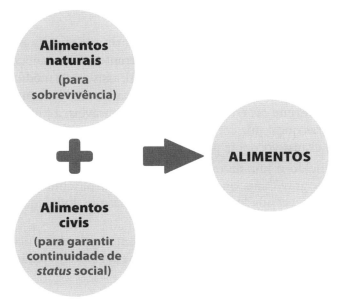

Os alimentos são devidos quando quem os pede não tem bens suficientes, nem pode sustentar, pelo seu trabalho, a própria mantença; aquele a quem se reclama deve poder fornecê-los sem prejuízo de seu próprio sustento (art. 1.695 do CC).

BINÔMIO DO DIREITO A ALIMENTOS: NECESSIDADE-POSSIBILIDADE

O direito à prestação de alimentos é recíproco entre pais e filhos; é extensivo aos ascendentes, devendo a obrigação recair nos mais próximos em grau (art. 1.697 do CC).

A meta é que os familiares apoiem uns aos outros, quando houver necessidade. Por isso, faltando ascendentes, a obrigação transfere-se aos descendentes, respeitada a ordem de sucessão; faltando estes, aos irmãos, tanto germanos como unilaterais (art. 1697 do CC).

A Lei 11.804/08 (Lei de Alimentos Gravídicos) veio disciplinar o direito a alimentos devidos ao nascituro e percebidos pela gestante ao longo da gravidez.

Abrange os valores suficientes para cobrir as despesas adicionais do período de gravidez e que sejam dela decorrentes, da concepção ao parto, inclusive as referentes à alimentação especial, assistência médica e psicológica, exames complementares, internações, parto, medicamentos e demais prescrições preventivas e terapêuticas indispensáveis, a juízo do médico, além de outras que o juiz considere pertinentes (art. 2ª da Lei 11.804/08). O rol não é exaustivo, o juiz pode considerar outras despesas pertinentes.

Convencido o juiz da existência de indícios da paternidade, fixará os alimentos gravídicos que perdurarão até o nascimento da criança, sopesando as necessidades da parte autora e as possibilidades da parte ré (art. 6º da Lei 11.804/08).

Após o nascimento com vida, os alimentos gravídicos ficam convertidos em pensão alimentícia em favor do menor (art. 6º, parágrafo único, da Lei 11.804/08).

Caso haja a interrupção da gestação, como em um aborto espontâneo, por exemplo, extinguem-se de pleno direito os alimentos de forma automática.

> **Súmula 596 do STJ.** A obrigação alimentar dos avós tem natureza complementar e subsidiária, somente se configurando no caso de impossibilidade total ou parcial de seu cumprimento pelos pais.

2.1.10.7 Bem de família

O bem de família é uma parte do patrimônio líquido destinado a resguardo, com característica de impenhorabilidade. Assim sendo, podem os cônjuges (ou outra entidade familiar), mediante escritura pública ou testamento, designar uma parte do patrimônio para instituir o *bem de família*. Este não pode ultrapassar um terço do patrimônio líquido no momento da instituição, mantidas as regras da impenhorabilidade do imóvel residencial, fixada em lei especial (art. 1.711 do CC). Um terceiro também pode instituir bem de família desde que a família beneficiária concorde.

Na sequência, volta-se a viabilidade de existência de um bem de família consistente em prédio residencial, urbano ou rural, destinado a domicílio familiar, podendo envolver valores mobiliários, cuja renda seja aplicada na conservação do imóvel e no sustento da família (art. 1.712 do CC).

A meta é guarnecer um bem da família contra penhorabilidade e outras formas de tomada do referido bem. Constando no Registro de Imóveis, quem quiser emprestar dinheiro ao proprietário do bem de família já sabe que não poderá contar com esse referido bem para satisfazer o crédito.

> **Súmulas do STJ acerca do bem de família:**
>
> **Súmula 364:** O conceito de impenhorabilidade de bem de família abrange também o imóvel pertencente a pessoas solteiras, separadas e viúvas.
>
> **Súmula 449:** A vaga de garagem que possui matrícula própria no registro de imóveis não constitui bem de família para efeito de penhora.
>
> **Súmula 549:** É válida a penhora de bem de família pertencente a fiador de contrato de locação.

2.1.10.8   Tutela e curatela

Tutelar significa proteger, amparar. O tutor é a pessoa nomeada pelo juiz para suprir a deficiência do poder familiar de filhos menores em face das seguintes situações: a) falecimento dos pais (ou se forem considerados ausentes); b) se os pais perderem o poder familiar (art. 1.728 do CC).

Os pais podem indicar um tutor a seus filhos se o fizerem em testamento. Não havendo essa indicação, a tutela cabe aos parentes consanguíneos na seguinte ordem: a) aos ascendentes (prefere o de grau mais próximo ao mais remoto); b) aos colaterais até terceiro grau (mais próximos preferem; se do mesmo grau, os mais velhos têm preferência; na igualdade, o magistrado pode escolher o que considerar o mais apto). O tutor deve, quanto ao menor, dirigir a sua educação, defendê-lo e garantir o seu sustento, solicitar ao juiz medidas para a sua correção, quando necessário e suprir tudo o que os pais fariam; precisa ouvir o menor, quando já tiver mais de 12 anos (art. 1.740, 1.747 e 1.748 do CC). A tutela termina quando o tutelado completar 18 anos (maioridade) ou for emancipado; se o tutelado for adotado ou reconhecido por pai ou mãe (art. 1.763 do CC).

A *curatela* significa a atividade de administrar bens. Por isso, as pessoas consideradas incapazes de gerir a própria vida podem ser interditadas e o juiz lhes nomeará um curador. Sujeitam-se à curatela: a) os que não puderem exprimir sua vontade em virtude de causa transitória ou permanente; b) os ébrios habituais e os viciados em drogas; c) os pródigos (pessoas que gastam e dissipam seu patrimônio sem limites) (art. 1767 do CC). Cabe a curatela: a) ao cônjuge, não separado judicialmente ou de fato; b) o pai ou a mãe do curatelado; c) o descendente do curatelado; d) à falta dos primeiros, a pessoa escolhida pelo juiz (art. 1.775, CC).

Há um instituto recente, denominado *tomada de decisão apoiada*, que se trata do processo pelo qual uma pessoa, com deficiência, escolhe ao menos duas pessoas idôneas, com as quais tenha algum vínculo e confiança, para lhe prestar apoio quando tomar alguma decisão sobre atos da vida civil, dando-lhe o suporte necessário para exercer a sua capacidade (art. 1.783-A do CC).

2.1.11 Sucessão

2.1.11.1 Conceito

Sucessão advém de *suceder* (substituir alguém por outrem); em direito civil, trata-se da transmissão dos bens de pessoa falecida (*de cujus*) aos herdeiros. Aberta a sucessão, a herança se transmite, de pronto, aos legítimos herdeiros e testamentários (nomeados por testamento) – princípio da *saisine*. São herdeiros necessários: a) descendentes; b) ascendentes; c) cônjuge (art. 1.845 do CC).

Havendo herdeiros necessários, o testador somente pode dispor de metade da herança, (art. 1.789 do CC). Em caso de união estável, a companheira (ou companheiro) tomará parte da sucessão do outro, no tocante aos bens adquiridos, de forma onerosa, na vigência dessa relação (art. 1.790 do CC). São aptas à sucessão as pessoas nascidas ou já concebidas quando houver a abertura da sucessão (art. 1.798 do CC).

2.1.11.2 Testamento e exclusão da herança

Testamento é o ato de pessoa capaz, materializado em documento, dispondo de seu patrimônio para depois da sua morte, podendo ainda fazer outras determinações quanto a matéria pessoal ou familiar.

Não podem ser herdeiros ou legatários: a) a pessoa que, a pedido, escreveu o testamento (nem seu cônjuge ou companheiro ou ascendentes e irmãos); b) as testemunhas do testamento; c) a companheira (ou companheiro) do testador casado, a menos que, sem culpa sua, estiver separado de fato do cônjuge há mais de cinco anos; d) o tabelião, ou quem de direito, fizer ou aprovar o testamento (art. 1.801 do CC).

Por outro lado, são excluídos da sucessão os herdeiros ou legatários: a) autores, coautores ou partícipes de homicídio doloso (ou tentativa) contra a pessoa em relação a qual se cuida a herança, seu cônjuge (ou companheiro/a), ascendente ou descendente; b) os que caluniarem o autor da herança ou praticarem crime contra a sua honra, de seu cônjuge (ou companheiro/a); c) os que utilizarem de violência ou fraude contra o autor da herança, pretendendo obstar a livre disposição de seus bens (art. 1.814 do CC).

Além disso, constituem causas de *deserdação* dos descentes pelos ascendentes (ou dos ascendentes pelos descendentes): a) ofensa física; b) injúria grave; c) relações indevidas com a madrasta ou padrasto; d) desamparo do descendente em alienação mental ou enfermidade grave (arts. 1.961 a 1.965 do CC).

São formas de testamento: a) público (realizado perante tabelião); b) cerrado (feito pelo testador e lacrado pelo tabelião); c) particular (feito e guardado pelo testador, diante de, pelo menos, três testemunhas) (art. 1.862 do CC). Denomina-se *codicilo* o ato de última vontade, dispondo de bens de pouco valor, além de dar orientações quanto a funeral, pagamento de certas despesas, entre outras medidas simples.

A pessoa capaz de fazer testamento poderá fazer disposições sobre seu enterro, esmolas pequenas a certas pessoas ou aos pobres de um certo lugar, legando móveis, roupas ou joias de pouco valor, de uso pessoal (art. 1.881 do CC). Tudo se faz por escrito particular.

2.1.11.3 Herança jacente

Denomina-se *herança jacente* o conjunto de bens deixados por pessoa que falece sem deixar herdeiros legítimos ou testamento. O patrimônio deve ficar sob os cuidados de um curador até a entrega ao sucessor. Decorridos cinco anos da abertura da sucessão, os bens arrecadados passarão ao domínio do Município ou do Distrito Federal, se localizados nas respectivas circunscrições, incorporando-se ao domínio da União quando situados em território federal (arts. 1.819 a 1.823 do CC).

2.1.11.4 Sucessão legítima (ab intestato)

Dá-se a sucessão legítima na seguinte ordem: a) descendentes, concorrendo com o cônjuge sobrevivente; b) ascendentes, concorrendo igualmente com o cônjuge; c) cônjuge sobrevivente; d) colaterais (art. 1.829 do CC).

Colaterais são os parentes do falecido, como irmãos, tios, sobrinhos e primos. Entre os descendentes, os mais próximos excluem os mais remotos, salvo quando estes estiveram representando os mais próximos (ex.: a preferência é dos filhos em relação aos netos). Não havendo descendentes, chamam-se os ascendentes, do mesmo modo: os mais próximos preferem aos mais remotos (ex.: o pai tem preferência em relação ao avô).

O cônjuge sobrevivente tem direito de participar da sucessão e, também, o direito real de habitação no tocante ao imóvel que serve à residência da família, se for o único bem a inventariar (art. 1.831 do CC).

2.1.11.5 Legado

Legado é uma disposição testamentária, individualizando certo bem, para ser transmitido a uma pessoa determinada, podendo ser herdeiro ou não. Ex.: deixar um montante em dinheiro para um ex-empregado (arts. 1.912 a 1.940 do CC).

2.2 Direito comercial (ou empresarial)

2.2.1 Conceitos

O direito comercial "pode ser conceituado como o complexo de normas regradoras das operações econômicas privadas que visem à produção e à circulação de bens, por meio de atos exercidos em caráter profissional e habitual, com o fim de obtenção de lucro".[13]

---

13. Marcelo Fortes Barbosa Filho, *in* Peluso: *Código Civil comentado*, p. 809.

2.2.1.1 Empresa

A *empresa* é uma sociedade organizada, com o fim de exercer atividade econômica destinada primordialmente à obtenção de lucro, promovendo a circulação de bens ou produtos, no campo industrial ou mercantil.

2.2.1.2 Empresário

O *empresário* decorre desse conceito, pois é a pessoa componente e/ou dirigente da empresa, fazendo-o profissionalmente.

No entanto, nos termos do art. 966, parágrafo único, do CC, "não se considera empresário quem exerce profissão intelectual, de natureza científica, literária ou artística, ainda com o concurso de auxiliares ou colaboradores, salvo se o exercício da profissão constituir elemento de empresa". Qualquer pessoa que se encontrar em gozo da capacidade civil, não sendo legalmente impedida, pode exercer a atividade profissional de empresário (art. 972 do CC). No entanto, o incapaz pode permanecer na empresa se a recebeu de herança, fazendo-o por meio de representante ou devidamente assistido (art. 974 do CC).

Admite-se a formação de sociedade entre marido e mulher (art. 977 do CC), entre si ou com terceiros, caso não tenham contraído matrimônio no regime da comunhão universal de bens (todo o patrimônio adquirido pelos cônjuges, individualmente, ou em comum, pertence a ambos) ou na hipótese de separação obrigatória de bens (os bens adquiridos, antes ou depois do casamento, pertencem individualmente a cada um deles, quando houver as seguintes situações: a) pessoas que se casam sem observar as causas suspensivas da celebração do matrimônio; b) pessoa maior de 70 anos; c) pessoas dependentes de suprimento judicial para casar).

Quanto ao empresário casado, pode exercer a direção da empresa regularmente, inclusive alienando os imóveis que integrem o patrimônio empresarial (ou gravá-los com ônus reais), sem necessitar de outorga do cônjuge (art. 978 do CC).

O empresário deve inscrever-se no Registro Público de Empresas Mercantis, quando pretender exercer o comércio individualmente (art. 967 do CC), mas a empresa precisa inscrever seu registro na Junta Comercial. Cabe-lhe manter a sua escrituração em dia, com exibições contábeis periodicamente.

2.2.1.3 Affectio societatis

Um dos principais fatores de qualquer sociedade empresária é a disposição de cada contratante de *participar* efetivamente de uma sociedade

220 | INSTITUIÇÕES DE DIREITO PÚBLICO E PRIVADO · NUCCI

com fins comuns, visando à partilha de lucros. Disso decorre a indispensável colaboração ativa dos sócios, conscientes da sua postura comum, igualdade e compartilhamento de objetivos.

2.2.1.4 Estabelecimento comercial

O estabelecimento comercial "é o conjunto de bens que o empresário reúne para exploração de sua atividade econômica. Compreende os bens indispensáveis ou úteis ao desenvolvimento da empresa, como as mercadorias em estoque, máquinas, veículos, marca e outros sinais distintivos, tecnologia etc. Trata-se de elemento indissociável da empresa".[14]

2.2.2 Empresas de pequeno porte e microempresas

2.2.2.1 Fundamento constitucional

A Constituição Federal deu um tratamento especial às pequenas empresas (abrangendo as microempresas), buscando a valorização do trabalho humano e a livre-iniciativa, na ordem econômica, com a finalidade de assegurar a todos uma existência digna, conforme os ditames da justiça social. Para tanto, deve-se observar um tratamento favorecido para as empresas de pequeno porte constituídas sob as leis brasileiras e que tenham sua sede e administração no País (art. 170, IX, da CF).

2.2.2.2 Conceito

Trata-se da pessoa jurídica constituída como sociedade empresária, sociedade simples, empresa individual de responsabilidade limitada e o empresário que exerce profissionalmente atividade econômica organizada para a produção ou a circulação de bens ou de serviços, devidamente anotada no Registro de Empresas Mercantis ou no Registro Civil de Pessoas Jurídicas. A microempresa deve auferir, no ano-calendário, receita brutal igual ou inferior a R$ 360.000,00. A empresa de pequeno porte deve auferir, no ano-calendário, receita bruta superior a R$ 360.000,00 e igual ou inferior a R$ 4.800.000,00.

A receita bruta é apurada levando-se em consideração o produto da venda de bens e serviços nas operações realizadas, o preço dos serviços prestados e o resultado nas operações em conta alheia, sem incluir as vendas cancelas e os descontos concedidos.

---

14. Fábio Ulhoa Coelho, *Curso de direito comercial*, v. 1, p. 135.

2.2.2.3 Diretrizes e impedimentos

O enquadramento ou o desenquadramento de pessoa jurídica como pequena ou microempresa não produzirá nenhum prejuízo ou alteração de contrato já firmado com terceiros.

São impedimentos para obter o tratamento de pequena ou microempresa: a) pessoa jurídica que possua capital compartilhado com outra pessoa jurídica; b) pessoa jurídica que seja filial, sucursal, agência ou representação de pessoa jurídica sediada no exterior; c) pessoa jurídica que compartilhe capital com pessoa física, inscrita como empresário ou seja sócia de outra empresa com tratamento diferenciado, a ponto de ter a receita brutal anual ultrapassada; d) pessoa jurídica cujo sócio ou titular tenha participação com mais de 10% do capital de outra empresa não beneficiada como pequena ou microempresa, se a receita ultrapassar o máximo anual para estas últimas; e) pessoa jurídica cujo titular ou sócio seja administrador de outra pessoa jurídica com fins lucrativos, atingindo receita superior ao limite das pequenas e microempresas; f) pessoa jurídica constituída sob o formato de cooperativa (exceto de consumo); g) pessoa jurídica participante do capital de outra pessoa jurídica; h) pessoa jurídica no exercício de atividade de banco comercial (investimentos ou desenvolvimento), de caixa econômica, de sociedade de crédito (financiamento e investimento ou crédito imobiliário), de corretora ou distribuidora de títulos (valores mobiliários e câmbio), de empresa de arrendamento mercantil, de seguros privados e de capitalização ou previdência complementar; h) pessoa jurídica remanescente de cisão de outra, que tenha ocorrido em um dos cinco anos-calendário anteriores; i) pessoa jurídica constituída na forma de sociedade por ações; j) pessoa jurídica cujos sócios ou titulares possuam, cumulativamente, com o contratante do serviço, uma relação pessoal (subordinação e habitualidade). Conferir outras especificações na Lei Complementar 123/2006 (Estatuto da Microempresa e Empresa de Pequeno Porte).

2.2.2.4 Benefícios auferidos

Deve haver um tratamento diferenciado e favorecido às pessoas jurídicas, que se formam como pequenas e microempresas, no cenário dos Poderes da União, dos Estados, do Distrito Federal e dos Municípios.

São os principais focos: a) apuração e recolhimento dos impostos e contribuições mediante regime único de arrecadação (incluindo obrigações acessórias); b) cumprimento de obrigações trabalhistas e previdenciárias (incluindo obrigações acessórias); c) acesso a crédito e ao mercado, até

222 | INSTITUIÇÕES DE DIREITO PÚBLICO E PRIVADO · NUCCI

mesmo no que se refere à preferência nas aquisições e bens e serviços pelos Poderes Públicos, à tecnologia, às regras de inclusão e ao associativismo; d) cadastro nacional único de contribuintes.

Trata-se de importante incentivo à atividade mercantil, inclusive para evitar o denominado *comércio informal*, quando pessoas exercem, na prática, atividade empresarial, até mesmo com a contratação de empregados, embora sem registro e sem o pagamento de impostos e benefícios sociais. A facilitação para constituir uma microempresa individual ou uma empresa de pequeno porte fornece fôlego àqueles que intencionam exercer o comércio de maneira formal e regularizada, sem todas as preocupações trazidas pela constituição de uma empresa de maior porte.

Juntamente ao nome da pessoa jurídica, acrescenta-se ME (microempresa) ou EPP (empresa de pequeno porte).

2.2.3 Empresa individual de responsabilidade limitada (EIRELI)

2.2.3.1 Conceito

Cuida-se de empresa individual de responsabilidade limitada, formada por uma só pessoa física, titular da integralidade do capital social, integralizado, não inferior a 100 salários mínimos vigentes no País.

2.2.3.2 Diretrizes básicas

Ao nome empresarial acrescenta-se, ao final, a expressão EIRELI. Quando a pessoa natural constituir empresa dessa espécie somente poderá figurar em uma.

Essa modalidade de empresa poderá resultar da concentração das quotas de outra espécie societária num único sócio, independentemente das razões que permitiram tal concentração. A empresa individual de responsabilidade limitada poderá prestar serviços de qualquer natureza e receber a cessão de direitos patrimoniais de autor ou de imagem, nome, marca ou voz de que seja detentor o titular de pessoa jurídica, unidos à atividade profissional. No mais, aplica-se a esta empresa o conjunto de regras pertinentes às sociedades limitadas.

2.2.4 Sociedades comerciais

2.2.4.1 Conceito e diretrizes básicas

A *sociedade* representa a união de um grupo de pessoas, com interesses e objetivos comuns. Por isso, há várias espécies de sociedades, até mesmo a sociedade conjugal, representada pelo casamento entre duas pessoas. No âmbito comercial, é o grupo de pessoas, contratualmente firmadas, para desenvolver a atividade econômica, buscando o lucro. Nas palavras de Fran Martins, "denomina-se sociedade empresária a organização proveniente do acordo de duas ou mais pessoas, que pactuam a reunião de capitais e trabalho para fim lucrativo".[15]

Em linhas gerais, no contrato de sociedade, as pessoas envolvidas obrigam-se, reciprocamente, a contribuir com bens ou serviços, para exercer a atividade econômica e a divisão, entre eles, do resultado. É interessante observar que, atualmente, não se menciona mais a *sociedade empresarial*, mas a *sociedade empresária*, porque ela exerce as atividades típicas do empresário, tal como definido em lei: "considera-se empresário quem exerce profissionalmente atividade econômica organizada para a produção ou a circulação de bens ou de serviços" (art. 966 do CC). Não sendo esse o seu objetivo, denomina-se *sociedade simples*. Por isso, a sociedade por ações é empresária e a cooperativa é simples.

A sociedade empresária deve adotar um dos tipos previstos pelo Código Civil (arts. 1.039 a 1.092); por outro lado, a sociedade simples pode adotar um desses modelos, mas se não o fizer, deve submeter-se às regras que lhe são cabíveis. Qualquer sociedade adquire personalidade jurídica ao se inscrever no registro adequado os seus atos constitutivos, conforme determina a lei. Conferir os arts. 981 a 985 do CC.

2.2.4.2 Sociedades cooperativas

A Lei nº 5.764/1971 definiu a Política Nacional de Cooperativismo e instituiu o regime jurídico das sociedades cooperativas. O Código Civil estabeleceu seus princípios e características (arts. 1.093 a 1.096 do CC).

As cooperativas são sociedades de pessoas com forma e natureza jurídica próprias, de natureza civil, não sujeitas à falência, constituídas para prestar serviços aos associados, distinguindo-se das demais sociedades pelas seguintes características: adesão voluntária, com número ilimitado de associados, salvo impossibilidade técnica de prestação de serviços; variabilidade do capital social; quorum para o funcionamento e deliberação da Assembleia Geral baseado no número de associados e não no capital;

---

15. *Curso de direito comercial*, p. 147.

retorno das sobras líquidas do exercício, proporcionalmente às operações realizadas pelo associado, salvo deliberação em contrário da Assembleia Geral; neutralidade política e indiscriminação religiosa, racial e social (Lei nº 5.764/1971).

2.2.4.3 Sociedade informal

Enquanto não forem inscritos os atos constitutivos, a sociedade rege-se pelo disposto nos arts. 986 a 990 do CC. Preceitua-se que os sócios, em relações recíprocas ou com terceiras pessoas, podem provar a existência da sociedade, desde que o façam por escrito; quanto aos terceiros, podem provar a referida existência de qualquer modo. Os bens e as dívidas da sociedade formam o patrimônio comum, em relação ao qual os sócios são titulares. Os bens respondem pelos atos de gestão de qualquer dos sócios, a menos que exista um pacto limitando os poderes de algum sócio, mas somente será eficaz contra terceiros se estes o conhecerem. Em suma, os sócios respondem de maneira solidária e ilimitada pelas obrigações sociais.

2.2.4.4 Constituição da sociedade

A forma de constituição de uma sociedade é por meio de um contrato escrito, particular ou público, contendo as cláusulas (regras) estabelecidas pelas partes (sócios).

Deve conter: a) nome, nacionalidade, estado civil, profissão e residência de cada sócio (pessoa natural) ou a firma (ou denominação), nacionalidade e sede dos sócios (pessoa jurídica); b) a denominação da sociedade, seu objeto, a sua sede e o prazo de duração; c) o capital da sociedade, em moeda corrente, além de outros bens que possuam conteúdo econômico; d) a cota-parte de cada sócio e o modo de integralizá-la; e) se houver serviço a prestar, as prestações de cada sócio; f) quem é encarregado da administração, com seus poderes e encargos; g) qual a participação de cada sócio nos lucros e perdas; h) se os sócios respondem ou não pelas obrigações sociais.

Após a constituição, deve haver a inscrição no Registro apropriado às pessoas jurídicas. Eventuais alterações na essência do contrato social poderão ser feitas com a concordância de todos os sócios; assuntos menos relevantes – como a constituição da pessoa jurídica – poderão ser tratados pelo voto da maioria absoluta dos sócios, a menos que o contrato social imponha formato diverso. Sempre que se alterar o contrato, cabe novo registro. Verificar os arts. 997 a 1.000 do CC.

2.2.4.5 Obrigações dos sócios

As obrigações dos sócios têm início assim que firmado o contrato, terminando quando liquidada a sociedade, extinguindo as responsabilidades. Cada sócio tem a função na sociedade e só pode ser substituído se houver o consentimento dos demais, em alteração do contrato social. Por outro lado, os sócios devem adimplir as contribuições previstas no contrato; quem não o fizer, após trinta dias da notificação feita pela empresa, pode responder pelo dano decorrente da mora. Isto pode ser motivo para a exclusão do sócio inadimplente; uma alternativa seria reduzir-lhe a conta ao valor já quitado.

Estabelece a lei ser nula a regra contratual de exclusão de qualquer sócio da participação dos lucros e perdas da empresa. Conferir arts. 1.001 a 1.009 do CC. Em relação à administração da sociedade, a regra é que as deliberações sejam tomadas pelo voto da maioria dos sócios (mais de metade do capital social), contando-se o valor das cotas de cada um. Demanda a lei que o administrador da sociedade deve, no exercício da sua função, ter cuidado e diligência de um homem ativo e probo (honesto) teria com seu próprio negócio.

Há pessoas que não podem atuar como administradores de sociedades, tais como aquele que foi condenado a uma pena, *vedando o acesso a cargos públicos*; ou tenha sido condenado por crime falimentar, prevaricação, suborno (em matéria penal, corrupção), concussão, peculato; crime contra a economia popular; contra o sistema financeiro nacional; contra normas de defesa da concorrência; contra as relações de consumo; contra a fé pública; contra a propriedade, *enquanto durarem os efeitos da condenação*.

Neste ponto, há de se ressaltar dois enfoques distintos: a) pode haver condenação a pena restritiva de direitos, consistente em *proibição do exercício de cargo, função ou atividade pública, bem como de mandato eletivo* (art. 47, inciso I, do CP); *proibição do exercício de profissão, atividade ou ofício que dependam de habilitação especial, de licença ou autorização do poder público* (art. 47, inciso II, do CP); b) como efeito da condenação, o juiz pode impor a perda definitiva de *cargo, função pública ou mandato eletivo*, se for aplicada pena privativa de liberdade ao acusado por tempo igual ou superior a um ano, nos crimes cometidos com abuso de poder ou violação de dever para com a administração pública; quando o julgador impuser pena privativa de liberdade por tempo superior a 4 anos nos demais casos (art. 92, inciso I, *a* e *b*, do CP).

O disposto pelo art. 1.011, § 1º, do CC, entra em composição com o preceituado pelo Estatuto Penal, nos seguintes termos: 1) se houver condenação a pena restritiva de direitos, vedando o exercício de função pública ou profissão privada, essa situação perdura temporariamente, enquanto o sentenciado cumprir sua pena (alguns meses ou anos); portanto, quando liberado pela esfera criminal, pode assumir a administração de uma empresa; 2) se for condenado com a imposição do efeito de perder cargo, função pública ou mandato eletivo, trata-se de *situação permanente*; portanto, não pode mais assumir a administração de uma sociedade.

2.2.4.6 Sócios administradores

Havendo silêncio contratual, os sócios administradores podem praticar todos os atos relativos e pertinentes à gestão da sociedade; quanto à oneração de bens imóveis, não existindo expressa previsão contratual a respeito, deve contar com o voto da maioria dos sócios.

É sempre fundamental assinalar que os administradores, no exercício da sua função, respondem solidariamente (em igualdade de condições) em face da sociedade e terceiros prejudicados. Se o administrador aplicar qualquer bem social, sem autorização por escrito dos sócios, deve restituí-lo à sociedade ou pagar o equivalente, com lucros cessantes; havendo prejuízo, responderá por isso também. Quem administra a empresa deve prestar contas aos demais sócios, sempre justificadas, apresentando-lhes o inventário anual, o balanço patrimonial e o resultado econômico. Checar arts. 1.010 a 1.021 do CC.

2.2.4.7 Livros obrigatórios

O principal livro é o *Diário*, que "retrata as atividades do comerciante e nele devem ser lançados, diariamente, todas as operações realizadas, títulos de crédito que emitir, aceitar ou endossar, fianças dadas e o mais que representar elemento patrimonial nas suas atividades. Os lançamentos devem ser feitos *com individuação e clareza*, compreendendo-se por *individuação* que cada operação deve ser lançada de *per se*, e por *clareza* que o seja de tal maneira que não possa deixar dúvidas".[16]

O outro livro obrigatório é o *Registro de Duplicatas*, desde que os comerciantes emitam esses títulos.

---

16.   Fran Martins, *Curso de direito comercial*, p. 86-87.

2.2.4.8 Dissolução da sociedade

Quanto à dissolução da sociedade, são as seguintes hipóteses: a) vencimento do prazo de duração da sociedade; não havendo liquidação, nem oposição de sócio, vigorará por tempo indeterminado; b) consenso de forma unânime dos sócios; c) deliberação dos sócios, por maioria absoluta, quando já estiver em situação de prazo indeterminado; d) falta de pluralidade de sócios, que não é suprida em 180 dias; e) extinção da autorização para funcionar, conforme a lei.

> **FORMAS POSSÍVEIS DE SOCIEDADE UNIPESSOAL NO BRASIL:**
> EIRELI e Sociedade Subsidiária Integral

Sob outro aspecto, a sociedade pode ser dissolvida judicialmente, a pedido de qualquer sócio, nos seguintes casos: a) houver anulação da sua inscrição; b) houver exaurimento do fim social; c) verificar-se a inexequibilidade do fim social. É se de anotar que o contrato social pode conter outras formas de dissolução da sociedade. Checar arts. 1.033 a 1.038 do CC.

2.2.4.9 Espécies de sociedades

Constituem espécies principais de sociedades: a) sociedade em nome coletivo (responsabilidade ilimitada e solidária dos sócios); b) sociedade em comandita simples (há sócios comanditados, responsáveis pelo valor da sua cota-parte) ; c) sociedade em conta de participação (há um sócio ostensivo, que se obriga perante terceiro; denomina-se sociedade *não personificada*); d) sociedade limitada (a responsabilidade do sócio é correspondente à integralização da sua cota do capital da empresa); e) sociedade anônima (capital composto por ações negociáveis, cuja responsabilidade do sócio corresponde à importância das ações adquiridas), entre outras.

2.2.4.9.1 Sociedade em nome coletivo

A sociedade em nome coletivo é formada por pessoas físicas e todos os sócios respondem pelas obrigações e dívidas de maneira solidária (pode-se voltar contra qualquer deles para o pagamento) e ilimitada (sem haver qualquer restrição patrimonial). É possível, entretanto, que os próprios sócios limitem, entre si, o alcance da responsabilidade de cada um. Deve administrar a sociedade um dos sócios. Conferir os artigos 1039 a 1044, CC.

2.2.4.9.2 Sociedade em comandita simples

A sociedade em comandita simples é constituída de pessoas de duas categorias: os sócios-comanditados (pessoas físicas, que são responsáveis pelas obrigações e dívidas da empresa, de modo solidário e ilimitado) e os sócios-comanditários (pessoas físicas, que são obrigados apenas pelo valor da sua cota). No contrato de formação da empresa, deve-se especificar quem é comanditado e quem é comanditário. Checar os arts. 1.045 a 1.051 do CC.

2.2.4.9.3 Sociedade em conta de participação

A sociedade em conta de participação é iniciada pela união de pessoas, onde um sócio ostensivo, em nome individual, sob responsabilidade própria, com participação nos resultados da empresa; ele se obriga perante terceiros. O contrato social produz efeitos entre os sócios, cujos participantes contribuem – como o sócio ostensivo – com patrimônio especial. Se o sócio ostensivo falir, ocorre a dissolução da sociedade. Verificar os arts. 991 a 996 do CC.

2.2.4.9.4 Sociedade limitada

A sociedade limitada é composta por pessoas, cuja responsabilidade é restrita ao valor das suas cotas, embora todos respondam de maneira solidária à integralização do capital da empresa. O capital social divide-se em cotas, iguais ou desiguais, cabendo uma ou diversas a cada sócio. Pela exata estimação de bens conferidos ao capital social devem responder solidariamente todos os sócios, até o prazo de cinco anos da data do registro da sociedade. Conferir os arts. 1.052 a 1.087, CC.

2.2.4.9.5 Sociedade anônima

a) Conceito

Trata-se da sociedade empresária, cujo capital é dividido por ações e a responsabilidade dos sócios (acionistas) é limitada ao preço de emissão das ações que cada um subscreveu ou adquiriu. Possui fim lucrativo, de qualquer espécie, desde que legal e conforme os ditames da ordem pública e dos bons costumes. Na sua denominação, ao final, insere-se a expressão *companhia* ou *sociedade anônima*, por extenso ou de modo abreviado.

b) Espécies

A sociedade anônima pode ser uma companhia aberta ou fechada. É aberta quando os valores mobiliários de sua emissão estão admitidos à negociação no mercado de valores mobiliários. É fechada quando os valores mobiliários não podem ser negociados em bolsa de valores. Significa, neste último caso, como regra, uma empresa familiar.

De qualquer forma, os únicos valores mobiliários que podem ser negociados no mercado são os emitidos por companhia registrada na Comissão de Valores Mobiliários. Esta Comissão pode classificar as companhias abertas em diversas categorias, conforme as espécies e classes dos valores mobiliários emitidos e negociados no mercado. Dessa forma, a CVM especificará normas aplicáveis a cada categoria.

O registro da sociedade aberta somente será cancelado se a companhia ofertar publicamente a aquisição da totalidade das ações em circulação no mercado. Após tal oferta, sobrando em circulação menos de 5% do total de ações emitidas, a assembleia geral poderá resgatar essas ações pelo valor da oferta. Consideram-se ações em circulação no mercado todas as pertinentes ao capital da companhia aberta, exceto as de propriedade do acionista controlador, de diretores, de conselheiros de administração e as que estão em tesouraria.

c) Estatutos

Os estatutos sociais precisam conter alguns elementos essenciais, que concernem a qualquer contrato de constituição de sociedade, além de outros dados facultativos. O ideal é que estejam constando no corpo do estatuto a sede, o nome empresarial e o objeto social.

Afora isso, acrescente-se o estabelecimento do capital social (em moeda nacional); a forma de alteração do capital social; o número das ações nas quais se divide o capital social (com ou sem valor nominal); existência ou não de ações preferenciais; preferências a acionistas sem direito a voto ou com voto restrito; definição ou não, para classes de ações preferenciais, acerca do direito de eleger um ou mais membros dos órgãos de administração; quando houver ações preferenciais, deve-se estipular quais são as vantagens atribuídas a cada classe dessas ações, bem como as restrições a que ficam sujeitas; forma das ações e a possibilidade de sua conversibilidade; forma de convocação e instalação da assembleia geral; *quorum* para deliberação das matérias (em companhias fechadas); conselho fiscal; organização e estruturação administrativa da companhia; criação de órgão com função técnica; autorização para aumento de capital; data do término do exercício social; criação de reservas; mecanismo de liquidação da sociedade; *quorum* diferenciado para transformar a sociedade.[17]

---

17. Ricardo Negrão, *Direito empresarial – estudo unificado*, p. 83-84.

230 | INSTITUIÇÕES DE DIREITO PÚBLICO E PRIVADO · **Nucci**

d) Capital social

O capital social, fixado no estatuto, deve ser expresso em moeda nacional, corrigindo-se anualmente. Por outro lado, o referido capital pode ser modificado nos termos previstos no estatuto social. O capital pode formar-se mediante contribuições em dinheiro ou em qualquer outra espécie de bem suscetível de avaliação em dinheiro.

É importante avaliar os bens, o que será feito por três peritos ou empresa especializada. Os expertos (ou a empresa) devem ofertar um laudo fundamentado, contendo os critérios de avaliação, instruído com documentos; devem comparecer à assembleia geral para esclarecimentos, quando solicitados. Aprovado o valor, os bens incorporam-se ao patrimônio da companhia. Não aprovado, o projeto de constituição da sociedade anônima fica sem efeito.

É importante apontar para o conceito de *valor mobiliário*, significando a ação, bem como todos os demais títulos de investimento, previstos na Lei 6.404/76, como debêntures, partes beneficiárias e bônus de subscrição (Lei das Sociedades por Ações).

e) Ações

A *ação* é uma parte do capital social, quando dividido, de uma sociedade anônima. Pode-se, também, dizer que se trata de um título negociável e transmissível, representando uma fração desse capital. É preciso lembrar que cabe ao estatuto social fixar o número de ações em que se divide o capital, estabelecendo se as referidas ações terão, ou não, valor nominal. Se houver valor nominal, será o mesmo para todas as ações. O número e o valor nominal da ação somente podem ser modificados se o capital social for alterado.

É proibida a emissão de ações por preço inferior ao seu valor nominal. Se isto ocorrer, importará nulidade do ato e haverá responsabilização dos infratores, civil e penal. Por outro lado, as ações sem valor nominal terão seus preços estabelecidos, na constituição da companhia, pelos fundadores. Se houver aumento de capital, pela assembleia geral ou pelo conselho de administração.

Conforme a natureza dos direitos ou vantagens que revelam, as ações podem ser ordinárias, preferenciais ou de fruição. As ordinárias de companhia fechada podem ocupar classes diferentes, conforme a conversibilidade em ações preferenciais, em função da exigência de nacionalidade

CAP. III • DIREITO PRIVADO | **231**

brasileira do acionista e dependendo do direito de voto em separado para o preenchimento de certos cargos de órgãos administrativos.

As preferenciais podem apontar as seguintes vantagens: a) prioridade na distribuição de dividendo; b) prioridade no reembolso do capital, com ou sem prêmio; c) acumulação das preferências e vantagens. O estatuto social pode garantir a uma ou mais categorias de ações preferenciais o direito de eleger, em votação em separado, um ou mais membros da administração.

Quanto à forma, as ações podem ser nominativas, endossáveis ou ao portador. O estatuto fixará a forma das ações e a sua conversibilidade em outra forma. É preciso lembrar que as ações ordinárias de companhia aberta (e uma das classes de ações ordinárias de companhia fechada), na forma *ao portador*, serão obrigatoriamente conversíveis, conforme a vontade do acionista, em nominativas endossáveis.

Emite-se um certificado de ação, depois de cumpridas as formalidades legais. Os certificados serão escritos em vernáculo e devem conter o seguinte: a) denominação da companhia, a sede e o prazo de duração; b) o valor do capital social, a data do ato, o número de ações e o valor nominal das ações (ou a declaração de que não há valor nominal); c) em companhias de capital autorizado, o limite da autorização, em número de ações ou valor do capital social; d) o número de ações ordinárias e preferenciais; e) o número de ordem do certificado e da ação, bem como a espécie e a classe; f) os direitos conferidos às partes beneficiárias; g) a época e o lugar da reunião da assembleia geral ordinária; h) a data da constituição da companhia e o arquivamento e publicação dos atos constitutivos; i) o nome do acionista; j) o débito do acionista e a época (e lugar) de seu pagamento (se a ação não estiver integralizada); k) a data da emissão do certificado e a assinatura de dois diretores (ou do agente emissor do certificado).

– **Características das ações**

As ações são indivisíveis no tocante à companhia. As ações da companhia aberta poderão ser negociadas após realizados 30% do preço de emissão. Se isto não for respeitado, importa nulidade do ato.

A companhia não pode negociar as próprias ações. Nessa vedação, não se compreendem as operações de resgate, reembolso ou amortização previstas em lei; aquisição para permanência em tesouraria ou cancelamento, desde que até o valor do saldo de lucros ou reservas (exceto o legal), sem diminuição do capital social (ou por doação); alienação das ações,

232 | INSTITUIÇÕES DE DIREITO PÚBLICO E PRIVADO · Nucci

conforme acima exposto, mantidas em tesouraria; compra quando o preço destas em bolsa for inferior ou igual à importância a ser restituída, desde que resolvida a redução do capital mediante restituição em dinheiro de parte do valor das ações.

f) Debêntures

Consistem em títulos ao portador, representando uma dívida, suportada pelo patrimônio do emitente; são obrigações ao portador. A companhia pode emitir debêntures, conferindo aos seus titulares o direito de crédito contra a sociedade.

A debênture deve ter valor nominal, em moeda nacional (exceto quando autorizado por lei o valor em moeda estrangeira). Pode conter cláusula de correção monetária. O debenturista, conforme o caso, pode escolher entre receber o pagamento do principal e acessórios, bem como amortização ou resgate. Atingindo a época do vencimento da debênture, deverá constar da escritura de emissão e do certificado a amortização ou o resgate antecipado, total ou parcial. A debênture pode garantir ao seu titular juros (fixos ou variáveis), participação no lucro ou prêmio de reembolso.

É viável a conversão da debênture em ação, sob as seguintes condições: a) as bases da conversão (número de ações; relação entre o valor nominal da debênture e o preço de emissão da ação); b) a espécie e a classe das ações de conversão; c) o prazo para o exercício do direito à conversão; d) outras condições específicas.

– Espécies de debêntures

Conforme a escritura de sua emissão, há quatro espécies de debêntures: a) com garantia real; b) com garantia flutuante; c) sem preferência; d) subordinadas. As debêntures com garantia real são "outorgadas sobre um determinado bem ou conjunto de bens: um prédio, um terreno etc. Os credores debenturistas, com tal garantia, possuem privilégio real e, como tal, a coisa dada em garantia sujeita-se ao cumprimento da obrigação".[18]

No caso das debêntures com garantia flutuante, o credor tem privilégio geral sobre o ativo da companhia, embora não impeça a negociação dos bens que compõem esse ativo. É possível haver cumulação de garantias. As debêntures sem preferência fazem parte do quadro dos credores

---

18. Ricardo Negrão, *Direito empresarial*, p. 102.

quirografários, ou seja, os que não têm qualquer preferência no concurso de credores. Finalmente, as debêntures sem garantia, com cláusula de subordinação, fazem com que o credor ocupe o último lugar da fila dos credores, à frente somente dos acionistas.

– Emissão de debêntures

Cuida-se de competência exclusiva da assembleia geral, devendo esta fixar, respeitado o disposto pelo estatuto, o seguinte: a) valor da emissão ou critérios de estabelecimento de seu limite, bem como a divisão em séries, se houver; b) número e valor nominal das debêntures; c) garantias reais ou garantia flutuante, conforme o caso; d) condições da correção monetária, se for o caso; e) conversibilidade, ou não, em ações e as condições para isso ocorrer; f) época e condições de vencimento, amortização ou resgate; g) época e condições do pagamento de juros, participação nos lucros e prêmio de reembolso, se houver; h) modo de subscrição ou colocação, bem como o tipo das debêntures.

– Agente fiduciário dos debenturistas

Além da assembleia geral, o agente fiduciário, nomeado e indicado na escritura de emissão das debêntures, é um organizador dos debenturistas. A assembleia é sempre obrigatória; o agente fiduciário é facultativo, quando houver emissões por companhias fechadas.

O agente fiduciário representa, nos termos da Lei 6.404/76 e da escritura de emissão, a comunhão dos debenturistas perante a companhia emissora. Constituem seus deveres: a) proteger os interesses dos debenturistas, como se administrasse seus próprios bens; b) elaborar relatório, colocando-se à disposição dos debenturistas, anualmente; c) notificar os debenturistas, no máximo em 60 dias, de inadimplemento, pela companhia, de obrigações constantes da escritura de emissão. Esse agente pode valer-se de qualquer ação para proteger direitos ou interesses dos debenturistas.

– Assembleia de Debenturistas

A qualquer tempo, os titulares de debêntures podem reunir-se, em assembleia, para decidir sobre matéria de interesse da comunhão de debenturistas. Esse encontro pode ser convocado pelo agente fiduciário, pela companhia emissora das debêntures, por um grupo de debenturistas representando 10% dos títulos em circulação e pela Comissão da Valores Mobiliários.

É indispensável a convocação da assembleia nos seguintes casos, previstos na Lei das S/A: a) deliberar sobre a redução do capital da sociedade emissora (art. 174); decidir sobre a incorporação, fusão ou cisão da companhia emissora (art. 231); c) alterar o estatuto, mudando o objeto da companhia; d) criar ações preferenciais ou modificar vantagens existentes, em prejuízo de ações em que são conversíveis as debêntures, quando emitidas com tal direito.[19]

g) Partes beneficiárias

São títulos negociáveis, sem valor nominal (não há valor expresso em dinheiro), embora nominativos (registrados em nome do proprietário), estranhos ao capital social, logo, autônomos, onerosos ou gratuitos, conferindo direito de crédito contra a companhia, dependendo da concreta situação. Podem participar de até 10% do lucro anual e são emitidos apenas por companhias fechadas (não possuem ações circulando na Bolsa de Valores). As partes beneficiárias não podem ter os direitos privativos do acionista, exceto o de fiscalizar os atos dos administradores.

É possível à companhia alienar as partes beneficiárias, nos termos fixados pelo estatuto ou pela assembleia; podem, também, ser atribuídas a fundadores, acionistas ou terceiros como remuneração por serviços prestados à sociedade anônima. Quando emitidas gratuitamente, as partes beneficiárias têm o prazo máximo de 10 anos, a menos que sejam emitidas a sociedades ou fundações beneficentes dos empregados da companhia. Havendo liquidação da sociedade, os titulares de partes beneficiárias receberão antes dos acionistas, mas depois dos credores quirografários.

h) Bônus de subscrição

É o título negociável, nominativo (registrado em nome do proprietário), emitido dentro do limite de capital autorizado no estatuto, conferindo ao portador o direito de subscrever ações dentro de um determinado período pelo preço de emissão dessas ações. Há preferência ao acionista em sua aquisição. Ou, nas palavras de Fran Martins, "a Lei das Sociedades Anônimas permite que a *companhia de capital autorizado* emita *bônus de subscrição*, títulos que darão aos seus portadores o direito de subscrever ações por um valor nominal fixo em épocas futuras".[20]

---

19. Ricardo Negrão, *Direito empresarial*, p. 104.
20. *Curso de direito comercial*, p. 269.

CAP. III • DIREITO PRIVADO | 235

A emissão de bônus de subscrição depende de deliberação da assembleia geral, caso o estatuto não atribuir essa competência ao conselho de administração, podendo ser onerosos ou gratuitos.

i) Papéis comerciais

São notas promissórias de emissão pública, ou seja, promessas de pagamento a serem satisfeitas de 30 a 360 dias, emitidas somente por sociedades por ações. Tratando-se de companhia fechada, o prazo máximo para satisfação da nota é de 180 dias. Como explica Ricardo Negrão, "a finalidade desses papéis comerciais é obter recursos para a consecução de seus objetivos e desenvolvimento da sociedade por ações".[21]

Esses valores mobiliários proporcionam aos seus titulares direito de crédito contra a companhia emitente; circulam por endosso em preto para transferência de titularidade; o valor nominal, por título, não pode ser inferior a R$ 500.000,00; a emissão é precedida de concessão de registro na Comissão de Valores Mobiliários.[22]

j) Constituição da Companhia

É preciso a subscrição de pelo menos duas pessoas de todas as ações em que se divide o capital social, conforme estabelecido no estatuto. Além disso, a realização, como entrada, de 10%, pelo menos, do preço de emissão das ações subscritas em dinheiro. Finalmente, o depósito no Banco do Brasil S/A (ou outro, autorizado pela Comissão de Valores Mobiliários) da parte do capital realizado, feita em dinheiro (art. 80, LSA).

Pode haver a constituição por subscrição pública, registrando-se, previamente, a emissão na Comissão de Valores Mobiliários, havendo a intermediação de instituição financeira. O pleito de registro deve conter o estudo de viabilidade econômica e financeira do pretendido; o projeto de estatuto social; o prospecto, devidamente organizado e assinado pelos fundadores e pela instituição intermediária.

Quando encerrada a subscrição, deve-se convocar assembleia geral, se subscrito todo o capital social. Nesse evento, deve-se promover a avaliação dos bens e deliberar sobre a constituição da companhia (art. 86 da LSA). Observadas as formalidades legais, não havendo oposição dos subscritores,

---

21. *Direito empresarial*, p. 105.
22. Idem, ibidem, p. 105.

236 | INSTITUIÇÕES DE DIREITO PÚBLICO E PRIVADO · NUCCI

quando representem mais da metade do capital social, declara-se constituída a companhia, elegendo-se os administradores e os fiscais.

É viável a subscrição particular, por deliberação dos subscritores em assembleia geral ou por escritura pública; são fundadores todos os subscritores (art. 88 da LSA). Caso seja escolhida a assembleia geral, devem-se respeitar as mesmas regras de constituição da subscrição pública. Quando a preferência recair na escritura pública, será assinada por todos os subscritores e deve conter a qualificações de todos eles, o estatuto, a relação das ações tomadas pelos subscritores, a importância das entradas pagas, a transcrição do recibo de depósito, a transcrição do laudo de avaliação dos peritos (subscrição do capital em bens), a nomeação dos administradores e, quando o caso, dos fiscais.

k) Livros Sociais

A companhia precisa ter, além dos livros obrigatórios a qualquer comerciante (Diário; Registro de Duplicatas), nos termos do art. 100 da LSA, os seguintes: a) Registro de Ações Nominativas (para anotação, inscrição ou averbação); b) Transferência de Ações Nominativas; c) Registro de Partes Beneficiárias Nominativas; d) Transferência de Partes Beneficiárias Nominativas; e) Atas das Assembleias Gerais; f) Presença de Acionistas; g) Atas das Reuniões do Conselho de Administração; i) Atas das Reuniões de Diretoria; j) Atas e Pareceres do Conselho Fiscal.

Vale ressaltar que "a exibição por inteiro dos livros da companhia pode ser ordenada judicialmente sempre que, a requerimento de acionistas que representem, pelo menos, 5% (cinco por cento) do capital social, sejam apontados atos violadores da lei ou do estatuto, ou haja fundada suspeita de graves irregularidades praticadas por qualquer dos órgãos da companhia" (art. 105 da LSA).

l) Acionistas

Os acionistas devem realizar a prestação correspondente às ações por eles subscritas ou adquiridas, nos termos estatutários ou no boletim de subscrição. Denomina-se *acionista remisso* o que se encontra em mora, vale dizer, devendo para a companhia. Esta pode, à sua escolha: a) promover contra ele o processo de execução, cobrando o que é devido; b) mandar vender as ações em bolsa de valores, por risco e conta do acionista.

Constituem direitos dos acionistas: a) participar dos lucros sociais; b) participar do acervo da companhia, se houver liquidação; c) fiscalizar a gestão dos negócios sociais, conforme previsão legal; d) ter preferência

CAP. III • DIREITO PRIVADO **237**

para a subscrição de ações, partes beneficiárias conversíveis em ações, debêntures conversíveis em ações e bônus de subscrição; e) retirar-se da sociedade, conforme previsão legal.

Devem ser consideradas iguais as ações de cada classe, conferindo aos seus titulares direitos iguais. Não é viável ao estatuto social vedar o uso de ações judiciais para que o acionista faça valer seu direito. Eventualmente, o estatuto pode estabelecer a arbitragem para solucionar divergências entre acionistas (art. 109, § 3º, da Lei das SA).

A cada ação ordinária corresponde um voto na assembleia geral. Pode o estatuo limitar o número de votos de cada acionista. Não é permitido o voto plural a qualquer classe de ação (art. 110, § 2º, da Lei das SA).

Considera-se *acionista controlador* a pessoa, natural ou jurídica, ou um grupo de pessoas vinculadas por acordo de voto, ou sob comum controle que seja titular de direitos de sócio, assegurando-lhe, de modo permanente, a maioria dos votos nas deliberações da assembleia e o poder de eleger a maioria dos administradores, além de usar efetivamente o seu poder para dirigir as atividades sociais, orientando o funcionamento da companhia (art. 116 da Lei das SA). Se ele abusar de seu poder, responderá por isso.

São situações consideradas abusivas: a) orientar a companhia para finalidade estranha ao seu objeto social ou lesivo ao interesse nacional, bem como levá-la a favorecer outra sociedade, estrangeira ou não, em prejuízo da participação dos acionistas minoritários nos lucros ou no acervo da companhia (ou prejuízo da economia nacional); b) levar à liquidação uma companhia próspera, bem como promover a sua transformação, incorporação, fusão ou cisão, visando à obtenção, para si ou para outrem, de vantagem indevida, causando prejuízo a outros acionistas, aos trabalhadores da companhia ou aos investidores em valores mobiliários; c) levar à alteração estatutária, emissão de valores mobiliários ou adoção de políticas ou decisões descompassadas ao interesse da empresa, buscando provocar prejuízo a acionistas minoritários, aos empregados ou aos investidores; d) eleger administrador (ou fiscal), sabendo-o inapto (moral ou tecnicamente); e) induzir (ou tentar fazê-lo) administrador (ou fiscal) a cometer ato ilegal ou faltando com seus deveres, tais como definidos no estatuto ou na lei e promover a sua ratificação pela assembleia; f) promover qualquer contrato com a companhia, direta ou indiretamente, ou de sociedade onde tenha interesse, em condições de favorecimento ou desigualdade; g) aprovar ou promover a aprovação de contas irregulares de administradores em favorecimento pessoal; h) deixar de apurar denúncia que saiba (ou devesse saber) ser procedente ou que justifique suspeita de irregularidade; i) subscrever ações, para aumentar o capital social, com a realização em forma de bens estranhos ao objeto social da companhia.

m) Assembleia Geral

Cabe à assembleia geral decidir acerca de todos os negócios pertinentes ao objeto da companhia, tomando as resoluções convenientes à sua defesa e desenvolvimento. Constituem parcelas de sua competência exclusiva: a) reformar o estatuto social; b) eleger ou destituir os administradores e fiscal, a qualquer tempo; c) exigir contas dos administradores, deliberando sobre as demonstrações financeiras apresentadas; d) autorizar a emissão de debêntures; e) suspender direitos dos acionistas; f) deliberar sobre a avaliação de bens visando à formação do capital; g) autorizar a emissão de partes beneficiárias; h) deliberar sobre transformação, fusão, incorporação e cisão da companhia, além de sua dissolução e liquidação; neste caso, eleger e destituir liquidantes, apreciando as suas contas; i) autorizar os administradores a admitir falência e requerer recuperação judicial.

n) Conselho de administração

Trata-se do órgão colegiado cuja finalidade é administrar a companhia. Cabe-lhe: a) fixar a orientação dos negócios da empresa; b) eleger e destituir os diretores e dar-lhes atribuições, respeitando-se o estatuto; c) fiscalizar a gestão dos diretores, examinando livros e papéis da companhia, bem como os contratos; d) convocar a assembleia geral, quando for conveniente; e) manifestar-se a respeito do relatório da administração e contas da diretoria; f) manifestar-se sobre atos e contratos; g) deliberar sobre a emissão de ações ou bônus de subscrição, conforme dispuser o estatuto; h) autorizar a alienação de bens do ativo não circulante, bem como a constituição de ônus reais e a prestação de garantias a terceiros; i) escolher e destituir os auditores independentes, quando houver.

o) Diretoria

Compõem-se por dois ou mais diretores, eleitos pelo conselho de administração e destituíveis a qualquer tempo; se não houver conselho, pela assembleia geral. Cabe ao estatuto disciplinar o número de diretores, ou o máximo e o mínimo permitidos; o modo de sua substituição; o prazo de gestão, não mais que 3 (três) anos, permitida a reeleição; as atribuições e poderes de cada diretor. Os membros do conselho de administração, até o máximo de um terço, poderão ser eleitos para cargos de diretores. Quanto às atribuições da diretoria, cabe ao estatuto fixar.

p) Conselho fiscal

A sociedade anônima deve ter um conselho fiscal, cabendo ao estatuto dispor sobre o seu funcionamento. Deve ser composto de, pelo menos, 3 membros, com o máximo de 5, como suplentes em igual número, eleitos pela assembleia geral. Podem ser acionistas ou não (art. 161, *caput* e § 1º, da Lei das SA).

Atribui-se ao conselho fiscal: a) fiscalizar os atos dos administradores e verificar o cumprimento dos seus deveres legais e estatutários; b) opinar sobre o relatório anual da administração, emitindo parecer com as informações complementares necessárias ou úteis à deliberação da assembleia geral; c) opinar sobre as propostas dos órgãos da administração, a serem submetidas à assembleia geral, envolvendo questões relativas a modificação do capital social, emissão de debêntures ou bônus de subscrição, planos de investimento ou orçamentos de capital, distribuição de dividendos, transformação, incorporação, fusão ou cisão; d) denunciar aos órgãos de administração e à assembleia geral, os erros, fraudes ou crimes que descobrirem, sugerindo providências úteis à companhia; e) convocar a assembleia geral ordinária, se os órgãos da administração retardarem por mais de 1 mês essa convocação, bem como a extraordinária, quando ocorrerem motivos graves ou urgentes, incluindo na agenda das assembleias as matérias que considerarem necessárias; f) avaliar, ao menos trimestralmente, o balancete e demais demonstrações financeiras elaboradas periodicamente pela companhia; g) examinar as demonstrações financeiras do exercício social, emitindo parecer; h) exercer essas atribuições, durante a liquidação, levando em conta as disposições especiais que a regulam (art. 163 da Lei das SA).

q) Exercício social e demonstrações financeiras

O exercício social tem a duração de 1 ano, fixando-se o seu término conforme previsão estatutária. Ao seu final, cabe à diretoria elaborar as demonstrações financeiras, exprimindo com clareza a situação patrimonial da companhia e suas alterações no exercício. Fará o balanço patrimonial e a demonstração dos lucros ou prejuízos, do resultado do exercício, dos fluxos de caixa e, se for companhia aberta, a demonstração do valor adicionado.

Essas demonstrações serão publicadas, indicando-se os valores correspondentes às demonstrações do exercício anterior. As contas similares podem ser agrupadas e os pequenos saldos, agregados. É vedada a utilização de termos genéricos como *contas diversas* ou *contas correntes*. É importante registrar a destinação dos lucros, para que seja aprovada pela assembleia geral. Tudo será acompanhado das devidas notas explicativas e outros documentos necessários para o integral esclarecimento da situação patrimonial e quanto ao resultado do exercício.

As referidas notas explicativas precisam conter a apresentação das informações sobre a base de preparação das demonstrações financeiras e das práticas contábeis aplicadas aos negócios e eventos; a divulgação das informações demandadas pelas práticas contábeis adotadas no Brasil; o fornecimento de informes adicionais não indicados nas próprias demonstrações financeiras, desde que necessário para o entendimento; a indicação dos critérios de avaliação dos fatores patrimoniais, dos cálculos de depreciação, amortização e exaustão, de constituição de provisões para encargos ou riscos, bem como dos ajustes para perdas prováveis na realização de elemento do ativo; a indicação dos investimentos em outras sociedades; a indicação do aumento de valor de elementos do ativo; a indicação dos ônus reais constituídos sobre elementos do ativo e outras garantias e responsabilidades; a indicação da taxa de juros, datas de vencimento e garantias de obrigações de longo prazo; a indicação do número, espécies e classes das ações do capital social; a indicação das opções de compra de ações; a indicação dos ajustes de exercícios anteriores; a indicação dos eventos subsequentes ao encerramento do exercício.

Tratando-se de companhia fechada, com patrimônio líquido inferior a R$ 2.000.000,00, não é preciso elaborar e publicar a demonstração dos fluxos de caixa (art. 176, § 6º, da Lei das SA).

r) Escrituração

A companhia deve manter a escrituração em registros permanentes, obedecendo aos preceitos da legislação e aos princípios de contabilidade geralmente aceitos, observando-se métodos ou critérios contábeis uniformes no tempo, além de registrar as mudanças patrimoniais, conforme o regime de competência. Quando as demonstrações financeiras apontarem modificação de métodos ou critérios contábeis, no exercício, deve-se indicar isso em nota, ressaltando tais efeitos (art. 177, *caput* e § 1º, da Lei das SA).

A sociedade precisa observar exclusivamente em livros ou registros auxiliares as disposições da lei tributária ou de legislação especial, sem modificar escrituração mercantil e demonstrações reguladas em lei, sobre a atividade constitutiva de seu objeto, que prescrevam, conduzam ou incentivem o uso de métodos ou critérios contábeis diversos ou determinem registros, lançamentos ou ajustes ou a elaboração de outras demonstrações financeiras (art. 177, *caput* e § 2º, da Lei das SA).

Tratando-se de companhias abertas, as demonstrações financeiras devem observar as normas expedidas pela Comissão de Valores Mobiliários, além de serem obrigatoriamente submetidas à auditoria por parte de auditores independentes (art. 177, *caput* e § 3º, da Lei das SA).

Essas demonstrações devem ser assinadas pelos administradores e por contabilistas legalmente habilitados. As referidas normas expedidas pela Comissão de Valores Mobiliários devem ser elaboradas conforme os padrões internacionais de contabilidade adotados nos principais mercados de valores mobiliários. Por outro lado, as companhias fechadas podem optar por observar as normas sobre demonstrações financeiras expedidas pela Comissão de Valores Mobiliárias para as companhias abertas (art. 177, *caput* e § 6º, da Lei das SA).

s) Balanço patrimonial

No balanço, as contas serão classificadas conforme os fatores ligados ao patrimônio registrado, agrupados de modo a favorecer o conhecimento e a análise da situação financeira da companhia. Quanto ao ativo, as contas serão dispostas em ordem decrescente de grau de liquidez dos elementos nelas registrados, nos seguintes grupos: ativo circulante; ativo não circulante, composto por ativo realizável a longo prazo, investimentos, imobilizado e intangível.

No tocante ao passivo, as contas serão classificadas nos seguintes grupos: passivo circulante; passivo não circulante. Quanto ao patrimônio líquido, dividido em capital social, reservas de capital, ajustes de avaliação patrimonial, reservas de lucros, ações em tesouraria e prejuízos acumulados. Os saldos devedores e credores que a companhia não tiver direito de compensar serão classificados separadamente.

Quanto à classificação das contas, no *ativo circulante*, as disponibilidades, os direitos realizáveis no curso do exercício social subsequente e as aplicações de recursos em despesas do exercício seguinte; no *ativo realizável a longo prazo*, os direitos realizáveis após o término do exercício seguinte, assim como os derivados de vendas, adiantamentos ou empréstimos a sociedades coligadas ou controladas (art. 243 da Lei das SA), diretores, acionistas ou participantes no lucro da companhia, que não constituírem negócios usuais na exploração do objeto da companhia; no tocante a *investimentos*, as participações permanentes em outras sociedades e os direitos

242 | INSTITUIÇÕES DE DIREITO PÚBLICO E PRIVADO · Nucci

de qualquer natureza, não classificáveis no ativo circulante, e que não se destinem à manutenção da atividade da companhia ou da empresa; em referência ao *ativo imobilizado*, os direitos que tenham por objeto bens corpóreos destinados à manutenção das atividades da companhia ou da empresa ou exercidos com essa finalidade, inclusive os decorrentes de operações que transfiram à companhia os benefícios, riscos e controle desses bens; quanto ao *intangível*, os direitos que tenham por objeto bens incorpóreos destinados à manutenção da companhia ou exercidos com essa finalidade, inclusive o fundo de comércio adquirido.

t) Patrimônio líquido

A conta do capital social discriminará o montante subscrito e, por dedução, a parcela ainda não realizada. Classifica-se como reservas de capital as seguintes contas: a contribuição do subscritor de ações que ultrapassar o valor nominal e a parte do preço de emissão das ações sem valor nominal que ultrapassar a importância destinada à formação do capital social, inclusive nos casos de conversão em ações de debêntures ou partes beneficiárias; o produto da alienação de partes beneficiárias e bônus de subscrição. Registra-se, ainda, como reserva de capital o resultado da correção monetária do capital realizado, enquanto não capitalizado.

No balanço patrimonial, os fatores do ativo devem ser avaliados conforme os seguintes pontos: a) aplicações em instrumentos financeiros, inclusive derivativos, e em direitos e títulos de créditos, classificados no ativo circulante ou no realizável a longo prazo (pelo seu valor justo, quando se tratar de aplicações destinadas à negociação ou disponíveis para venda; e pelo valor de custo de aquisição ou valor de emissão, atualizado conforme disposições legais ou contratuais, ajustado ao valor provável de realização, quando este for inferior, no caso das demais aplicações e os direitos e títulos de crédito); b) direitos que tiverem por objeto mercadorias e produtos do comércio da companhia, assim como matérias-primas, produtos em fabricação e bens em almoxarifado, pelo custo de aquisição ou produção, deduzido de provisão para ajustá-lo ao valor de mercado, quando este for inferior; c) investimentos em participação no capital social de outras sociedades, ressalvado o disposto nos arts. 248 a 250, pelo custo de aquisição, deduzido de provisão para perdas prováveis na realização do seu valor, quando essa perda estiver comprovada como permanente, e que não será modificado em razão do recebimento, sem custo para a companhia, de ações ou quotas bonificadas; d) demais investimentos, pelo custo de aquisição, deduzido de provisão para atender às perdas prováveis na realização do seu valor, ou para redução do custo de aquisição ao valor de mercado, quando este for inferior; e) direitos classificados no imobilizado, pelo custo de aquisição, deduzido do saldo da respectiva conta de depreciação, amortização ou exaustão; f) direitos classificados no intangível, pelo custo incorrido na aquisição deduzido do saldo da respectiva conta de amortização; g) elementos do ativo decorrentes de operações de longo prazo serão ajustados a valor presente, sendo os demais ajustados quando houver efeito relevante.

Quanto à avaliação do passivo, devem ser utilizados os seguintes fatores: a) as obrigações, encargos e riscos, conhecidos ou calculáveis, inclusive Imposto sobre a Renda a pagar com base no resultado do exercício, serão computados pelo valor atualizado até a data do balanço; b) as obrigações em moeda estrangeira, com cláusula de paridade cambial, serão convertidas em moeda nacional à taxa de câmbio em vigor na data do balanço; c) as obrigações, os encargos e os riscos classificados no passivo não circulante serão ajustados ao seu valor presente, sendo os demais ajustados quando houver efeito relevante.

u) Reservas de capital

Elas somente podem ser utilizadas para absorção de prejuízos que ultrapassarem os lucros acumulados e as reservas de lucros; para resgate, reembolso ou compra de ações; para resgate de partes beneficiárias; para incorporação ao capital social; para pagamento de dividendo a ações preferenciais, quando essa vantagem lhes for assegurada.

v) Dividendos

A sociedade anônima pode pagar dividendos (lucros) conforme o lucro líquido obtido no exercício, lucros acumulados ou reserva de lucros, como regra. Não observando as regras legais, há responsabilidade solidária dos administradores e fiscais, que precisam repor à caixa social a importância distribuída. Porém, os acionistas não são obrigados a restituir os dividendos que em boa-fé tenham recebido. Presume-se a má-fé quando os dividendos forem distribuídos sem o levantamento do balanço ou em desacordo com os resultados deste.

w) Dissolução, liquidação e extinção

A companhia será dissolvida: a) de pleno direito nas seguintes hipóteses: a.1) pelo término do prazo de duração; a.2) nas situações previstas no estatuto; a.3) por deliberação da assembleia geral; a.4) pela existência de um único acionista, verificada em assembleia se o mínimo de dois não

244 INSTITUIÇÕES DE DIREITO PÚBLICO E PRIVADO · Nucci

for reconstituído até à do ano seguinte; a.5) pela extinção da autorização para funcionar; b) por decisão judicial: b.1) quando anulada a constituição, em face de ação proposta por acionista; b.2) quando provado não poder preencher seu fim, em ação ajuizada por acionistas representando 5% ou mais do capital social; b.3) em situação falimentar; c) por decisão de autoridade administrativa competente.

Pode-se liquidar a companhia, conforme deliberação da assembleia geral, nomeando-se um liquidante. Se for processada judicialmente, os casos podem ser: a) a pedido de qualquer acionista, se os administradores ou a maioria de acionistas deixarem de promover a liquidação, ou a ela se opuserem; b) a requerimento do Ministério Público, à vista de comunicação da autoridade competente, se a companhia, nos 30 (trinta) dias subsequentes à dissolução, não iniciar a liquidação.

A extinção da companhia se dá pelo encerramento da liquidação ou pela incorporação ou fusão, bem como pela cisão com versão de todo o patrimônio em outras sociedades (art. 219 da Lei das SA).

x) Sociedades coligadas e controladas

Coligada é a sociedade na qual a investidora tem influência significativa. Controlada é a sociedade na qual a controladora, direta ou indiretamente, é titular de direitos de sócio, que lhe assegurem, de maneira permanente, a preponderância nas deliberações sociais e o poder de eleger a maioria dos administradores.

y) Grupo de Sociedades

É viável que a sociedade controladora e suas controladas possam constituir um grupo de sociedades, a partir de uma convenção pela qual se obriguem a combinar recursos para a realização dos objetos, ou a participar de atividades ou empreendimentos comuns.

A sociedade que controla deve ser brasileira, exercendo, direta ou indiretamente, de maneira permanente, o controle das sociedades filiadas, como titular de direitos de sócio ou acionista, ou em face de acordo com outros sócios ou acionistas.

2.2.5   Títulos de crédito

2.2.5.1   Conceito

Há inúmeros conceitos de *título de crédito*. Convém expor dois dos mais importantes: "é a manifestação unilateral da vontade do agente, materializada em um instrumento, pela qual ele se obriga a uma prestação determinada, independentemente e qualquer ato de aceitação emanado de outro agente" (Caio Mário da Silva Peixoto); "é o documento necessário para se exercer o direito literal e autônomo nele mencionado ou contido" (Cesare Vivante).[23] Em suma, trata-se de um documento, expressivo de uma dívida, com força executiva, baseado na sua própria literalidade e autonomia.

2.2.5.2 Princípios do direito cambiário

Existem relevantes princípios do direito cambiário:

I) *cartularidade*: "o título de crédito é o documento *necessário* para o exercício do direito, literal e autônomo, nele mencionado. Desse adjetivo do conceito pode-se extrair a referência ao princípio da cartularidade, segundo o qual o exercício dos direitos representados por um título de crédito pressupõe a sua posse. Somente quem exibe a cártula (isto é, o *papel* em que se lançaram os atos cambiários constitutivos do crédito) pode pretender a satisfação de uma pretensão relativamente ao direito documentado pelo título"[24]. Ex.: o credor de um cheque emitido pelo devedor, precisa apresentá-lo ao banco para descontar e obter o seu valor. Sem o título, não há pagamento rápido e o estabelecimento bancário nada pode fazer;

II) *literalidade*: advém do termo *literal*, cujo significado espelha aquilo que reproduz *exatamente*, termo por termo, o texto de um documento. Por isso se diz da interpretação *literal* constituir aquela que se contenta em analisar palavra por palavra do texto legal, sem ampliar ou diminuir o seu conteúdo. No campo do título de crédito, significa que o documento de crédito vale exatamente pelo valor nele contido. Ex.: um cheque, preenchido, com o valor de R$ 2.000,00 (dois mil reais) tem o seu valor literal nesse montante; nem mais, nem menos obriga o devedor a pagar e o credor a receber. Por vezes, o título exibe um valor exorbitante, mas, como ilustração, pode ser fruto de um agiota, que empresta R$ 1.000,00 em dinheiro, mas exige do devedor um cheque seu no valor de R$ 2.000,00. Para o banco, o título é de R$ 2.000,00 (literalidade do título). Qualquer discussão a respeito disso deve dar-se em esfera de conhecimento, em processo civil e/ou criminal;

---

23. In: Maria Helena Diniz, *Dicionário jurídico*, v. 4, p. 691.
24. Fábio Ulhoa Coelho, *Curso de direito comercial*, v. 1, p. 379.

246 | INSTITUIÇÕES DE DIREITO PÚBLICO E PRIVADO · **Nucci**

III) *autonomia*: uma vez expedido e colocado em circulação, o título vale por si, podendo, em muitos casos, ser transferido a terceiros. Registre-se a lição de Fábio Ulhoa Coelho: "pelo princípio da autonomia das obrigações cambiais, os vícios que comprometem a validade de uma relação jurídica, documentada em título de crédito, não se estendem às demais relações abrangidas no mesmo documento"[25];

IV) *abstração*: trata-se de característica ligada à circulação de alguns títulos de crédito. São os que, embora tenham uma causa para a sua emissão, a sua circulação e obrigações que dele são geradas independem dela. Na ótica dos princípios supraexpostos, confira-se o disposto pelo art. 887 do CC: "o título de crédito, documento necessário ao exercício do direito literal e autônomo nele contido, somente produz efeito quando preencha os requisitos da lei".

2.2.5.3 Regras básicas

Seguem algumas regras importantes: a) se faltar algum elemento essencial à validade do título de crédito, isto não invalida o negócio do qual ele teve origem; as partes terão que debater o caso em processo de conhecimento, sem poder utilizar a *certeza* advinda do título; b) todo título de crédito precisa conter a data da sua emissão, bem como os direitos que confere, além da assinatura do emitente; c) sem expressa indicação, o título vence à vista; d) o título pode ser emitido por meio de computador ou equivalente, desde que observados seus requisitos mínimos; e) reputam-se *não escritas* no título a cláusula de juros, a proibição de endosso, a exclusão da responsabilidade pelo pagamento ou despesas; a dispensa da observância de termos e formalidades prescritos; f) exclusão ou restrição de direitos e obrigações.

O título de crédito, incompleto à época da emissão, precisa ser preenchido de acordo com o que foi pactuado. Se isto não for realizado, não constitui motivo de oposição a terceiro, salvo se este agiu de má-fé. No entanto, é preciso considerar que o preenchimento do título de crédito, ao arrepio da vontade do emitente, conforme o caso concreto pode gerar o crime de falsidade ideológica (inserir num título verdadeiro, conteúdo contrário à realidade contratada) ou de falsidade material (construir um título falso, com conteúdo irreal).

---

25. *Curso de direito comercial*, v. 1, p. 382.

A pessoa que, sem ter poderes para tanto (ou abusando dos que têm), inserir a sua assinatura em título de crédito, passando-se por mandatário ou representante de outrem, fica pessoalmente obrigado pela dívida; pagando, fica com os mesmos direitos do suposto mandante ou representado. Enquanto o título de crédito estiver circulando, só ele poderá ser dado em garantia, ou objeto de medidas judiciais. Se adquirido de boa-fé, o título não pode ser reivindicado de portador, conforme as regras que disciplinam a sua circulação. O título de crédito pode ser avalizado (aval significa lançar a assinatura no título de crédito alheio, comprometendo-se a garanti-lo). O avalista é equiparado àquele nome indicado; na falta, ao emitente ou devedor final.

Tratando-se de título ao portador, ele pode ser transferido a outrem por simples tradição (ex.: cheque ao portador pode passar para outra pessoa pela simples entrega do título). O possuidor tem direito à prestação indicada no título, bastando apresentá-lo ao devedor. Essa prestação é devida mesmo que o título tenha entrado em circulação contra a vontade do emitente. As únicas defesas do devedor são: a) exceção baseada em direito pessoal; b) nulidade da obrigação.

Havendo *endosso*, deve ser lançado pelo endossante no verso ou anverso do título. Pode ser indicado o endossatário, apenas assinando. A transferência do endosso completa-se com a tradição do título. O endossatário em *branco* (sem indicar o beneficiário) pode mudá-lo para em *preto* (indicando o favorecido).

Denomina-se *título nominativo* o que for emitido em favor de uma pessoa cujo nome conste no registro do emitente. Esse título é transferido mediante termo, em registro do emitente, assinado pelo proprietário e pelo adquirente. O título nominativo também se transfere por endosso, quando contiver o nome do endossatário. Essa transferência mediante endosso só tem valor perante o emitente se for feita a averbação em seu registro, podendo o emitente exigir do endossatário a comprovação da autenticidade da assinatura do endossante. Exceto se houver proibição legal, o título nominativo pode transformar-se em à ordem ou ao portador. Conferir arts. 888 a 926 do CC.

2.2.5.4 *Espécies de títulos de crédito*

2.2.5.4.1 Letra de câmbio

É uma ordem de pagamento expedida por um credor contra o devedor, favorável a terceiro ou ao próprio sacado. Explica muito bem a sistemática

248 | INSTITUIÇÕES DE DIREITO PÚBLICO E PRIVADO · **Nucci**

da letra de câmbio, Fábio Ulhoa Coelho: "os comerciantes necessitavam, assim, de um instrumento que possibilitasse a troca de diferentes moedas, quando o intuito de realizar negócios, deslocavam-se de um lugar para outro. Criou-se, então, a seguinte sistemática: o banqueiro recebia, em depósito, as moedas com circulação no burgo do seu estabelecimento, e escrevia uma carta ao banqueiro estabelecido no local de destino do mercador depositante. Nessa carta, ele dizia ao colega que pagasse ao comerciante, ou a quem ele indicasse, em moeda local, o equivalente ao montante depositado. Posteriormente, os banqueiros faziam o encontro de contas das cartas emitidas e recebidas".[26]

2.2.5.4.2 Nota promissória

Trata-se de uma promessa de pagamento, por meio da qual o devedor a emite, colocando data do vencimento e valor da dívida, além do lugar onde se situa. Não há necessidade de *aceite*, pois é somente uma promessa de que será feito um pagamento;

2.2.5.4.3 Cheque

É um título de crédito, que gera uma ordem de pagamento à vista; o devedor o preenche, colocando o valor devido e, embora possa ser destinado ao portador, costuma-se inserir o credor. Muitos emitentes *cruzam* o cheque, com aquelas duas linhas paralelas, significando que o título deve ser depositado em banco para ser compensado – não pode haver o pagamento na boca do caixa. O cheque ganhou, no comércio, há vários anos, uma certa descaracterização, a partir do momento em que o emitente escreve – e o aceitante permite – a expressão "bom para o dia _____". Ora, essa inscrição não altera a ordem de pagamento à vista, caso o título seja apresentado ao banco sacado, mas no comércio tornou-se *ponto de honra* respeitar essa previsão. Com isto, o cheque foi descaracterizado na prática. Virou uma promessa de pagamento, a tal ponto que não mais se processa por estelionato quem emite cheque sem provisão de fundos, desde que contenha essa expressão "bom para o dia....". Na verdade, é preciso aceitar que o cheque está com os dias contados; não há mais uso reiterado desse título de crédito; está sendo substituído pelo cartão de débito ou crédito e, mais modernamente, pela transferência automática feita pelo celular diretamente para a conta do credor.

---

26. *Curso de direito comercial*, v. 1, p. 395.

CAP. III • DIREITO PRIVADO | **249**

2.2.5.4.4 Duplicata

Cuida-se de título de crédito advindo de uma compra e venda ou prestação de serviços. O comerciante emite a fatura para circular como um título de crédito, espelhando um valor advindo de serviço prestado ou mercadoria vendida. O pagamento é feito a prazo e depende de aceitação. O aceite é relevante porque só pode recusar caso as mercadorias do sacador não sejam recebidas; e) *conhecimento de depósito* (*warrant*): é o título armazeneiro, emitidos por empresas de Armazém e entregues ao depositante; este fica habilitado a negociar as mercadorias em depósito, passando a circular o título que as representam. É crime, emitir conhecimento de depósito ou *warrant* em desacordo com disposição legal, conforme dispõe o art. 178 do CP.

2.2.5.5   *Contratos mercantis*

2.2.5.5.1 Compra e venda mercantil

O contrato de compra e venda não tem complexidade e a maioria das pessoas entende exatamente do que se trata. Significa que uma pessoa, intitulada como *vendedor* se obriga a transferir a propriedade de alguma coisa a outrem, denominado *comprador*, que, para tanto, pagará o preço ajustado. Na esfera mercantil, como bem exprime Fábio Ulhoa Coelho, o contrato mercantil exige que comprador e vendedor sejam empresários; a partir daí o objeto do contrato precisa ser uma mercadoria e o negócio se deve inserir na atividade empresarial de circulação de bens.[27]

Os elementos básicos formadores do contrato de compra e venda são: a coisa, o preço e o consentimento. O vendedor obriga-se a entregar a coisa, transferindo o domínio; garantir o uso e gozo integral da coisa vendida; responder por evicção. Esta última é a garantia inerente a todo contrato oneroso. Refere-se à perda integral ou parcial da coisa vendida por força de decisão judicial advinda de processo provocado por terceiro. Então, o vendedor tem a obrigação de pagar o preço que o comprador lhe passou, além de indenizar os danos havidos, despesas, inclusive processuais, honorários de advogado e custas.

---

27.   *Curso de direito comercial*, v. 3, p. 70.

250 | INSTITUIÇÕES DE DIREITO PÚBLICO E PRIVADO · NUCCI

No contrato, pode ser incluída a cláusula de *retrovenda*, quando se tratar de imóvel, permitindo que o vendedor reserve a si o direito de recobrar a coisa no prazo máximo de três anos (decadência), devolvendo o preço recebido e reembolsando as despesas do comprador.

Mais comum é a venda com reserva de domínio, quando o vendedor reserva para si a propriedade do objeto (coisa móvel), passando a posse ao comprador, até que toda a dívida seja paga. Quitada, o comprador passa a gozar da propriedade e da posse.

2.2.5.5.2 Alienação fiduciária em garantia

Cuida-se de um contrato de alienação em confiança, usando-se a coisa vendida como garantia. O vendedor entrega um bem ao comprador; o preço será pago por terceiro (financeira), que fica com a propriedade e a posse indireta. O comprador desfruta da posse direta. Pode envolver bens móveis ou imóveis. Neste último caso, registra-se no Cartório de Registro de Imóveis. Trata-se de um domínio resolúvel, que somente implementará a condição resolutiva quando quitar o preço.

Nesta modalidade de alienação, há uma instituição financiadora, que empresta o dinheiro ao cliente (mútuo) para ele comprar o bem, com juros e outros encargos. Esse bem fica como garantia. Mesmo que, não quitado o preço, a financeira consiga de volta o bem, ainda pode pretender receber o valor pactuado do devedor (encargos financeiros).

Quando se trata de venda com reserva de domínio, o vendedor retém o domínio e, se o adquirente não pagar o preço, aquele pode tomar o bem de volta. O comprador, perdendo o bem, nada mais deve.

2.2.5.5.3 *Franchising* (franquia)

"Franquia empresarial é o sistema pelo qual um franqueador cede ao franqueado o direito de uso de marca ou patente, associado ao direito de distribuição exclusiva ou semiexclusiva de produtos ou serviços e, eventualmente, também ao direito de uso de tecnologia de implantação e administração de negócio ou sistema operacional desenvolvidos ou detidos pelo franqueador, mediante remuneração direta ou indireta, sem que, no entanto, fique caracterizado vínculo empregatício" (art. 2º da Lei 8.955/94).

O contrato de franquia abrange uma prestação de serviços, distribuição de produtos, cessão de uso de marcas e/ou patentes, além de prestação

CAP. III • DIREITO PRIVADO | 251

sucessiva desses recursos. Constitui um contrato bilateral, onde um dos contratantes se obriga a fornecer produtos, uso de tecnologia, uso de marcas e patentes, prestação de serviços, enquanto o outro deve pagar remuneração por tais direitos, cessões e serviços.[28]

2.2.5.5.4 *Factoring* (faturização)

Cuida-se de uma "prestação cumulativa e contínua de serviços de assessoria creditícia, mercadológica, gestão de crédito, seleção e riscos, administração de contas a pagar e a receber, compras de direitos creditórios resultantes de vendas mercantis a prazo ou de prestação de serviços (*factoring*)". Essa definição, outrora prevista no art. 28, § 1º, alínea *c*, da Lei 8.981/95, foi revogada pela Lei 9.249/95. No entanto, o conceito permanece válido.

A empresa de *factoring* **não é uma instituição financeira**, mas possui tríplice objetivo: "a) dar assessoria (de crédito e mercadológica); b) administrar (créditos e riscos e a carteira de contas a pagar e a receber); c) comprar direitos creditórios resultantes de vendas".[29]

2.2.5.5.5 *Leasing* (arrendamento mercantil)

Trata-se do arrendamento mercantil, representando que a coisa se encontra em poder do arrendatário como alugada e, contratualmente, pertence ao arrendador. Embora existam várias modalidades de *leasing*, a mais utilizada é a denominada *financial lease* ou arrendamento financeiro, ou ainda *leasing* bancário. Conforme lição de Ricardo Negrão, "consiste na operação feita por instituição financeira, que, na qualidade de arrendador, adquire o bem do fabricante e o entrega mediante pagamento de parcelas previamente ajustadas, para uso do arrendatário por prazo determinado, ao final do qual este terá o direito de proceder à tríplice escolha [continuar o arrendamento, terminá-lo ou comprar o bem]. Se o arrendatário rescinde o contrato antecipadamente, obriga-se a pagar as prestações vincendas".[30]

---

28. Ricardo Negrão, *Direito empresarial*, p. 179.
29. Ricardo Negrão, *Direito empresarial*, p. 196.
30. *Direito empresarial*, p. 191.

252 | INSTITUIÇÕES DE DIREITO PÚBLICO E PRIVADO · NUCCI

2.2.6 Recuperação judicial e falência

2.2.6.1 Recuperação judicial

2.2.6.1.1 Conceito

Quando uma empresa se encontra em dificuldades financeiras, especialmente não conseguindo, como deveria, pagar seus credores, pode requerer a sua *recuperação judicial* (antiga concordata). Ela tem por finalidade viabilizar a superação da situação de crise do devedor, permitindo a manutenção da produção, do emprego dos trabalhadores e dos interesses dos credores; enfim, preserva-se a empresa.

2.2.6.1.2 Objetivo

Destina-se a recuperação judicial a viabilizar a superação da situação de crise econômico-financeira do devedor, com o objetivo de permitir a manutenção da fonte produtora, do emprego dos trabalhadores e dos interesses dos credores, incentivando a preservação da empresa, a sua função social e o estímulo à atividade econômica (art. 47 da Lei 11.101/2005).

2.2.6.1.3 Requisitos

O devedor pode requerer a recuperação judicial, conforme art. 48 da referida Lei, quando exerça regularmente as suas atividades há mais de dois danos, atendendo aos seguintes pontos, de maneira cumulativa: a) não ser falido e, se o foi, estejam declaradas extintas, por sentença transitada em julgado, as responsabilidades daí decorrentes; b) não ter, há menos de 5 (cinco) anos, obtido concessão de recuperação judicial; c) não ter, há menos de 5 (cinco) anos, obtido concessão de recuperação judicial com base no plano especial de que tratam os arts. 70 a 72 da Lei 11.101/2005; d) não ter sido condenado ou não ter, como administrador ou sócio controlador, pessoa condenada por qualquer dos crimes previstos nesta Lei. Estão sujeitos à recuperação judicial todos os créditos existentes na data do pedido, ainda que não vencidos.

2.2.6.1.4 Meios de recuperação judicial

São meios de recuperação judicial, nos termos do art. 50, como regra:

a) concessão de prazos e condições especiais para pagamento das obrigações vencidas ou vincendas;

b) cisão, incorporação, fusão ou transformação de sociedade, constituição de subsidiária integral, ou cessão de cotas ou ações, respeitados os direitos dos sócios, nos termos da legislação vigente;

CAP. III • DIREITO PRIVADO | **253**

c) alteração do controle societário;

d) substituição total ou parcial dos administradores do devedor ou modificação de seus órgãos administrativos;

e) concessão aos credores de direito de eleição em separado de administradores e de poder de veto em relação às matérias que o plano especificar;

f) aumento de capital social;

g) trespasse ou arrendamento de estabelecimento, inclusive à sociedade constituída pelos próprios empregados;

h) redução salarial, compensação de horários e redução da jornada, mediante acordo ou convenção coletiva;

i) dação em pagamento ou novação de dívidas do passivo, com ou sem constituição de garantia própria ou de terceiro;

j) constituição de sociedade de credores;

k) venda parcial dos bens;

l) equalização de encargos financeiros relativos a débitos de qualquer natureza, tendo como termo inicial a data da distribuição do pedido de recuperação judicial, aplicando-se inclusive aos contratos de crédito rural, sem prejuízo do disposto em legislação específica;

m) usufruto da empresa;

n) administração compartilhada;

o) emissão de valores mobiliários;

p) constituição de sociedade de propósito específico para adjudicar, em pagamento dos créditos, os ativos do devedor.

2.2.6.2   *Falência*

2.2.6.2.1 Conceito

A falência, por seu turno, significa que o comerciante não consegue pagar seus credores na data aprazada, possuindo mais débitos que créditos, atingindo o estado de insolvência. Aceitando-se esse estado, tem-se por finalidade preservar bens, ativos, recursos produtivos existentes no que se refere à empresa, buscando satisfazer os credores, mesmo com a *morte* da empresa.

2.2.6.2.2 Juízo universal da falência

O juízo onde tramita o processo de falência é indivisível e competente para conhecer todas as ações sobre bens, interesses e negócios do falido,

254 | INSTITUIÇÕES DE DIREITO PÚBLICO E PRIVADO · **Nucci**

ressalvadas as causas trabalhistas, fiscais e aquelas não reguladas na Lei 11.101/2005, em que o falido figurar como autor ou litisconsorte ativo. Todas as ações, inclusive as excetuadas acima, terão prosseguimento com o administrador judicial, que deverá ser intimado para representar a massa falida, sob pena de nulidade do processo.

2.2.6.2.3 Consequências da decretação de falência

Ocorre o vencimento antecipado das dívidas do devedor e dos sócios ilimitada e solidariamente responsáveis, com o abatimento proporcional dos juros, e converte todos os créditos em moeda estrangeira para a moeda do País, pelo câmbio do dia da decisão judicial, para todos os efeitos desta Lei.

São considerados habilitados, para a falência, todos os créditos remanescentes da recuperação judicial, quando definitivamente incluídos no quadro-geral de credores, tendo prosseguimento as habilitações que estejam em curso. Observe-se que a decisão decretando a falência da sociedade com sócios ilimitadamente responsáveis também acarreta a falência destes, que ficam sujeitos aos mesmos efeitos jurídicos produzidos em relação à sociedade falida e, por isso, deverão ser citados para apresentar contestação, se assim o desejarem. As empresas falidas são representadas, na falência, por seus administradores ou liquidantes, que possuem os mesmos direitos e as obrigações próprias do falido.

Tratando-se de responsabilidade pessoal dos sócios de empresa de responsabilidade limitada, dos controladores e dos administradores da falida será apurada no juízo da falência. Prescreve em dois anos, contados do trânsito em julgado da sentença de encerramento da falência, a ação de responsabilização retromencionada.

2.2.6.2.4 Classificação dos créditos

Na classificação dos créditos, realizada no processo de falência, obedece-se à seguinte ordem:

a) créditos derivados da legislação trabalhista, limitados a 150 salários mínimos por credor, e os decorrentes de acidentes de trabalho;

b) créditos com garantia real até o limite do valor do bem gravado;

c) créditos tributários, independentemente da sua natureza e tempo de constituição, excetuadas as multas tributárias;

d) créditos com privilégio especial, a saber: d.1) os previstos no art. 964 do Código Civil ("Têm privilégio especial: I – sobre a coisa arrecadada e liquidada, o credor de custas e despesas judiciais feitas com a arrecadação e liquidação; II – sobre a coisa salvada, o credor por despesas de salvamento; III – sobre a coisa beneficiada, o credor por benfeitorias necessárias ou úteis; IV – sobre os prédios rústicos ou urbanos, fábricas, oficinas, ou quaisquer outras construções, o credor de materiais, dinheiro, ou serviços para a sua edificação, reconstrução, ou melhoramento; V – sobre os frutos agrícolas, o credor por sementes, instrumentos e serviços à cultura, ou à colheita; VI – sobre as alfaias e utensílios de uso doméstico, nos prédios rústicos ou urbanos, o credor de aluguéis, quanto às prestações do ano corrente e do anterior; VII – sobre os exemplares da obra existente na massa do editor, o autor dela, ou seus legítimos representantes, pelo crédito fundado contra aquele no contrato da edição; VIII – sobre o produto da colheita, para a qual houver concorrido com o seu trabalho, e precipuamente a quaisquer outros créditos, ainda que reais, o trabalhador agrícola, quanto à dívida dos seus salários. IX – sobre os produtos do abate, o credor por animais"); d.2) os assim definidos em outras leis civis e comerciais, salvo disposição contrária da Lei 11.101/2005; d.3) aqueles a cujos titulares a lei confira o direito de retenção sobre a coisa dada em garantia; d.4) aqueles em favor dos microempreendedores individuais e das microempresas e empresas de pequeno porte de que trata a Lei Complementar 123/2006;

e) créditos com privilégio geral, a saber: e.1) os previstos no art. 965 do CC ("Goza de privilégio geral, na ordem seguinte, sobre os bens do devedor: I – o crédito por despesa de seu funeral, feito segundo a condição do morto e o costume do lugar; II – o crédito por custas judiciais, ou por despesas com a arrecadação e liquidação da massa; III – o crédito por despesas com o luto do cônjuge sobrevivo e dos filhos do devedor falecido, se foram moderadas; IV – o crédito por despesas com a doença de que faleceu o devedor, no semestre anterior à sua morte; V – o crédito pelos gastos necessários à mantença do devedor falecido e sua família, no trimestre anterior ao falecimento; VI – o crédito pelos impostos devidos à Fazenda Pública, no ano corrente e no anterior; VII – o crédito pelos salários dos empregados do serviço doméstico do devedor, nos seus derradeiros seis meses de vida; VIII – os demais créditos de privilégio geral"); e.2) os previstos no parágrafo único do art. 67 da Lei 11.101/2005 ("Os créditos decorrentes de obrigações contraídas pelo devedor durante a recuperação judicial, inclusive aqueles relativos a despesas com fornecedores de bens ou serviços e contratos de mútuo, serão considerados extraconcursais, em caso de decretação de falência, respeitada, no que couber, a ordem estabelecida no art. 83 desta Lei"); e.3) os assim definidos em outras leis civis e comerciais, salvo disposição contrária da Lei 1.101/2005;

256 | INSTITUIÇÕES DE DIREITO PÚBLICO E PRIVADO · NUCCI

f) créditos quirografários, a saber: f.1) aqueles não previstos nos demais incisos do art. 83 da Lei 11.101/2005; f.2) os saldos dos créditos não cobertos pelo produto da alienação dos bens vinculados ao seu pagamento; f.3) os saldos dos créditos derivados da legislação do trabalho que excederem o limite de 150 salários mínimos;

g) as multas contratuais e as penas pecuniárias por infração das leis penais ou administrativas, inclusive as multas tributárias;

h) créditos subordinados, a saber: h.1) os assim previstos em lei ou em contrato; h.2) os créditos dos sócios e dos administradores sem vínculo empregatício.

2.2.6.2.5 Causas para a decretação da falência

Decreta-se a falência do devedor, nos termos do art. 94 da Lei 11.101/2005, que:

a) sem relevante razão de direito, não paga, no vencimento, obrigação líquida materializada em título ou títulos executivos protestados cuja soma ultrapasse o equivalente a 40 salários mínimos na data do pedido de falência;

b) executado por qualquer quantia líquida, não paga, não deposita e não nomeia à penhora bens suficientes dentro do prazo legal;

c) pratica qualquer dos seguintes atos, exceto se fizer parte de plano de recuperação judicial: c.1) procede à liquidação precipitada de seus ativos ou lança mão de meio ruinoso ou fraudulento para realizar pagamentos; c.2) realiza ou, por atos inequívocos, tenta realizar, com o objetivo de retardar pagamentos ou fraudar credores, negócio simulado ou alienação de parte ou da totalidade de seu ativo a terceiro, credor ou não; c.3) transfere estabelecimento a terceiro, credor ou não, sem o consentimento de todos os credores e sem ficar com bens suficientes para solver seu passivo; c.4) simula a transferência de seu principal estabelecimento com o objetivo de burlar a legislação ou a fiscalização ou para prejudicar credor; c.5) dá ou reforça garantia a credor por dívida contraída anteriormente sem ficar com bens livres e desembaraçados suficientes para saldar seu passivo; c.6) ausenta-se sem deixar representante habilitado e com recursos suficientes para pagar os credores, abandona estabelecimento ou tenta ocultar-se de seu domicílio, do local de sua sede ou de seu principal estabelecimento; c.7) deixa de cumprir, no prazo estabelecido, obrigação assumida no plano de recuperação judicial.

Podem requerer a falência do devedor: a) o próprio devedor, na forma do disposto nos arts. 105 a 107 da Lei 11.101/2005; b) o cônjuge sobrevivente, qualquer herdeiro do devedor ou o inventariante; c) o cotista ou o acionista do devedor na forma da lei ou do ato constitutivo da sociedade; d) qualquer credor.

2.2.6.2.6 Encerramento da falência e extinção das obrigações do falido

Realizado todo o ativo, com a distribuição aos credores, o administrador judicial da falência deve apresentar ao juiz as contas no prazo de 30 dias (art. 154 da Lei 11.101/2005). As contas, com os documentos comprobatórios, serão prestadas em autos apartados que, ao final, serão apensados aos autos da falência. O juiz determinará a publicação de aviso de que as contas foram entregues e se encontram à disposição dos interessados, que poderão impugná-las no prazo de 10 dias. Findo o prazo do aviso e realizadas as diligências necessárias à apuração dos fatos, o juiz intimará o Ministério Público para manifestar-se no prazo de 5 dias, terminado o qual o administrador judicial será ouvido se houver impugnação ou parecer contrário do Ministério Público. Na sequência, o juiz julgará as contas por sentença. Rejeitando as contas, fixa-se a responsabilidade do administrador judicial. Se as contas estiverem em ordem, apresenta-se o relatório final da falência, indicando-se o ativo e o produto da sua realização, o valor do passivo e os pagamentos feitos aos credores, especificando as responsabilidades do falido. O juiz, então, encerrará a falência por sentença.

2.3 Direito do Trabalho

2.3.1 Bases constitucionais

O direito do trabalho encontra previsão na Constituição Federal nos arts. 6º a 11, principalmente. Consideram-se direitos sociais a educação, a saúde, a alimentação, o trabalho, a moradia, o transporte, o lazer, a segurança, a previdência, a proteção à maternidade e à infância, a assistência aos desamparados. Observa-se que os referidos direitos sociais possuem igual reflexo no princípio regente do Estado Democrático de Direito, dignidade da pessoa humana.

2.3.2 Conceito e divisão

Nas palavras de Sérgio Pinto Martins, "direito do trabalho é o conjunto de princípios, regras e instituições atinentes à relação de trabalho subordinado e situações análogas, visando (sic) assegurar melhores condições de trabalho e sociais ao trabalhador, de acordo com as medidas de proteção que lhe são destinadas".[31]

Divide-se em Parte geral, Direito individual do trabalho, direito tutelar do trabalho e direito coletivo do trabalho.

2.3.3 Fontes do direito do trabalho

A fonte do direito é a causa, a origem, o local de nascimento das normas. Há que se distinguir a fonte *material* (criadora do direito) da fonte *formal* (como o direito se expressa). No campo trabalhista, como fonte material, há somente a União, por intermédio do Poder Legislativo, com competência para legislar sobre direito do trabalho (art. 22, I, da CF).

Quanto às fontes formais, há uma diversidade acima da média se colocado o direito do trabalho em confronto com outras áreas do ordenamento jurídico. São fontes formais:

a) Constituição Federal (arts. 7º a 11): é a principal das fontes, visto ser a Lei Máxima do país, não podendo o direito infraconstitucional ser aplicado quando entrar em choque com a norma constitucional;

b) Leis complementares: algumas matérias, disciplinas genericamente na Constituição, necessitam da edição de uma lei específica, *complementado* o texto constitucional para auferir aplicabilidade;

c) Leis ordinárias: constituem o berço natural da legislação trabalhista, pois é competência privativa da União legislar em direito do trabalho, devendo fazê-lo no campo ordinário (comum);

d) Leis delegadas: são normas emanadas do Presidente da República, por delegação do Congresso Nacional. É incomum a edição de leis delegadas no Brasil;

e) Medida provisória: trata-se de medida de urgência, com força de lei, editada pelo Presidente da República, acerca de assunto relevante; entra em vigor de imediato, mas o Congresso Nacional deve aprová-la em até 30 dias, sob pena de perder a eficácia;

f) Decretos: são instrumentos utilizados pelo Poder Executivo para regulamentar uma lei, detalhando o seu conteúdo;

---

31. *Manual de direito do trabalho*, p. 38.

g) Sentenças normativas: são decisões judiciais, proferidas pelo Tribunal Regional do Trabalho ou pelo Tribunal Superior do Trabalho, conforme as entidades sindicais envolvidas, frutos de negociações entre sindicatos de trabalhadores e sindicatos patronais, que, se inviabilizado o acordo, terminam julgados. É a sentença em dissídio coletivo, com força normativa, gerando direitos e obrigações aos envolvidos na causa; noutros termos, a sentença normativa possui eficácia em relação à categoria profissional abrangida no dissídio coletivo;

h) Jurisprudência: é o conjunto das decisões proferidas pelos Tribunais Regionais do Trabalho e do Tribunal Superior do Trabalho a respeito de certo tema. Embora parcela da doutrina não reconheça o seu caráter de fonte do direito, parece-nos correta a posição de quem a aceita como tal. Diz-se que a jurisprudência não possui efeito obrigatório, mas, hoje, o STF pode editar Súmula Vinculante em qualquer matéria constitucional, o que envolve o direito do trabalho. A Súmula Vinculante tem força de lei e deve ser cumprida. Além disso, a jurisprudência majoritária, sobre um tema, leva vários juízes a seguirem a posição adotada, motivo pelo qual é uma fonte de expressão do direito trabalhista;

i) Convenção coletiva do trabalho: trata-se do acordo nascido de negociações entre entidades sindicais de empregados e empregadores, de larga abrangência, envolvendo todos os que estão vinculados aos sindicatos negociantes;

j) Acordo coletivo do trabalho: cuida-se de um acordo, advindo de negociações, em âmbito mais restrito, de um sindicato com uma empresa, apenas;

k) Regulamento de empresa: as empresas possuem normas internas, que constituem um *regulamento*, a ser observado pelo empregado, pois termina regulando as condições laborativas; naturalmente, o regulamento não pode infringir leis, convenções ou acordos coletivos do trabalho;

l) Usos e costumes: a prática reiterada de determinada conduta indica um *costume*. Exemplo típico é a ordem que se deve respeitar na fila, para ser atendido em qualquer lugar. As empresas também podem possuir certos procedimentos reiterados usualmente pelos empregados, que terminam gerando fonte do direito do trabalho. Imagine-se o caso de um contrato de trabalho realizado verbalmente por configurar costume de determinada localidade;

m) Contrato individual de trabalho: trata-se do pacto feito entre empregado e empregador, estipulando as normas a reger a relação trabalhista entre eles. Fixa direitos e obrigações para os envolvidos.

2.3.4   Princípios do direito do trabalho

Como ocorre em todas as demais disciplinas, cada qual com os seus particulares, os princípios funcionam como parâmetros para o legislador editar normas, para o Executivo propor leis e, fundamentalmente, ao Judiciário para interpretar e aplicar a norma ao caso concreto.

São princípios do direito do trabalho, segundo a indicação de Amauri Mascaro Nascimento e Sônia Mascaro Nascimento, baseados em Américo Plá Rodriguez:[32]

a) princípio da proteção (consagra a busca pela compensação entre a superioridade econômica do empregador e a condição inferior do empregado), que se subdivide em outros três:

a.1) princípio do *in dubio pro operario*: cuida-se de uma regra de interpretação, voltada ao Judiciário, para que, havendo dúvida quanto à aplicação de determinada norma, decida-se em favor do trabalhador. Segue-se a mesma ideia de privilegiar a hipossuficiência no campo do processo penal, com o princípio *in dubio pro reo*. O prisma é o mesmo: em caso de dúvida razoável, decide-se em favor do réu, absolvendo-o;

a.2) princípio a prevalência da norma favorável ao trabalhador: significa que, existindo duas ou mais normas aptas à aplicação a determinado caso concreto, deve-se dar prioridade à que favoreça o empregado. Este princípio insere-se no campo do conflito aparente de normas, valendo expressar que, havendo dúvida, elege-se a norma protetora ao operário;

a.3) princípio da preservação da condição mais benéfica: significa privilegiar o princípio do direito adquirido para solucionar alguns conflitos trabalhistas, visando ao favorecimento de direito do trabalhador. Assim, em caso de alteração legislativa, considerada prejudicial ao empregado, deve-se optar por manter o máximo de benefícios que ele já possuía;

b) princípio da realidade: busca-se, no processo trabalhista, a verdade real em face da verdade formal. Esta *verdade* é a que brota dos autos, geralmente lastreada em documentos; aquela *verdade* é baseada na realidade, ou seja, independentemente do documento, funda-se a decisão judicial naquilo que de fato houve na relação trabalhista. Ex.: um recibo de pagamento assinado pelo trabalhador pode ser irreal, pois, na prática, teria sido enganado a assinar o papel. Deve-se buscar a *verdade real* para a correta aplicação da lei trabalhista. Assemelha-se ao princípio da busca

---

32.   *Curso de direito do trabalho*, p. 471-472.

da verdade real, existente no processo penal: o juiz deve perseguir a verdade que mais se aproxima da realidade, em detrimento de provas formais introduzidas no processo. Por isso, a confissão do réu quanto à prática do crime, isolada nos autos, não serve para a condenação;

c) princípio da razoabilidade: cuida-se de princípio reinante em vários ramos do ordenamento jurídico, não se podendo considerá-lo exclusivamente trabalhista. Significa que, na interpretação de normas, o juiz precisa ponderar, com equilíbrio, qual o resultado mais próximo das noções de justiça e, portanto, do razoável;

d) princípio da irrenunciabilidade dos direitos pelo trabalhador: busca-se fortalecer a posição do empregado na relação trabalhista, que, pela sua fragilidade, poderia concordar com certos termos contratuais indevidos; diante disso, seus direitos são irrenunciáveis. Exemplo: o empregado não pode renunciar às horas extras, se efetivamente trabalhou fora do horário normal;

e) princípio da continuidade da relação de emprego: significa privilegiar a presunção de que o contrato de trabalho se realiza por tempo indeterminado (salvo quando se tratar de contrato por tempo determinado). Logo, havendo dúvida, decide-se pela existência do contrato, cabendo ao empregador o ônus da prova.

2.3.5 Contrato de trabalho

2.3.5.1 Conceito

O contrato de trabalho é o "negócio jurídico entre empregado e empregador sobre condições de trabalho".[33] Além disso, pode-se afirmar que sempre existe o empregado, pessoa física, prestando serviços subordinados ao empregador, de forma contínua e não eventual, tendo sempre o caráter oneroso a referida prestação de serviços.[34]

2.3.5.2 Requisitos do contrato de trabalho

São seus requisitos básicos:

a) continuidade: o contrato de trabalho é realizado, como regra, por tempo indeterminado, de trato sucessivo. É possível sustentar a continui-

---

33. Sérgio Pinto Martins, *Manual de direito do trabalho*, p. 77.
34. Pedro Paulo Teixeira Manus, *Direito do trabalho*, p. 53.

dade mesmo em relação ao trabalho autônomo, embora este último não possa ser considerado empregado por lhe faltar a subordinação;

b) pessoalidade: o contrato de trabalho exige que o empregado seja pessoa física, determinada, com atividade profissional definida; por isso, não cabe a substituição de um empregado por outro (intrasferível e infungível), nem tampouco uma pessoa jurídica como empregada de outra;

c) subordinação: é uma característica fundamental da relação de trabalho; o empregado é subordinado ao empregador;

d) profissionalidade ou onerosidade: não há contrato de trabalho a título gratuito ou prestado com fins não profissionais. Quem faz um trabalho de caridade, por exemplo, construindo ou pintando uma casa não é empregado do dono do imóvel, nem de quem patrocina o ato benemerente. A relação de trabalho pressupõe profissionalismo e retribuição em forma de salário;

e) indissociabilidade: este é o vínculo formado entre empregado e empregador; o serviço prestado advém da própria pessoa empregada;

f) alteridade: significa que o contrato de trabalho espelha uma relação de contraste, onde o empregado não assume risco algum, jamais podendo sofrer prejuízo em nome da empresa. Presta-se serviço por conta alheia.

2.3.5.3 Características do contrato de trabalho

O contrato de trabalho pode ser celebrado de forma escrita ou verbal, contendo quaisquer condições desejadas pelas partes, desde que não se afronte direito do trabalhador, de fundo irrenunciável.

Atualmente, em face de dispositivo constitucional, o menor de 18 anos só pode trabalhar a partir dos 16 (art. 7º. XXXIII, CF). O trabalho do menor de 18 anos não poderá realizar-se em lugares prejudiciais à sua formação, ao seu desenvolvimento físico, psíquico, moral e social, bem como em horários e locais que não permitam a frequência à escola (art. 403, parágrafo único, CLT). O maior de 14 pode trabalhar apenas como aprendiz.

Veda-se ao menor de 18 o trabalho noturno – entre 22 horas e cinco da manhã. Além disso, não se permite o trabalho ao menor: a) em lugares e serviços perigosos ou insalubres; b) em lugares ou serviços prejudiciais à sua moralidade. Vale registrar que o trabalho dos menores de 18 anos exercido em ruas, praças e similares depende de prévia autorização do juiz da infância e juventude; esta autoridade deve checar se a ocupação é realmente indispensável à sobrevivência do menor ou de sua família, além de não haver prejuízo para a sua formação moral.

Embora seja um termo muito aberto, de difícil interpretação, a lei considera prejudicial à *moralidade* o seguinte: a) "a) prestado de qualquer modo, em teatros de revista, cinemas, boates, cassinos, cabarés, dancings e estabelecimentos análogos" (observa-se a terminologia antiquada da CLT e até hoje não atualizada); b) "em empresas circenses, em funções de acróbata, saltimbanco, ginasta e outras semelhantes; c) de produção, composição, entrega ou venda de escritos, impressos, cartazes, desenhos, gravuras, pinturas, emblemas, imagens e quaisquer outros objetos que possam, a juízo da autoridade competente, prejudicar sua formação moral; d) consistente na venda, a varejo, de bebidas alcoólicas" (art. 405 da CLT).

Entretanto, o juiz da infância e da juventude pode autorizar o trabalho do menor nas hipóteses *a* e *b* supramencionadas se houver fim educativo ou inexistir prejuízo moral; além disso, deve certificar-se de ser ocupação relevante à sua própria subsistência e de seus familiares, sem prejuízo à formação moral. Quando o juiz verificar que o trabalho do menor lhe é, de algum modo, prejudicial, poderá obrigá-lo a abandonar o posto, devendo a empresa mudar seu serviço. Se isto não for viável, rescinde-se o contrato de trabalho. Havendo rescisão do contrato de trabalho, o empregador deve anotar a Carteira de Trabalho, comunicar a dispensa aos órgãos competentes e fazer o pagamento das verbas rescisórias.

QUADRO DE TRABALHADORES: CRITÉRIO DA IDADE

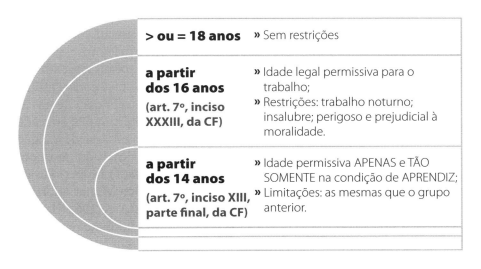

> ou = 18 anos	» Sem restrições
a partir dos 16 anos (art. 7º, inciso XXXIII, da CF)	» Idade legal permissiva para o trabalho; » Restrições: trabalho noturno; insalubre; perigoso e prejudicial à moralidade.
a partir dos 14 anos (art. 7º, inciso XIII, parte final, da CF)	» Idade permissiva APENAS e TÃO SOMENTE na condição de APRENDIZ; » Limitações: as mesmas que o grupo anterior.

As atividades ilícitas não geram contrato de trabalho, por exemplo, o entregador de droga para o traficante. Inexiste relação de empregado e empregador.

Como regra, o contrato é por tempo indeterminado. Entretanto, há contratos temporários, onde as partes já ajustam o início e o término (prazo máximo é de dois anos). Para estes, deve-se buscar um serviço de caráter transitório, justificando a temporaneidade; pode tratar-se de uma atividade transitória do empregador; é possível cuidar-se de contrato de experiência (máximo de 90 dias; pode ser prorrogado, mas não pode ultrapassar 90 dias; ex.: fixa-se um contrato de experiência de 30 dias e, depois, prorroga-se por mais 60).

A lei exige que todo empregado possua a Carteira de Trabalho, devendo o empregador registrá-lo desde o primeiro dia, incluindo o contrato de experiência.

Nos contratos individuais de trabalho, admite-se a alteração de condições por mútuo consentimento, sem resultar prejuízo ao empregado. O empregador não pode transferir o empregado para localidade diversa da que estiver estipulada no seu contrato de trabalho, salvo com sua anuência. Sob outro aspecto, os empregados, com cargo de confiança, não se compreendem nessa vedação.

Quando o empregado for afastado do emprego, asseguram-se todas as suas vantagens. Pode ocorrer afastamento por conta do serviço militar, o que não pode prejudicar o empregado. Para retornar, depois de afastado, deve notificar o empregador desse propósito.

O empregado pode deixar de comparecer ao trabalho, sem prejuízo salarial, nas seguintes hipóteses: "a) até 2 (dois) dias consecutivos, em caso de falecimento do cônjuge, ascendente, descendente, irmão ou pessoa que, declarada em sua carteira de trabalho e previdência social, viva sob sua dependência econômica (licença nojo); b) até 3 (três) dias consecutivos, em virtude de casamento (licença gala); c) por um dia, em caso de nascimento de filho no decorrer da primeira semana; d) por um dia, em cada 12 (doze) meses de trabalho, em caso de doação voluntária de sangue devidamente comprovada; e) até 2 (dois) dias consecutivos ou não, para o fim de se alistar eleitor, nos termos da lei respectiva; f) no período de tempo em que tiver de cumprir as exigências do Serviço Militar referidas na letra "c" do art. 65 da Lei nº 4.375, de 17 de agosto de 1964 (Lei do Serviço Militar); f) nos dias em que estiver comprovadamente realizando provas de exame vestibular para ingresso em estabelecimento de ensino superior; g) pelo tempo que se fizer necessário, quando tiver que comparecer a juízo; h) pelo tempo que se fizer necessário, quando, na qualidade de representante de entidade sindical, estiver participando de reunião oficial de organismo internacional do qual o Brasil seja membro; i) até 2 (dois) dias para acompanhar consultas médicas e exames complementares durante o período de gravidez de sua esposa ou companheira; j) por 1 (um) dia por ano para acompanhar filho de até 6 (seis) anos em consulta médica".

Quanto à proteção à maternidade, não figura como justo motivo para o encerramento do contrato de trabalho se a mulher se casar ou encontrar-se grávida (art. 391 da CLT). Diante disso, é vedado restringir o seu trabalho, por meio de qualquer espécie de regulamento. A confirmação da gravidez confere estabilidade à funcionária, mesmo que o aviso aconteça durante o aviso prévio, trabalhado ou indenizado. O mesmo se aplica à mãe adotante.

A empregada gestante tem direito à licença-maternidade de 120 dias, sem prejuízo do emprego e do salário. Assim que possível, ela deve apresentar atestado médico, avisando seu empregador da data do início do afastamento do trabalho, podendo ocorrer entre o 28º dia antes do parto e a data deste. Garante-se à empregada, durante a gravidez, sem prejuízo do salário e outros direitos, o seguinte: a) transferência de função, se pedirem as condições de saúde; b) dispensa do horário de trabalho para realizar, pelo menos, seis consultas médicas e exames. Para a empregada adotante ou que obtenha guarda judicial para fins de adoção será concedida licença-maternidade.

É permitido à mulher grávida, apresentando atestado médico, romper o contrato de trabalho, se entender prejudicial à sua gestação. Não sendo o caso, conforme a situação do emprego, a empresa deve pagar adicional de insalubridade à gestante ou à lactante. Se for inviável exercer sua função nessa situação, considera-se gravidez de risco, ensejando o ganho do salário-maternidade, durante todo o afastamento. Em caso de aborto *não criminoso*, provado por atestado médico oficial, a mulher terá direito de um repouso remunerado de duas semanas, podendo retomar suas atividades na mesma função (art. 395 da CLT).

Conforme disciplina o Código Penal, são considerados abortos criminosos os seguintes: "provocar aborto em si mesma ou consentir que outrem lho provoque: Pena – detenção, de um a três anos" (art. 124); "provocar aborto, sem o consentimento da gestante: Pena – reclusão, de três a dez anos" (art. 125); "provocar aborto com o consentimento da gestante: Pena – reclusão, de um a quatro anos. Parágrafo único. Aplica-se a pena do artigo anterior, se a gestante não é maior de quatorze anos, ou é alienada ou débil mental, ou se o consentimento é obtido mediante fraude, grave ameaça ou violência" (art. 126).

Em primeiro lugar, deve-se destacar que o Supremo Tribunal Federal não considera aborto criminoso a expulsão do ventre materno do feto anencéfalo, por entender que não há vida útil nesses casos, ou seja, o feto é inviável; seu destino pode ser nascer e morrer. Sob outro aspecto, segundo nos parece, mesmo que a mãe cometa um aborto criminoso deve ter direito ao repouso remunerado de duas semanas, na mesma função, pois o assunto é não somente criminal como questão social.

Para a mulher amamentar seu filho, mesmo advindo de adoção, até que ele complete seis meses, terá direito a dois descansos especiais de meia hora cada um, durante a jornada de trabalho. Esses seis meses podem ser ampliados, havendo necessidade para a saúde do filho. Os horários de descansos serão definidos de comum acordo entre a mulher e o empregador. Surge, por óbvio, a necessidade de terem as empresas um lugar apropriado à guarda dos filhos das empregadas durante a amamentação, constituindo um berçário, uma cozinha e um banheiro.

Para a contratação, o empregador não pode exigir do candidato que comprove experiência de mais de seis meses na atividade.

Denomina-se contrato *intermitente* aquele no qual a prestação de serviços subordinados não é contínua, havendo alternância de períodos de prestação de serviços ou de inatividade, regidos por legislação própria. As relações de trabalho são livres, podendo ser de autônoma estipulação entre as partes, bastando não ferir a legislação específica. Ausente prova clara a respeito de qualquer condição essencial ao contrato de trabalho verbal, este presume-se dentro da conformidade dos preceitos jurídicos aplicados à espécie. Se a empresa alterar a sua direção, estrutura jurídica ou até a propriedade, isto não afetará os contratos de trabalho e dos empregados.

Os direitos dos empregados ficam assegurados em casos de falência, recuperação judicial ou dissolução da empresa. Todo contrato determinado que for sucedido por outro, por prazo indeterminado, assim passa a vigorar.

Quanto ao contrato intermitente, ao que já foi feita referência, deve ser celebrado por escrito, contendo o valor da hora de trabalho (não inferior ao valor horário do salário mínimo ou à quantia devida a outros empregados). Durante a vigência do contrato de trabalho, as invenções do empregado, decorrentes de sua contribuição pessoal e equipamentos fornecidos pelo empregador, serão de comum propriedade, em partes iguais, desde que o contrato tenha por fim pesquisa científica. Ao empregador caberá a exploração do invento, no prazo de um ano da data da concessão da patente. Se não o fizer, a patente reverterá totalmente ao empregado.

Tratando-se de contrato de subempreitada, o subempreiteiro responde pelas obrigações do contrato de trabalho, cabendo aos empregados o direito de reclamação contra o empreiteiro principal pelo inadimplemento das obrigações do primeiro.

A prova do contrato individual do trabalho será realizada pelas anotações da carteira profissional o outro instrumento escrito, além de poder ser suprida por todos os meios admitidos em Direito.

Vale registrar que, na remuneração do empregado, incluem-se todos os efeitos legais, o salário pago e gorjetas que receber. As importâncias que forem habitualmente pagas, mesmo como ajuda de custo, auxílio-alimentação etc. não integram a remuneração. Além do salário, compreendem-se nele a alimentação, a habitação, o vestuário ou outras prestações 'in natura' que a empresa fornecer habitualmente ao empregado. Não serão considerados como salário: a) vestuários, equipamentos e acessórios fornecidos para usar durante o trabalho; b) educação em estabelecimento de ensino próprio ou de terceiros; c) transporte destinado ao deslocamento para o trabalho e retorno; d) assistência médica, hospitalar e odontológica; e) seguros de vida e acidentes pessoais; f) previdência privada; h) valor do vale-cultura.

O pagamento do salário não pode ser estabelecido por período superior a um mês, exceto quanto disser respeito a comissão, percentual e gratificação. Quando por mês, o pagamento deve ser feito até o quinto dia útil do mês subsequente. Se for idêntica a função, o trabalho de igual valor, prestado ao mesmo empregador, no mesmo local, deve corresponder ao salário igual ao de todos, sem qualquer distinção. Considera-se *trabalho de igual valor* o que for realizado com igual produtividade e mesma perfeição técnica, entre pessoas que não se diferenciem por mais de quatro anos na função, nem menos de dois anos. O salário será pago em espécie, quando em moeda corrente do país. Deve ser efetuado contra recibo, assinado pelo empregado (se analfabeto, com a impressão digital). Terá força de pagamento do comprovante de depósito em conta bancária do empregado. Se houver rescisão do contrato de trabalho, o empregador deve pagar o incontroverso, mesmo que houver discussão acerca do montante.

2.3.5.4 Empregado

É a pessoa física contratada para prestar serviços, em caráter pessoal e oneroso, subordinada ao empregador.

Empregado urbano é a pessoa física, cujos serviços prestados de maneira pessoal, contínua e onerosa, voltam-se a empregador de quem recebe salário e a quem deve subordinação. Trabalha em zona urbana.

Empregado rural é a pessoa física que presta seus serviços em propriedade rural ou prédio rústico. Esses serviços não têm caráter eventual; além de se dar a empregador rural, sob a dependência deste e mediante salário.

Empregado doméstico é o que presta seus serviços de natureza contínua, sem finalidade lucrativa, a pessoa ou a família, no cenário residencial. Como anota Pedro Paulo Teixeira Manus, "o trabalho prestado, tendo em conta a destinação do local de trabalho, não pode ter finalidade lucrativa [o empregador]. De fato, ainda que o trabalho possa parecer de natureza doméstica, se houver exploração comercial do local de trabalho, não estaremos diante de empregado doméstico. É o caso da arrumadeira de uma residência e da arrumadeira de um hotel".[35]

Empregado em domicílio é aquele que presta serviço na sua habitação ou em oficina de família, por conta do empregador, que o remunera.

2.3.5.5 Formas alternativas de prestação de serviços

2.3.5.5.1 Trabalhador autônomo

É o prestador de serviços, sem liame de subordinação, motivo pelo qual não se pode considerá-lo um empregado. Ele independe de um empregador para desenvolver a sua atividade, ou seja, pode prestar serviços a várias pessoas. Exemplos: encanador, marceneiro, eletricista etc.).

2.3.5.5.2 Trabalhador eventual

É a pessoa física que presta serviços de caráter urbano ou rural, de modo eventual, a uma ou mais empresas, sem relação de emprego. Não há continuidade para a prestação de serviço. Ex.: o garçom que atende apenas em eventos.

---

35. *Direito do trabalho*, p. 57.

2.3.5.5.3 Trabalhador avulso

Trata-se da pessoa que presta serviços, sem vínculo de emprego, a várias empresas, com intermediação obrigatória do sindicato da categoria ou do gestor da mão de obra. "Diferencia-se o trabalhador avulso do eventual, pois o primeiro tem todos os direitos previstos na legislação trabalhista, enquanto o eventual só tem direito ao preço avençado no contrato e à multa pelo inadimplemento do pacto, quando for o caso".[36]

2.3.5.5.4 Trabalhador temporário

É a pessoa física que presta serviços a determinada empresa para atender a uma necessidade transitória de substituição do seu pessoal regular e permanente ou funcionando como acréscimo extraordinário de serviços.

2.3.5.5.5 Pequeno empreiteiro

É o operário ou artífice, que presta serviços a pessoa física ou jurídica, tendo por base um contrato de natureza civil. Mas, por ser pequeno empreiteiro, a lei permite que ele ingresse na Justiça do Trabalho para acionar seu devedor, tendo em vista a maior celeridade em concluir o processo.

2.3.5.5.6 Estagiário

Não há relação trabalhista entre o estagiário e a empresa ou escritório onde o serviço é prestado. Embora exista pessoalidade, subordinação e continuidade, a remuneração não significa um salário, podendo tratar-se até do pagamento da mensalidade da faculdade ou escola do estagiário.

O objetivo é o aprendizado para a sua formação profissional, com finalidade pedagógica (difere do aprendiz que é sempre empregado).

No estágio, há a intervenção do estabelecimento de ensino na relação formada entre estagiário e empresa que o recebe.

2.3.5.6 *Empregador*

Trata-se da pessoa física ou jurídica que, na relação de trabalho, recebe os serviços prestados pelo empregado, que lhe deve subordinação, remunerando-o.

---

36. Sérgio Pinto Martins, *Manual de direito do trabalho*, p. 96.

2.3.5.6.1 Empregador urbano

É a empresa que assume os riscos da atividade econômica e admite, assalaria e dirige a prestação de serviço. Segundo a lei, equipara-se a empregador os profissionais liberais, as instituições beneficentes, as associações recreativas e outras instituições sem fins lucrativos, ao admitirem trabalhadores como empregados.

2.3.5.6.2 Empregador rural

Cuida-se da pessoa física ou jurídica, que explore atividade agroeconômica, de modo permanente ou temporário, fazendo-o diretamente ou por meio de prepostos, com auxílio de empregados.

2.3.5.6.3 Empregador doméstico

É a pessoa que admite empregado, sem finalidade lucrativa, para a prestação de serviços contínuos no cenário residencial. Não há possibilidade de ser pessoa jurídica.

2.3.5.6.4 Grupo empresarial

Nos termos do art. 2º, § 2º, da CLT, "sempre que uma ou mais empresas, tendo, embora, cada uma delas, personalidade jurídica própria, estiverem sob a direção, controle ou administração de outra, ou ainda quando, mesmo guardando cada uma sua autonomia, integrem grupo econômico, serão responsáveis solidariamente pelas obrigações decorrentes da relação de emprego".

2.3.5.7 Jornada de trabalho

O tema ganhou *status* constitucional e, no art. 7º, inciso XIII, estabeleceu que a duração normal da jornada de trabalho não deve ser superior a oito horas por dia e 44 horas semanais. Faculta-se a compensação de horários e a redução da jornada, por meio de acordo ou convenção coletiva do trabalho.

O tempo de percurso do empregado da sua residência ao posto de trabalho e deste, no retorno à sua casa, não será computado na jornada de trabalho, por não se cuidar de período à disposição do empregador.

Permite-se o trabalho em regime de tempo parcial, cuja duração não exceda a trinta horas semanais, sem a possibilidade de horas suplementares semanais, ou, ainda, aquele cuja duração não exceda a vinte e seis horas semanais, com a possibilidade de acréscimo de até seis horas suplementares semanais. O salário referente ao tempo parcial deve ser proporcional à jornada, considerando-se os empregados que cumprem, nas mesmas funções, tempo integral. Os atuais empregados podem adotar o regime de tempo parcial mediante opção manifestada perante a empresa, na forma prevista em instrumento decorrente de negociação coletiva.

É facultado às partes, por meio de acordo individual escrito, convenção coletiva ou acordo coletivo de trabalho, fixar horário de trabalho de 12 horas seguidas por 36 horas ininterruptas de descanso, observando-se ou indenizando-se os intervalos para repouso e alimentação. Nas atividades insalubres, assim consideradas pela *segurança e medicina do trabalho*, as programações só poderão ser acordadas, mediante licença prévia das autoridades competentes concernentes à higiene do trabalho.

Havendo imperiosa necessidade, a duração da jornada de trabalho poderá exceder o limite legal ou convencionado, quando se tiver que enfrentar motivo de força maior para atender serviços inadiáveis ou aquele cuja inexecução possa acarretar evidente prejuízo. O excesso pode ser exigido independentemente de convenção ou acordo coletivo de trabalho. A remuneração da hora excedente não pode ser inferior à da hora normal, em caso de motivo de força maior. Noutros casos de excesso, a remuneração será, pelo menos, 25% a mais que a da hora normal, além de que o trabalho não poderá ultrapassar 12 horas, como regra.

Nos termos do art. 62 da Consolidação das Leis Trabalhistas (CLT), não são incluídos nas normas regulares de jornada de trabalho os empregados que exercem atividade externa incompatível com a fixação de horário de trabalho, devendo tal condição ser anotada na Carteira de Trabalho e Previdência Social e no registro de empregados; os gerentes, assim considerados os exercentes de cargos de gestão, aos quais se equiparam, para efeito do disposto neste artigo, os diretores e chefes de departamento ou filial; os empregados em regime de teletrabalho. Entretanto, aos gerentes se lhes pode aplicar as regras da jornada regular quando o salário do cargo de confiança, abrangendo a gratificação, se houver, for abaixo do valor do respectivo salário efetivo acrescido de 40%.

Quanto ao descanso, entre duas jornadas de trabalho é preciso haver um período mínimo de 11 horas consecutivas. Além disso, garante-se um descanso semanal de 24 horas consecutivas, o qual deve coincidir com o domingo, como regra, salvo necessidade imperiosa do serviço ou motivo de conveniência pública. Quando se exigir trabalho aos domingos, deve haver um revezamento. Em dias feriados nacionais ou religiosos é vedado o trabalho, como regra.

INSTITUIÇÕES DE DIREITO PÚBLICO E PRIVADO · NUCCI

Nas jornadas de trabalho contínuo excedentes a seis horas, é obrigatória a concessão de um intervalo para repouso ou alimentação de, ao menos, uma hora, sem exceder duas. Quando o trabalho não exceder seis horas, haverá um intervalo de 15 minutos, desde que se ultrapasse quatro horas. Os intervalos de descanso não serão computados na jornada de trabalho.

Como regra, o trabalho noturno deve ter uma remuneração superior ao diurno, com acréscimo de, pelo menos, 20% sobre a hora diurna. A hora do trabalho noturno será computada como de 52 minutos e 30 segundos. Reputa-se noturno o trabalho exercido entre as 22 horas de um dia até as 5 horas do dia seguinte.

As férias constituem um direito do empregado, devendo ser concedido o seu gozo anualmente. Após 12 meses de vigência do contrato de trabalho, assegura-se o seguinte: a) 30 (trinta) dias corridos, quando não houver faltado ao serviço mais de 5 (cinco) vezes; b) 24 (vinte e quatro) dias corridos, quando houver tido de 6 (seis) a 14 (quatorze) faltas; c) 18 (dezoito) dias corridos, quando houver tido de 15 (quinze) a 23 (vinte e três) faltas; d) 12 (doze) dias corridos, quando houver tido de 24 (vinte e quatro) a 32 (trinta e duas) faltas. Não se desconta, das férias, as faltas do empregado ao serviço. O período de férias é computado como tempo de trabalho.

Veda-se o início das férias no período de dois dias antecedentes a feriado ou dia de repouso semanal remunerado. Deve-se avisar o empregado, por escrito, acerca de seu período de férias, pelo menos, 30 dias antes.

É preciso lembrar que o gozo de férias anuais remuneradas deve ser realizado com, pelo menos, um terço a mais do que o salário normal (art. 7º, inciso XVII, CF).

2.3.5.8 Teletrabalho

Trata-se de prestação de serviço regulamentada recentemente, em virtude da reforma trabalhista de 2017. Nos termos do art. 75-B da CLT, considera-se *teletrabalho* a prestação de serviços, de forma preponderante, fora das dependências do empregador, valendo-se de tecnologias de informação e de comunicação, que, em face da sua natureza, não se constituem como trabalho externo. Mesmo que o empregado esteja nas dependências do empregador, para atividades específicas, não há descaracterização do regime de teletrabalho.

Essa modalidade de trabalho deve constar expressamente do contrato individual, especificando as atividades que serão realizadas pelo empregado.

Poderá haver alternância entre o regime presencial e o teletrabalho, por força de mútuo consentimento entre as partes.

A responsabilidade pela aquisição, manutenção ou fornecimento dos equipamentos tecnológicos e da infraestrutura necessária e adequada à prestação do trabalho remoto, bem como ao reembolso de despesas arcadas pelo empregado, serão previstas em contrato escrito. Essas utilidades não integram a remuneração do empregado.

2.3.5.9 Remuneração

Dispõe o art. 7º, inciso IV, da Constituição Federal que o salário mínimo, estabelecido em lei, unificado em todo território nacional, precisa ser capaz de atender ao seguinte: "as necessidades vitais básicas [do empregado] e às de sua família com moradia, alimentação, educação, saúde, lazer, vestuário, higiene, transporte e previdência social, com reajustes periódicos que lhe preservem o poder aquisitivo, sendo vedada sua vinculação para qualquer fim". Na sequência, o art. 76 da CLT preceitua que o "salário mínimo é a contraprestação mínima devida e paga diretamente pelo empregador a todo trabalhador, inclusive ao trabalhador rural, sem distinção de sexo, por dia normal de serviço, e capaz de satisfazer, em determinada época e região do País, as suas necessidades normais de alimentação, habitação, vestuário, higiene e transporte".

O texto constitucional é mais amplo e deve ser o orientador do legislador para a edição de lei contemplando o valor anual do salário mínimo no Brasil. De todo modo, sabe-se que esse montante tem sido insuficiente para abranger todos os fatores enumerados na Constituição, de forma a conferir ao trabalhador a merecida dignidade da pessoa humana.

Constituem base integrante da remuneração do empregado, para todos os efeitos, além do salário, pago diretamente pelo empregador, as gorjetas recebidas, as gratificações legais e as comissões. Sob outro enfoque, não integram a remuneração do empregado, mesmo que pagas habitualmente, a ajuda de custo, o auxílio-alimentação (vedado seu pagamento em dinheiro), as diárias para viagem, os prêmios e os abonos.

A gorjeta envolve não somente o valor dado pelo cliente ao empregado, mas também o montante cobrado pela empresa, como serviço ou adicional, a qualquer título, devendo ser distribuído aos empregados.

O prêmio é uma liberalidade do empregador, a ser concedido em formato de bens, serviços ou dinheiro, em virtude de desempenho superior nas suas atividades, diverso do que seria esperado.

Estão compreendidos no salário, pago em dinheiro, a alimentação, a habitação, o vestuário e outras prestações similares que a empresa, por contrato ou costume, forneça habitualmente ao empregado. Não se permite o pagamento com bebidas alcoólicas ou drogas. Porém, não se consideram como salário as seguintes utilidades: a) vestuário, equipamento e acessórios para prestar o serviço; b) educação, em estabelecimento próprio, abrangendo matrícula, mensalidade, anuidade, livros e material; c) transporte (ida e volta ao trabalho); d) assistência médica, hospitalar e odontológica, de forma direta ou por meio de seguro-saúde; e) seguro de vida e acidente pessoal; f) previdência privada; g) vale-cultura.

2.3.5.10 Outros direitos do trabalhador

2.3.5.10.1 Décimo terceiro salário

A gratificação natalina, hoje denominada 13º salário, foi instituída, de forma obrigatória, a partir da edição da Lei 4.090/62.

Nos termos do art. 1º, *caput*, "no mês de dezembro de cada ano, a todo empregado será paga, pelo empregador, uma gratificação salarial, independentemente da remuneração a que fizer jus". Essa gratificação corresponderá a 1/12 avos da remuneração de dezembro, por mês de serviço, do ano correspondente. Quando houver fração igual ou superior a 15 dias de trabalho, considera-se mês integral para efeito do 13º.

Essa gratificação será proporcional na extinção dos contratos de trabalho a prazo e na cessação da relação de emprego resultante da aposentadoria do trabalhador. Havendo rescisão do contrato de trabalho, sem justa causa, o empregado receberá o 13º calculado sobre a remuneração do mês da rescisão, verificando-se os critérios de proporcionalidade.

Atualmente, a gratificação deve ser paga em duas parcelas, sendo a primeira até o dia 30 de novembro de cada ano; a segunda, até o dia 20 de dezembro. É viável que o empregado requeira o pagamento de metade no mês em que sair em férias.

2.3.5.10.2 FGTS

O Fundo de Garantia do Tempo de Serviço, nas palavras de Sérgio Pinto Martins, "é um depósito bancário destinado a formar uma poupança para o trabalhador, que poderá ser sacado nas hipóteses previstas na lei, principalmente quando é dispensado sem justa causa. Servem, ainda, os depósitos como forma de financiamento para aquisição de moradia pelo Sistema Financeiro da Habitação".[37]

Regula o FGTS a Lei 8.036/90, estabelecendo que os empregadores devem depositar até o dia 7 de cada mês, em conta bancária vinculada, a importância equivalente a 8% da remuneração paga ou devida, no mês anterior, a cada trabalhador, incluídas as verbas que integram o salário, como o 13º.

Nos termos legais, considera-se empregador a pessoa física ou a pessoa jurídica de direito privado ou de direito público, da administração pública direta, indireta ou fundacional de qualquer dos Poderes, da União, dos Estados, do Distrito Federal e dos Municípios, que admitir trabalhadores a seu serviço, bem assim aquele que, regido por legislação especial, encontrar-se nessa condição ou figurar como fornecedor ou tomador de mão de obra, independente da responsabilidade solidária e/ou subsidiária a que eventualmente venha obrigar-se. Reputa-se trabalhador toda pessoa física que prestar serviços a empregador, a locador ou tomador de mão de obra, excluídos os eventuais, os autônomos e os servidores públicos civis e militares sujeitos a regime jurídico próprio.

Havendo rescisão do contrato de trabalho, por parte do empregador, sem justa causa, o empregador deve depositar na conta do trabalhador vinculada ao FGTS a importância igual a 40% do montante de todos os depósitos realizados até então, atualizados pela correção monetária, acrescidos de juros.

2.3.5.10.3 Greve

O direito de greve encontra-se assegurado pelo texto constitucional (art. 9º): "é assegurado o direito de greve, competindo aos trabalhadores decidir sobre a oportunidade de exercê-lo e sobre os interesses que devam por meio dele defender". Na sequência, o § 1º estipula que "a lei definirá os serviços ou atividades essenciais e disporá sobre o atendimento das necessidades inadiáveis da comunidade". Finalmente, o § 2º estabelece que "os abusos cometidos sujeitam os responsáveis às penas da lei".

É preciso considerar que os referidos abusos podem constituir crime contra a organização do trabalho, pois a ninguém é conferido o *direito* de usar violência ou grave ameaça a pessoa para produzir os resultados desejados em função de uma greve.

---

37. *Manual de direito do trabalho*, p. 201.

276 | INSTITUIÇÕES DE DIREITO PÚBLICO E PRIVADO · NUCCI

Regula o direito de greve a Lei 7.783/89. É relevante registrar o disposto pelo art. 6º, como direitos dos grevistas: a) emprego de meios pacíficos tendentes a persuadir ou aliciar os trabalhadores a aderirem à greve; b) arrecadação de fundos e a livre divulgação do movimento". Veda-se a violação de direitos e garantias fundamentais de outrem, por exemplo, impedir o acesso de outros trabalhadores ao posto de serviço, valendo-se de violência.

Quanto às atividades essenciais, temos os seguintes serviços: a) tratamento e abastecimento de água; produção e distribuição de energia elétrica, gás e combustíveis; b) assistência médica e hospitalar; c) distribuição e comercialização de medicamentos e alimentos; d) funerários; e) transporte coletivo; f) captação e tratamento de esgoto e lixo; g) telecomunicações; h) guarda, uso e controle de substâncias radioativas, equipamentos e materiais nucleares; j) processamento de dados ligados a serviços essenciais; k) controle de tráfego aéreo; l) compensação bancária.

Nesse cenário, os sindicatos, os empregadores e os trabalhadores ficam obrigados, de comum acordo, a garantir, durante a greve, a prestação dos serviços indispensáveis ao atendimento das necessidades inadiáveis da comunidade. Nos termos legais, consideram-se necessidades inadiáveis, da comunidade aquelas que, não atendidas, coloquem em perigo iminente a sobrevivência, a saúde ou a segurança da população.

2.3.5.11 Rescisão do contrato de trabalho

Ocorrendo a rescisão do contrato de trabalho, deve o empregador proceder à anotação na carteira de trabalho, comunicando a dispensa aos órgãos competentes e efetivando o pagamento das verbas devidas (art. 477 da CLT). O instrumento de rescisão precisa ter especificada a natureza de cada parcela paga ao empregado. O pagamento deve ser efetuado em dinheiro, depósito bancário ou cheque visado; em dinheiro ou depósito bancário se o empregado for analfabeto. A anotação da extinção do contrato da carteira de trabalho é hábil para o empregado requerer o seguro--desemprego e a movimentação da conta vinculada ao FGTS.

São motivos de justa causa para a rescisão do contrato de trabalho pelo empregador o seguinte: a) ato de improbidade; b) incontinência de conduta ou mau procedimento; c) negociação habitual por conta própria ou alheia sem permissão do empregador, concorrendo com a empresa; d) condenação criminal, com trânsito em julgado, se não houver *sursis*; e) desídia nas suas funções; f) embriaguez habitual no serviço; g) violação dos segredos da empresa; h) ato de indisciplina ou insubordinação; i) abandono de emprego; j) ato lesivo à honra ou fama de empregador ou ofensas físicas a outros empregados; k) ato lesivo à honra do empregador, exceto em legítima defesa; l) prática de jogos de azar; m) perda de habilitação para exercer a função (art. 482, CLT).

O empregado pode dar por rescindido o contrato, pleiteando o que lhe é cabível, quando: a) forem exigidos serviços acima das suas forças; b) for tratado pelo empregador com rigor excessivo; c) correr perigo; f) não cumprir as obrigações do contrato; g) o empregador diminui o serviço, afetando o salário. Se houver culpa recíproca, haverá redução da indenização pela metade. Quando cessar a atividade da empresa, por morte do empregador, haverá direito à indenização aos empregados (art. 483 da CLT).

2.3.5.12 Aviso prévio

Trata-se de um aviso dado pela parte que deseja encerrar o contrato de trabalho para a outra, a fim de que esta consiga novo emprego ou outro trabalhador. Não existindo um prazo certo, a parte que, sem motivo justo, almejar a rescisão, deve avisar a outra parte com a antecedência mínima de a) oito dias, se o pagamento for realizado por semana ou por dia; trinta dias, quando o recebimento do salário for feito quinzenalmente ou por mês, bem como aqueles que já tiverem mais de doze meses de empresa (art. 487 da CLT).

Acrescenta-se 3 (três) dias por ano de serviço prestado na mesma empresa, até o máximo de 60 (sessenta) dias, perfazendo um total de até 90 (noventa) dias (Lei 12.506/2011).

Se o aviso prévio não for dado, o empregador deve pagar a quem se desliga o valor do salário mensal, garantindo-se esses trinta dias no período de trabalho. Se o aviso não for concedido pelo empregado, o empregador pode descontar esse valor no seu tempo de serviço. Durante o prazo do aviso prévio, o empregado deve cumprir o seu horário normal de trabalho; porém, se a rescisão for promovida pelo empregador, reduz-se de duas horas diárias a jornada, sem prejuízo do salário integral.

Se o pagamento ao empregado for realizado a cada oito dias, pode faltar por um dia, durante a semana; se o pagamento for mensal, pode faltar, de uma só vez, sete dias corridos no mês. Terminado o prazo concedido, a rescisão se efetiva; no entanto, se quem notificou voltar atrás, antes do fim, é facultado à outra parte aceitar ou não a reconsideração. Deve-se registrar a possibilidade de o empregador, durante o curso do aviso prévio, cometer algum ato sujeito à imediata rescisão contratual; se isto ocorrer, sujeita-se ao pagamento da remuneração do aviso prévio além de eventual outra indenização. Se o empregado cometer algo sujeito à imediata rescisão, perde o direito ao restante do respectivo prazo.

2.3.5.13 Estabilidade e força maior

Quando o empregado possuir mais de dez anos de serviço na mesma empresa, não pode ser despedido, a menos que cometa falta grave ou haja circunstância de força maior, tudo bem comprovado (art. 492 da CLT).

Representa falta grave qualquer das condutas descritas no art. 482 da CLT (ver item acima), desde que reiteradas ou simbolizem séria violação dos deveres do empregado. Se for acusado de falta grave, pode ser suspenso, mas a sua despedida somente se dará após inquérito, onde se ateste a falta. Ao final, não demonstrada a ausência de cumprimento de deveres e obrigações, o empregador deve readmiti-lo, pagando-lhe todo o devido durante a suspensão.

Caso não haja condições de reintegração, em face de incompatibilidade nascida pelo litígio, converte-se a retomada do emprego em indenização. Se a empresa se extinguir, fora de caso de força maior, o empregado estável demitido ganhará indenização em dobro. Não há estabilidade em cargos de diretoria, gerência ou de confiança imediata do empregador. O pedido de demissão do empregado estável somente será válido quando realizado com a assistência do respectivo sindicato; não havendo, perante autoridade local do Ministério do Trabalho ou, ainda, da Justiça do Trabalho.

Eventualmente, pode ocorrer motivo de força maior, um acontecimento inevitável, impeditivo da relação de emprego. Não se considera *força maior* a imprudência do empregador (art. 501 da CLT). Por outro lado, havendo afetação suficiente nas finanças da empresa, não há que se aplicar qualquer restrição. Subsistindo *força maior*, determinativa da extinção da empresa – ou de um de seus estabelecimentos – assegura-se ao empregado uma indenização, quando demitido; o valor da indenização depende de ser ou não estável, contratado por tempo certo ou indeterminado. O advento de força maior ou prejuízos graves comprovados, é viável a redução geral dos salários de todos os empregados, até no máximo 25%, respeitado o salário mínimo. Cessados os motivos determinantes da força maior, os salários devem ser restabelecidos.

2.3.5.14 Crimes contra a organização do trabalho

Convém verificar os crimes contra a organização do trabalho previstos no Código Penal, que configuram atentados contra a liberdade de trabalho. São os seguintes:

a) "constranger alguém, mediante violência ou grave ameaça: I – a exercer ou não exercer arte, ofício, profissão ou indústria, ou a trabalhar ou não trabalhar durante certo período ou em determinados dias: Pena – detenção, de um mês a um ano, e multa, além da pena correspondente à violência; II – a abrir ou fechar o seu estabelecimento de trabalho, ou a participar de parede ou paralisação de atividade econômica: Pena – detenção, de três meses a um ano, e multa, além da pena correspondente à violência" (art. 197 do CP);

b) "constranger alguém, mediante violência ou grave ameaça, a celebrar contrato de trabalho, ou a não fornecer a outrem ou não adquirir de outrem matéria-prima ou produto industrial ou agrícola: Pena – detenção, de um mês a um ano, e multa, além da pena correspondente à violência" (art. 198 do CP);

c) "constranger alguém, mediante violência ou grave ameaça, a participar ou deixar de participar de determinado sindicato ou associação profissional: Pena – detenção, de um mês a um ano, e multa, além da pena correspondente à violência" (art. 199 do CP);

d) "participar de suspensão ou abandono coletivo de trabalho, praticando violência contra pessoa ou contra coisa: Pena – detenção, de um mês a um ano, e multa, além da pena correspondente à violência. Parágrafo único – Para que se considere coletivo o abandono de trabalho é indispensável o concurso de, pelo menos, três empregados" (art. 200 do CP);

e) "participar de suspensão ou abandono coletivo de trabalho, provocando a interrupção de obra pública ou serviço de interesse coletivo: Pena – detenção, de seis meses a dois anos, e multa" (art. 201 do CP);

f) "invadir ou ocupar estabelecimento industrial, comercial ou agrícola, com o intuito de impedir ou embaraçar o curso normal do trabalho, ou com o mesmo fim danificar o estabelecimento ou as coisas nele existentes ou delas dispor: Pena – reclusão, de um a três anos, e multa" (art. 202 do CP);

g) "frustrar mediante fraude ou violência, direito assegurado pela legislação do trabalho: Pena – detenção de um ano a dois anos, e multa,

280 INSTITUIÇÕES DE DIREITO PÚBLICO E PRIVADO · Nucci

além da pena correspondente à violência. § 1º Na mesma pena incorre quem: I – obriga ou coage alguém a usar mercadorias de determinado estabelecimento, para impossibilitar o desligamento do serviço em virtude de dívida; II – impede alguém de se desligar de serviços de qualquer natureza, mediante coação ou por meio da retenção de seus documentos pessoais ou contratuais. § 2º A pena é aumentada de um sexto a um terço se a vítima é menor de dezoito anos, idosa, gestante, indígena ou portadora de deficiência física ou mental" (art. 203, CP);

h) "frustrar, mediante fraude ou violência, obrigação legal relativa à nacionalização do trabalho: Pena – detenção, de um mês a um ano, e multa, além da pena correspondente à violência" (art. 204 do CP);

i) "exercer atividade, de que está impedido por decisão administrativa: Pena – detenção, de três meses a dois anos, ou multa" (art. 205 do CP);

j) "recrutar trabalhadores, mediante fraude, com o fim de levá-los para território estrangeiro. Pena – detenção, de 1 (um) a 3 (três) anos e multa" (art. 206 do CP);

k) "aliciar trabalhadores, com o fim de levá-los de uma para outra localidade do território nacional: Pena – detenção de um a três anos, e multa. § 1º Incorre na mesma pena quem recrutar trabalhadores fora da localidade de execução do trabalho, dentro do território nacional, mediante fraude ou cobrança de qualquer quantia do trabalhador, ou, ainda, não assegurar condições do seu retorno ao local de origem. § 2º A pena é aumentada de um sexto a um terço se a vítima é menor de dezoito anos, idosa, gestante, indígena ou portadora de deficiência física ou mental" (art. 207 do CP).

2.3.5.14.1 Crime previsto na Consolidação das Leis do Trabalho

O delito previsto no art. 49 da CLT faz remissão ao crime de falsificação ideológica, previsto no art. 299 do CP, nos seguintes termos: "para os efeitos da emissão, substituição ou anotação de Carteiras de Trabalho e Previdência Social, considerar-se-á, crime de falsidade, com as penalidades previstas no art. 299 do Código Penal: I – fazer, no todo ou em parte, qualquer documento falso ou alterar o verdadeiro; II – afirmar falsamente a sua própria identidade, filiação, lugar de nascimento, residência, profissão ou estado civil e beneficiários, ou atestar os de outra pessoa; III – servir-se de documentos, por qualquer forma falsificados; IV – falsificar, fabricando ou alterando, ou vender, usar ou possuir Carteira de Trabalho e Previdência Social assim alteradas; V –

anotar dolosamente em Carteira de Trabalho e Previdência Social ou registro de empregado, ou confessar ou declarar em juízo ou fora dele, data de admissão em emprego diversa da verdadeira".

2.4 Direito internacional privado

2.4.1 Conceito

A globalização ampliou as fronteiras dos Estados e vive-se, hoje, uma fase de intensa negociação entre as nações e as empresas estrangeiras, assim como estas também colecionam contratos entre si. Por isso, o direito internacional privado representa o ramo que "regulamenta as relações do Estado com cidadãos pertencentes a outros países, dando soluções aos conflitos de leis no espaço ou aos de jurisdição. O direito internacional privado coordena relações de direito no território de um Estado estrangeiro; é ele que fixa, em cada ordenamento jurídico nacional, os limites entre esse direito e o estrangeiro e a aplicação extranacional do primeiro e a do direito estrangeiro no território nacional".[38]

Nessa linha, Valerio Mazzuoli ensina que o direito internacional privado "é a disciplina jurídica – baseada num *método* e numa *técnica* de aplicação do direito – que visa *(sic)* solucionar os conflitos de leis estrangeiras no espaço, ou seja, os fatos em conexão espacial com leis estrangeiras divergentes, autônomas e independentes, buscando seja aplicado o melhor direito ao caso concreto. Trata-se do conjunto de princípios e regras de *direito público* destinados a reger os fatos que orbitam ao redor de leis estrangeiras contrárias, bem assim os efeitos jurídicos que uma norma interna pode ter para além do domínio do Estado em que foi editada, quer as relações jurídicas subjacentes sejam de direito privado ou público. Como se vê, o direito internacional privado é a expressão exterior do direito interno estatal (civil, comercial, administrativo, tributário, trabalhista etc.)".[39]

2.4.2 Princípios e regras básicas

Existem algumas regras gerais, inseridas no Decreto-lei 4.657/42 (Lei de Introdução às Normas do Direito Brasileiro – LINDB), que podem ser resumidas da seguinte forma:

---

38. Maria Helena Diniz, *Dicionário jurídico*, p. 193.
39. *Curso de direito internacional privado*, p. 37.

282 | INSTITUIÇÕES DE DIREITO PÚBLICO E PRIVADO · Nucci

2.4.3   Obrigatoriedade da lei brasileira

Nos Estados estrangeiros, a lei brasileira passa a ser obrigatória quando for admitida; nesse caso, inicia-se três meses após oficialmente publicada (art. 1º, § 1º, da LINDB).

2.4.4   Desconhecimento da lei

Ninguém se escusa de cumprir a lei, afirmando que não a conhece (art. 3º da LINDB). Isto se aplica, inclusive, para estrangeiros; a ninguém é dado ingressar em país diverso da sua nacionalidade, sem se inteirar das coisas óbvias, as mais relevantes, tais como uso de drogas, álcool, maioridade sexual, contrabando, entre questões similares.

2.4.5   Eficácia da lei no espaço

O artigo 7º da LINDB trata da eficácia da Lei no Espaço: "A lei do país em que domiciliada a pessoa determina as regras sobre o começo e o fim da personalidade, o nome, a capacidade e os direitos de família".

Assim, no que diz respeito ao Direito Internacional Privado, no território Brasileiro é aplicada a Lei Brasileira (Princípio da Territorialidade Moderada/Mitigada), exceto quando disposição legal expressa prevê a aplicação de norma estrangeira no território Brasileiro.

2.4.6   Casamento e sucessão

Se o casamento for realizado no Brasil, aplica-se a lei brasileira quanto aos impedimentos e às formalidades de celebração (art. 7º, § 1º, da LINDB). O matrimônio de estrangeiros pode celebrar-se diante de autoridades diplomáticas ou consulares do país de ambos os contraentes. Se os nubentes tiverem domicílio diverso, deve reger as hipóteses de invalidade do casamento conforme a lei do primeiro domicílio conjugal.

O regime de bens deve obedecer à lei do país onde os nubentes tiverem domicílio (art. 7º, § 4º, da LINDB). Se esse domicílio for diverso, volta-se ao primeiro domicílio conjugal. Se o estrangeiro casado quiser naturalizar-se brasileiro pode, com expressa anuência do cônjuge, pleitear ao juiz, quando entregue o decreto de naturalização, apostile-se ao mesmo a adoção do regime de comunhão parcial de bens, respeitado o direito de terceiros.

O estrangeiro casado pode, ao naturalizar-se brasileiro, com anuência do cônjuge, requerer ao magistrado, no ato da entrega do decreto de naturalização, fique apostilado o regime de comunhão parcial de bens, respeitado o direito de terceiros (art. 7º, § 5º, da LINDB).

O divórcio realizado no estrangeiro (um ou ambos os cônjuges brasileiros) somente será reconhecido no Brasil depois de um ano da data da sentença, a menos que tenha sido atendida a separação judicial por igual prazo, situação propícia para a homologação com efeito imediato, obedecendo às condições estabelecidas para a eficácia da sentença estrangeira no país. O STJ pode reexaminar, a requerimento de interessado, decisões já proferidas em pedidos de homologação de sentenças estrangeiras de divórcio de brasileiros, para produzir efeitos legais (art. 7º, § 6º, da LINDB).

O domicílio do chefe de família abrange o do outro cônjuge e aos filhos não emancipados, salvo se houver abandono. O mesmo se dá para tutor e curador. Não tendo domicílio, considera-se o domicílio no lugar da residência ou onde for encontrado (art. 7º, § 7º, da LINDB).

Aplica-se a lei do país onde for domiciliado o proprietário, quanto aos bens móveis que ele trouxer para o país ou se destinem a transporte a outros lugares. Para reger as obrigações, aplica-se a lei do país onde se constituíram. Se a obrigação tiver que ser cumprida no Brasil, dependendo de forma essencial, observa-se esta, admitidas as peculiaridades da lei estrangeira. A obrigação resultado do contrato é considerada constituída no lugar onde residir o proponente (art. 9º da LINDB).

A sucessão por morte ou ausência obedece à lei do país onde domiciliado o defunto (= *de cujus*) ou desaparecido, qualquer que seja a natureza dos bens. A sucessão de bens estrangeiros, situados no País, deve regular-se pela lei brasileira em benefício do cônjuge ou dos filhos brasileiros, ou ainda de quem os represente, sempre que não lhes seja mais favorável a lei pessoal do falecido. A lei do domicílio do herdeiro ou legatário regula a capacidade para suceder (art. 10 da LINDB).

2.4.7 Sociedades e fundações

As organizações voltadas a fins de interesse coletivo, como sociedades e fundações, respeitam a lei do Estado onde se constituíram. Não poderão ter, no Brasil, filiais, agências ou estabelecimentos antes de serem os atos constitutivos aprovados pelo Governo brasileiro. Os governos estrangeiros não podem adquirir no Brasil bens imóveis ou suscetíveis de desapropriação. Esses governos podem adquirir a propriedade de prédios necessários à sede diplomática ou consultar (art. 11 da LINDB).

2.4.8 Imóveis

Somente a autoridade judiciária brasileira pode conhecer das ações relativas a imóveis situados no Brasil (art. 12, § 1º, da LINDB). Quando houver o cumprimento de cartas rogatórias, vindas do exterior, deve haver o *exequatur* por parte de autoridade judiciária brasileira (no caso, cabe ao Presidente do STJ).

2.4.9 Sentenças estrangeiras

Sobre provas, a prova do fato ocorrido em país estrangeiro deve reger-se pela lei que nele vigorar, quanto ao ônus e os meios de produção, mas os tribunais brasileiros não são obrigados a aceitar provas desconhecidas da nossa legislação. O juiz pode exigir a prova do texto estrangeiro e sua vigência, quando não o conhecer. Executa-se, no Brasil, a sentença proferida no estrangeiro se reunir os requisitos legais (ter sido proferida por juiz competente; as partes devem ter sido citadas; decisão com trânsito em julgado; estar traduzida; ter sido homologada pelo STJ).

As leis, atos e sentenças de país estrangeiro não terão eficácia no Brasil, quando ofenderem a soberania nacional, a ordem pública e os bons costumes (art. 17 da LINDB). Quando se tratar de brasileiro, são competentes as autoridades consulares brasileiras para celebrar o casamento e outros atos do registro civil, inclusive nascimento e óbito de filhos. As autoridades consulares brasileiras podem celebrar a separação consensual e o divórcio consensual de brasileiros, quando não existir filho menor ou incapaz. Faz-se constar da escritura pública as disposições sobre partilha e alimentos. É fundamental a assistência de advogado (art. 18 da LINDB).

2.4.10 Contratos internacionais

O contrato internacional, no Brasil, é aquele que se vincula a mais de um ordenamento jurídico extraterritorial e tem como objeto a movimentação de bens e serviços através da fronteira (art. 2º do Decreto-lei n. 857/69).

Para Irineu Strenger, "São contratos internacionais do comércio todas as manifestações bi ou plurilaterais da vontade livre das partes, objetivando relações patrimoniais ou de serviços, cujos elementos sejam vinculantes de dois ou mais sistemas jurídicos extraterritoriais, pela força do domicílio, nacionalidade, sede principal dos negócios, lugar do contrato, lugar da execução, ou qualquer circunstância que exprima um liame indicativo de Direito aplicável".[40]

---

40. STRENGER, Irineu. *Contratos Internacionais do Comércio*. São Paulo: Revista dos Tribunais, 1986, p. 81.

Por serem, em geral, celebrados entre partes com domicílios diversos, os contratos internacionais consideram-se constituídos no lugar em que residir o proponente (art. 9º, § 2º da LINDB) para se conhecer o direito aplicável.

2.5 Direito do consumidor

2.5.1 Conceitos

Trata-se do ramo do direito que cuida das relações existentes entre o fornecedor de bens e serviços e o consumidor que os adquire ou utiliza. Essas relações são disciplinadas pela Lei 8.078/1990 (Código de Defesa do Consumidor).

Considera-se *consumidor* toda pessoa física ou jurídica que adquire produto ou utiliza serviço como destinatário final. Em razão dessa definição, coloca-se à parte a empresa-comerciante, que adquire um produto da fábrica e revende ao consumidor. Nota-se que, havendo algum problema, envolvendo a fábrica e a revendedora, essa relação encontra-se fora do âmbito do direito do consumidor. Devem as partes resolver o impasse, utilizando leis civis ou comerciais.

Considera-se *fornecedor* toda pessoa física ou jurídica, pública ou privada, nacional ou estrangeira, inclusive ente despersonalizado, que desenvolve atividade de produção, criação, montagem, construção, importação, exportação, transformação, distribuição ou comercialização de produtos e serviços. O *produto* é o bem móvel ou imóvel, material ou imaterial. Aponta-se como *serviço* qualquer atividade prestada no mercado consumidor, por meio de remuneração, incluindo as de natureza bancária, financeira, crédito e securitária. Excetua-se a relação trabalhista. É importante destacar que, existindo mais de um fornecedor, todos respondem solidariamente, em reparação de danos, por ofensa causada ao consumidor.

2.5.2 Direitos do consumidor

Consideram-se direitos fundamentais do consumidor, nos termos legais: a) a proteção da vida, saúde e segurança contra os riscos provocados por práticas no fornecimento de produtos e serviços considerados perigosos ou nocivos; b) a educação e divulgação sobre o consumo adequado dos produtos e serviços, asseguradas a liberdade de escolha e a igualdade nas contratações; c) a informação adequada e clara (acessível à pessoa com deficiência) sobre os diferentes produtos e serviços, com especificação correta de quantidade, características, composição, qualidade, tributos incidentes e preço, bem como

286 | INSTITUIÇÕES DE DIREITO PÚBLICO E PRIVADO · Nucci

sobre os riscos que apresentem; d) a proteção contra a publicidade enganosa e abusiva, métodos comerciais coercitivos ou desleais, bem como contra práticas e cláusulas abusivas ou impostas no fornecimento de produtos e serviços; e) a modificação das cláusulas contratuais que estabeleçam prestações desproporcionais ou sua revisão em razão de fatos supervenientes que as tornem excessivamente onerosas; f) a efetiva prevenção e reparação de danos patrimoniais e morais, individuais, coletivos e difusos; g) o acesso aos órgãos judiciários e administrativos com vistas à prevenção ou reparação de danos patrimoniais e morais, individuais, coletivos ou difusos, assegurada a proteção Jurídica, administrativa e técnica aos necessitados; h) a facilitação da defesa de seus direitos, inclusive com a inversão do ônus da prova, a seu favor, no processo civil, quando, a critério do juiz, for verossímil a alegação ou quando for ele hipossuficiente, segundo as regras ordinárias de experiências; i) a adequada e eficaz prestação dos serviços públicos em geral.

Esse rol de direitos não é exaustivo ou taxativo, mas meramente exemplificativo; outros direitos podem ser previstos em tratados ou convenções internacionais de que seja o Brasil signatário, além de haver outras normas de legislação interna e regulamentos, bem como as provenientes de princípios gerais do direito, analogia, costumes e equidade.

2.5.3 Qualidade dos produtos e serviços

É imperioso assegurar a qualidade dos produtos e serviços inseridos no mercado consumidor, de modo a evitar que causem danos à saúde ou segurança dos consumidores. Dessa previsão, excetuam-se os produtos e serviços considerados normal e previsivelmente perigosos, quando, então, os fornecedores devem dar a informação indispensável e adequada a seu respeito. Exemplo: a venda de um determinado produto de limpeza, considerado nocivo à saúde, pode ser realizada, desde que o fabricante produza informação – ostensiva e clara – a esse respeito.

Porém, produtos altamente nocivos ou perigosos à saúde ou à segurança não podem ser comercializados. Se determinado produto já tiver sido incluído no mercado para, depois, descobrir-se a sua potencialidade lesiva, cabe ao fornecedor comunicar o fato às autoridades competentes e aos consumidores, por meio de anúncios publicitários.

2.5.4 Responsabilidade pelos produtos e serviços

Preceitua a lei que o "fabricante, o produtor, o construtor, nacional ou estrangeiro, e o importador respondem, independentemente da existência de culpa, pela reparação dos danos causados aos consumidores por defeitos decorrentes de projeto, fabricação, construção, montagem, fórmulas, manipulação, apresentação ou acondicionamento de seus produtos, bem como por informações insuficientes ou inadequadas sobre sua utilização e riscos". Essa responsabilidade pela reparação é objetiva, vale dizer, não é preciso demonstrar dolo ou culpa do fornecedor.

Considera-se um produto defeituoso quando não apresenta a segurança que dele se espera, além de se levar em conta a sua apresentação, o uso e os riscos razoáveis dele esperados e a época em foi inserido em circulação. Não se considera defeituoso o produto em caso de lançamento de outro similar, embora mais qualificado, no mercado.

No campo das relações de consumo, cabe ao fornecedor o ônus da prova, ou seja, exige-se que o fabricante, o construtor, o produtor ou o importador demonstre, claramente, o seguinte: a) que não colocou o produto no mercado; b) que o defeito inexiste, embora tenha inserido o produto no mercado; c) que houve culpa exclusiva do consumidor ou de terceiro ao manipular o produto. Portanto, ao consumidor basta alegar o defeito; ao fornecedor compete provar a culpa de terceiro ou a sua completa desconexão com o produto.

A lei atribui a responsabilidade ao empresário-comerciante, em caso de defeito do produto, quando o fabricante, construtor, produtor ou importador não for identificado; assim também quando o produto tiver sido fornecido sem identificação do fabricante, produtor, construtor ou importador; o mesmo se dá se ele não conservar corretamente o produto perecível.

Assegura, igualmente, o Código de Defesa do Consumidor, que o fornecedor de serviços responde, *independentemente da prova de culpa*, pela reparação dos danos acarretados ao consumidor em razão de defeito concernente à prestação de serviço; o mesmo acontece no tocante a informações insuficientes ou inadequadas sobre o risco e a fruição do serviço.

Considera-se defeituoso o serviço quando não fornece a devida segurança esperada pelo consumidor, devendo-se levar em conta o modo de seu fornecimento, o resultado e os riscos razoáveis dele esperados e a época na qual foi fornecido. Não se trata de defeito a adoção de técnicas novas para a realização do mesmo serviço. A inversão do ônus da prova também se dá no cenário da prestação de serviços. O fornecedor somente não será responsabilizado se provar que o serviço não possuía defeito algum, se demonstrar a culpa exclusiva do consumidor ou terceiro.

288 | INSTITUIÇÕES DE DIREITO PÚBLICO E PRIVADO · NUCCI

Vale destacar que, no tocante aos profissionais liberais (ex.: médico, dentista, engenheiro etc.) a responsabilidade pessoal precisa ser apurada mediante a verificação de culpa; noutros termos, cabe ao consumidor provar a culpa desse profissional.

Os vícios em produtos ou serviços devem ser sanados em, no máximo, trinta dias, a contar da ciência do fornecedor. Se isto não ocorrer, o consumidor pode optar, à sua livre escolha, entre a substituição do produto por outro da mesma espécie, em perfeitas condições; a restituição imediata do montante pago, devidamente atualizado, sem prejuízo de haver reparação dos danos; o abatimento proporcional do preço. O prazo máximo para sanar o vício pode ser aumentado ou reduzido conforme acordo entre as partes, não podendo ser inferior a sete nem superior a cento e oitenta dias.

Cuidando-se de fornecimento de produtos *in natura*, responde o fornecedor imediato, a menos que se identifique o produtor com clareza. São considerados impróprios ao consumo os produtos com validade vencida, os produtos deteriorados, modificados, adulterados, falsificados, avariados, corrompidos, fraudados, nocivos à saúde ou perigosos, os produtos inadequados ao fim ao qual se destinam.

Constatando-se o vício no produto, os fornecedores respondem solidariamente (pode-se ajuizar ação contra um deles, contra alguns ou contra todos) e o consumidor pode optar, livremente, entre o abatimento proporcional do preço; a complementação do peso ou medida; a substituição por outro da mesma espécie, marca ou modelo; a restituição da quantia paga, devidamente atualizada, sem prejuízo da reparação de danos (por exemplo, o dano moral).

Os vícios detectados em serviços permitem ao consumidor optar, alternativamente, à sua escolha entre a reexecução do serviço, sem custo adicional; a restituição de pronto da quantia paga, devidamente atualizada, sem prejuízo de perdas e danos; o abatimento proporcional do valor. São impróprios os serviços inadequados aos fins que deles se esperam, além dos que não atendam as normas regulamentares de prestabilidade. Eventual ignorância do fornecedor acerca dos vícios de qualidade por inadequação dos produtos ou serviços não o exime de responsabilidade.

A garantia pelo produto ou serviço independe de termo expresso, sendo vedada a exoneração contratual do fornecedor. Proíbe a lei a estipulação contratual de cláusula que isente a obrigação de indenizar por parte do fornecedor.

2.5.5 Desconsideração da personalidade jurídica

Conforme expressa disposição legal, "o juiz poderá desconsiderar a personalidade jurídica da sociedade quando, em detrimento do consumidor, houver abuso de direito, excesso de poder, infração da lei, fato ou ato ilícito ou violação dos estatutos ou contrato social. A desconsideração também será efetivada quando houver falência, estado de insolvência, encerramento ou inatividade da pessoa jurídica provocados por má administração". Isto significa que o empresário não pode se esconder por trás da pessoa jurídica, quando envolver dano ao consumidor. Havendo abuso de qualquer espécie, desconsidera-se a pessoa jurídica para cobrar a responsabilidade da pessoa física que a compõe.

2.5.6 Práticas empresariais

A oferta de produtos e serviços, que deve ser clara e precisa, obriga o fornecedor que a fizer e integra o contrato que vier a ser celebrado. Por isso, exige-se que a apresentação de produtos e serviços contenha informações corretas, detalhadas, ostensivas e em língua portuguesa sobre as suas características, qualidades, quantidade, composição, preço, garantia, prazos de validade e origem, entre outros dados, além de demonstrar o risco que, eventualmente, apresente à saúde e segurança do consumidor.

É obrigação dos fabricantes e importadores garantir a oferta de componentes e peças de reposição enquanto não terminar a fabricação ou importação do produto. E, cessada a fabricação ou importação, essa oferta precisa ser mantida por prazo razoável. São solidariamente responsáveis os fornecedores de produtos ou serviços pelos atos dos seus prepostos ou representantes autônomos.

Feita a oferta, se o fornecedor de produtos ou serviços recusar o seu cumprimento, o consumidor pode escolher, livremente, entre a exigência do cumprimento forçado da obrigação, nos termos da oferta; a aceitação de outro produto ou serviço equivalente; a rescisão do contrato, com restituição do que foi antecipado, devidamente atualizado, sem prejuízo de perdas e danos.

2.5.6.1 Publicidade de produtos e serviços

Deve ser veiculada de forma fácil, permitindo que o consumidor a identifique, de imediato, como tal. Não se permite a publicidade enganosa ou abusiva. Nos termos legais, considera-se *enganosa* qualquer informação ou comunicação publicitária, total ou parcialmente falsa, ou contendo omissão capaz de induzir em erro o consumidor quanto à natureza, características, qualidade, quantidade, propriedades, origem, preço e quaisquer outros dados sobre produtos e serviços. A publicidade pode ser *enganosa por omissão*, quando oculta dado fundamental do produto ou serviço. Considera-se *abusiva* a publicidade discriminatória, que incite à violência, explore o medo ou a superstição, aproveite-se de deficiência de julgamento e experiência da criança, desrespeite valores ambientais, bem como seja apta a induzir o consumidor a se comportar de maneira prejudicial ou perigosa à sua saúde ou segurança. O encargo de provar a veracidade e a correção da informação prestada na publicidade cabe a quem a patrocina.

2.5.6.2 Práticas abusivas

O Código de Defesa do Consumidor esmera-se ao prever – e vedar – as práticas abusivas dos fornecedores de produtos e serviços. São as seguintes: a) condicionar o fornecimento de produto ou de serviço ao fornecimento de outro produto ou serviço, além de, injustificadamente, impor limites quantitativos (é o que se pode chamar de "venda casada"); b) recusar atendimento aos consumidores, na medida de suas disponibilidades de estoque, e, ainda, de conformidade com os usos e costumes; c) enviar ou entregar ao consumidor, sem que este tenha solicitado previamente, qualquer produto, ou fornecer qualquer serviço (ex.: era costume enviar cartões de crédito, pelo correio, a consumidores selecionados pelo poder aquisitivo, sem pedido prévio); d) prevalecer-se da fraqueza ou ignorância do consumidor, por conta da idade, saúde, conhecimento ou condição social, para impingir-lhe seus produtos ou serviços; e) demandar do consumidor qualquer vantagem manifestamente excessiva; f) executar serviços sem realizar, antes, um orçamento, a ser aprovado pelo consumidor, ressalvadas as decorrentes de práticas anteriores entre as partes (ex.: cuidava-se de prática comum no comércio, terminando por obrigar o consumidor a aceitar um produto ou serviço extremamente caro, somente pelo fato de já estar pronto e entregue); g) repassar informação depreciativa, referente a qualquer atitude tomada pelo consumidor no exercício de seus direitos; h) inserir, no mercado de consumo, produto ou serviço em desacordo com as normas expedidas pelos órgãos oficiais competentes ou, se normas específicas não existirem, pela Associação Brasileira de Normas Técnicas ou outra entidade credenciada pelo Conselho Nacional de Metrologia, Normalização e Qualidade Industrial (Conmetro); i) negar a venda de bens ou a prestação de serviços, diretamente a quem se disponha a adquiri-los mediante pronto pagamento, exceto quando a intermediação for regulada em leis especiais; j) aumentar o preço de produtos ou serviços, sem qualquer razão plausível; k) não estipular prazo para o cumprimento de sua obrigação ou deixar a fixação de seu termo inicial a seu exclusivo critério; l) aplicar reajuste diverso do legal ou contratualmente estabelecido; m) aceitar o ingresso em estabelecimentos comerciais ou de serviços de um número maior de consumidores que o fixado pela autoridade administrativa como máximo (ex.: é o que pode ocorrer nessas queimas de estoque em determinado dia do ano).

Quanto ao fornecimento de serviço, no tocante ao orçamento prévio, é essencial a elaboração discriminada do valor da mão de obra, bem como de todos os materiais a serem utilizados, a condição de pagamento e os termos de início e término do serviço. Como regra, o orçamento feito terá validade de dez dias, contado o prazo a partir do seu recebimento pelo consumidor, salvo estipulação em contrário. Quando aprovado, somente poderá ser alterado por convenção das partes. Tudo o que for realizado *fora do orçamento* não é da responsabilidade do consumidor.

2.5.6.3 Cobrança de Dívidas

Um dos principais pontos atingidos pelo Código de Defesa do Consumidor concentra-se na vedação de cobrança abusiva feita pelo fornecedor de produto ou serviço em relação ao consumidor-devedor. Este não deverá jamais ser exposto ao ridículo, nem ameaçado ou constrangido, quando a dívida for exigida. Houve época em que os credores chegavam a enviar correspondências grotescas para os consumidores, constando no próprio envelope que se tratava de uma cobrança por dívida em atraso. Por óbvio, assim fazendo, permitia-se que qualquer pessoa soubesse da dívida, sem nem ter que abrir o envelope. Especialmente em condomínios, o devedor era ridicularizado.

Se o consumidor for cobrado em quantia indevida, tem direito à restituição do indébito em valor igual ao dobro do que pagou excessivamente, com correção monetária e juros legais, excetuada a hipótese de engano justificável por parte do credor.

2.5.6.4 Acesso a cadastros

O consumidor tem o direito de acesso às informações constantes em cadastros de qualquer espécie, contendo seus dados pessoais, além de suas respectivas fontes. Ademais, esses cadastros precisam ser claros e verdadeiros, feitos em linguagem de fácil acesso, sem informes negativos referentes a período superior a cinco anos.

Encontrando informes inexatos, o consumidor pode exigir a sua correção, devendo o responsável pelo arquivo efetuar o conserto em cinco dias úteis e comunicar a alteração aos destinatários das informações incorretas. Os bancos de dados, contendo os cadastros de consumidores, bem como os serviços de proteção ao crédito têm natureza pública.

2.5.7 Proteção contratual

Os contratos reguladores de relações de consumo somente obrigarão os consumidores se estes tiverem conhecimento prévio do seu teor; é vedada a redação de cláusulas de difícil compreensão quanto ao seu sentido e alcance. Por isso, em caso de dúvida, deve-se interpretar a cláusula contratual em favor do consumidor.

Lembre-se que as declarações de vontade feitas em escritos particulares, como recibos ou minutas de contratos, em relações de consumo, vinculam o fornecedor. Outro ponto importante diz respeito ao direito do consumidor de desistir do contrato, no prazo de sete dias, a contar de sua assinatura ou do recebimento do produto ou serviço, desde que a contratação tenha ocorrido fora do estabelecimento comercial, em particular quando realizada por telefone ou em domicílio. Arrependendo-se, o consumidor receberá o valor eventualmente pago, corrigido monetariamente.

O fornecedor deve apresentar termo de garantia de fácil compreensão e padronizado, esclarecendo no que consiste a referida garantia, além de constar a forma, o prazo e o lugar em que pode ser exercitada. Fará constar os ônus a cargo do consumidor e tudo por escrito será entregue no momento da entrega do produto ou do serviço.

O Código de Defesa do Consumidor prevê todas as hipóteses de cláusulas abusivas (art. 51), que serão consideradas nulas de pleno direito. Exemplificando: a) cláusula que impeça o consumidor de receber de volta o que já pagou quando se arrepender do negócio, dentro dos parâmetros legais; b) cláusula que isente de responsabilidade o fornecedor de produto ou serviço por vícios de qualquer natureza; c) cláusula que coloque o consumidor em nítida desvantagem em face do fornecedor; d) cláusula que estabeleça a inversão do ônus da prova em detrimento do consumidor (note-se: quem tem que provar a correção do serviço prestado ou a qualidade e utilidade do produto vendido é o fornecedor).

Há norma expressa, inclusive, valendo para os contratos de compra e venda de móveis ou imóveis, em prestações, bem como nas alienações fiduciárias em garantia, vedando cláusula que considerem perdidas todas as prestações em favor do credor, quando houver resolução contratual e retomada do produto alienado.

2.5.7.1 Contrato de Adesão

Denomina-se como tal o contrato cujas cláusulas tenham sido fixadas unilateralmente pelo fornecedor de produto ou serviço, ou aprovadas pela autoridade competente, sem a participação ativa do consumidor, de forma que ele somente *adere* ao conjunto de regras.

Deve existir cláusula resolutória alternativa, cabendo a escolha ao consumidor. Essa espécie de contrato precisa ser redigida em termos claros e objetivos, com tamanho da fonte igual ou superior a doze, sempre para facilitar o conhecimento pelo consumidor. Toda cláusula implicando limitação de direito deve ser redigida com destaque.

2.5.8 Infrações penais

Consideram-se crimes contra as relações de consumo, previstos na Lei 8.078/90, basicamente, os seguintes: a) omitir dizeres ou sinais ostensivos sobre a nocividade ou periculosidade de produtos, nas embalagens, nos invólucros, recipientes ou publicidade, com pena de detenção de seis meses a dois anos e multa (art. 63, *caput*); b) deixar de alertar, mediante recomendações escritas ostensivas, sobre a periculosidade do serviço a ser prestado", com mesma pena (art. 63, § 1º); c) deixar de comunicar à autoridade competente e aos consumidores a nocividade ou periculosidade de produtos cujo conhecimento seja posterior à sua colocação no mercado, pena de detenção de seis meses a dois anos e multa (art. 64); d) deixar de retirar do mercado, imediatamente quando determinado pela autoridade competente, os produtos nocivos ou perigosos (art. 64, parágrafo único); e) executar serviço de alto grau de periculosidade, contrariando determinação de autoridade competente, com pena de detenção de seis meses a dois anos e multa (art. 65); fazer afirmação falsa ou enganosa, ou omitir informação relevante sobre a natureza, característica, qualidade, quantidade, segurança, desempenho, durabilidade, preço ou garantia de produtos ou serviços, bem como quem patrocinar a oferta, com pena de detenção de três meses a um ano e multa (art. 66); f) fazer ou promover publicidade que sabe ou deveria saber ser enganosa ou abusiva, com pena de detenção de três meses a um ano e multa (art. 67); g) fazer ou promover publicidade que sabe ou deveria saber ser capaz de induzir o consumidor a se comportar de forma prejudicial ou perigosa a sua saúde ou segurança, com pena de seis meses a dois anos e multa (art. 68); h) deixar de organizar dados fáticos, técnicos e científicos que dão base à publicidade, com pena de detenção de um a seis meses ou multa (art. 69); i) empregar na reparação de produtos, peça ou componentes de reposição usados, sem autorização do consumidor, com pena de detenção de três meses a um ano e multa (art. 70); j) utilizar, na cobrança de dívidas, de ameaça, coação, constrangimento físico ou moral, afirmações falsas incorretas ou enganosas ou de qualquer outro procedimento que exponha o consumidor, injustificadamente, a ridículo ou interfira com seu trabalho, descanso ou lazer, com pena de detenção de três meses a um ano e multa (art. 71); k) impedir ou dificultar o acesso do consumidor às informações que sobre ele constem em cadastros, banco de dados, fichas e registros, com pena de detenção de seis meses a um ano ou multa (art. 72); l) deixar de corrigir imediatamente informação sobre consumidor constante de cadastro, banco de dados, fichas ou registros que sabe ou deveria saber ser inexata, com pena de detenção de um a seis meses ou multa (art. 73); m) deixar de entregar ao consumidor o termo de garantia adequadamente preenchido e com especificação clara de seu conteúdo, com pena de detenção de um a seis meses ou multa (art. 74).

BIBLIOGRAFIA

ALEIXO, Délcio Balestero; BURLE FILHO, José Emmanuel; MEIRELLES, Hely Lopes. *Direito administrativo brasileiro*. 39. ed. São Paulo: Malheiros, 2013.

ALEXY, Robert. *Teoria dos direitos fundamentais*. Trad. Virgílio Afonso da Silva. 2. ed. 4. tir. São Paulo: Malheiros, 2015.

ALMEIDA JR., A.; COSTA JR., J. B. de O. e. *Lições de medicina legal*. 9. ed. São Paulo: Companhia Editora Nacional, 1971.

ARAUJO, Luiz Alberto David; NUNES JÚNIOR, Vidal Serrano. *Curso de direito constitucional*. São Paulo: Saraiva, 1998.

BALEEIRO, Aliomar; DERZI, Misabel Abreu Machado. *Direito tributário brasileiro*. 13. ed. Rio de Janeiro: Forense, 2015.

BALERA, Wagner (Org.). *Curso de direito previdenciário*. 3. ed. São Paulo: LTr, 1996.

_____; MUSSI, Cristiane Miziara. *Direito previdenciário*. 11. ed. São Paulo: Método, 2015.

BARROSO, Luís Roberto. *Curso de direito constitucional contemporâneo*. 5. ed. São Paulo: Saraiva, 2015.

_____. *Interpretação e aplicação da Constituição*. São Paulo: Saraiva, 1996.

BASTOS, Celso Ribeiro. *Curso de direito constitucional*. 18. ed. São Paulo: Saraiva, 1997.

BONAVIDES, Paulo. *Teoria geral do estado*. 10. ed. São Paulo: Malheiros, 2015.

BURLE FILHO, José Emmanuel; MEIRELLES, Hely Lopes; ALEIXO, Délcio Balestero. *Direito administrativo brasileiro*. 39. ed. São Paulo: Malheiros, 2013.

CAETANO, Marcelo. *Manual de ciência política e direito constitucional*. 6. ed. rev. e ampl. por Miguel Galvão Teles. Coimbra: Almedina, 1996. t. I.

CANOTILHO, José Joaquim Gomes. *Direito constitucional*. 6. ed. Coimbra: Almedina, 1995.

CAPARROZ, Roberto. *Direito tributário esquematizado*. São Paulo: Saraiva, 2017.

CARRAZZA, Roque Antonio. *Curso de direito constitucional tributário*. 14. ed. São Paulo: Malheiros, 2000.

CARVALHO, Paulo de Barros. *Curso de direito tributário*. 29. ed. São Paulo: Saraiva, 2018.

COELHO, Fábio Ulhoa. *Curso de direito comercial*. 21. ed. São Paulo: RT, 2017. v. 1.

_____. *Curso de direito comercial*. 17. ed. São Paulo: RT, 2016. v. 3.

COSTA JR., J. B. de O. e; ALMEIDA JR., A. *Lições de medicina legal*. 9. ed. São Paulo: Companhia Editora Nacional, 1971.

DALLARI, Dalmo de Abreu. *Elementos de teoria geral do Estado*. 33. ed. 4. tir. São Paulo: Saraiva, 2017.

DI PIETRO, Maria Sylvia Zanella. *Direito administrativo*. 11. ed. São Paulo: Atlas, 1999.

DINAMARCO, Cândido Rangel. *Fundamentos do processo civil moderno*. 2. ed. São Paulo: RT, 1987.

DINIZ, Maria Helena. *Curso de direito civil brasileiro*. São Paulo: Saraiva, 2013. v. 1-6.

_____. *Dicionário jurídico*. 2. ed. São Paulo: Saraiva, 2004. v. 1-4.

FERRAZ JR., Tercio Sampaio. *Introdução ao estudo do direito*. 10. ed. São Paulo: Atlas, 2017.

FIGUEIREDO, Leonardo Vizeu. *Lições de direito econômico*. 9. ed. Rio de Janeiro: Forense, 2016.

HARADA, Kiyoshi. *Direito financeiro e tributário*. 26. ed. São Paulo: Atlas, 2016.

HORVATH JÚNIOR, Miguel. *Direito previdenciário*. 10. ed. São Paulo: Quartier Latin, 2014.

JACQUES, Paulino. *Curso de introdução ao estudo do direito*. 5. ed. atual. por Agassiz Almeida Filho. Rio de Janeiro: Forense, 2009.

KANT, Immanuel. *Introdução ao estudo do direito*. Doutrina do direito. Trad. Edson Bioni. 2. ed. São Paulo: Edipro, 2007.

MACHADO, Hugo de Brito. *Curso de direito tributário*. 38. ed. São Paulo: Malheiros, 2017.

MANUS, Pedro Paulo Teixeira. *Direito do trabalho*. 16. ed. São Paulo: Atlas, 2015.

MARANHÃO, Odon Ramos. *Curso básico de medicina legal*. 3. ed. São Paulo: RT, 1984.

MARINONI, Luiz Guilherme; MITIDIERO, Daniel; SARLET, Ingo Wolfgang. *Curso de direito constitucional*. 2. ed. São Paulo: RT, 2013.

MARTINS, Fran. *Curso de direito comercial*. 14. ed. atual. por Carlos Henrique Abrão. Rio de Janeiro: Forense, 2018.

MARTINS, Sergio Pinto. *Manual de direito do trabalho*. 10. ed. São Paulo: Saraiva, 2017.

MAZZA, Alexandre. *Manual de direito tributário*. 4. ed. São Paulo: Saraiva, 2018.

MAZZUOLI, Valerio de Oliveira. *Curso de direito internacional privado*. 2. ed. Rio de Janeiro: Forense, 2017.

MEDAUAR, Odete. *Direito administrativo moderno*. 17. ed. São Paulo: RT, 2013.

MEIRELLES, Hely Lopes; ALEIXO, Délcio Balestero; BURLE FILHO, José Emmanuel. *Direito administrativo brasileiro*. 39. ed. São Paulo: Malheiros, 2013.

MELLO, Celso Antônio Bandeira de. *Curso de direito administrativo*. 30. ed. São Paulo: Malheiros, 2013.

MELLO, Celso D. de Albuquerque. *Curso de direito internacional público*. 7. ed. Rio de Janeiro: Freitas Bastos, 1982. v. 1.

MITIDIERO, Daniel; SARLET, Ingo Wolfgang; MARINONI, Luiz Guilherme. *Curso de direito constitucional*. 2. ed. São Paulo: RT, 2013.

MORAES, Alexandre de. *Direito constitucional*. 33. ed. São Paulo: Atlas, 2017.

MUSSI, Cristiane Miziara; BALERA, Wagner. *Direito previdenciário*. 11. ed. São Paulo: Método, 2015.

NADER, Paulo. *Introdução ao estudo do direito*. 39. ed. Rio de Janeiro: Forense, 2017.

NASCIMENTO, Amauri Mascaro; NASCIMENTO, Sônia Mascaro. *Curso de direito do trabalho*. 29. ed. São Paulo: Saraiva, 2014.

NASCIMENTO, Sônia Mascaro; NASCIMENTO, Amauri Mascaro. *Curso de direito do trabalho*. 29. ed. São Paulo: Saraiva, 2014.

NEGRÃO, Ricardo. *Direito empresarial* – estudo unificado. 6. ed. São Paulo: Saraiva, 2015.

NEVES, Gustavo Bregalda. *Manual de direito previdenciário*. 2ª t. São Paulo: Saraiva, 2014.

NUNES JÚNIOR, Vidal Serrano; ARAUJO, Luiz Alberto David. *Curso de direito constitucional*. São Paulo: Saraiva, 1998.

NUSDEO, Fábio. *Curso de economia*. 9. ed. São Paulo: RT, 2015.

OLIVEIRA, Regis Fernandes de. *Curso de direito financeiro*. 7. ed. São Paulo: RT, 2015.

PAULSEN, Leandro. *Curso de direito tributário completo.* 9. ed. São Paulo: Saraiva, 2018.

PAUPÉRIO, A. Machado. *Introdução à ciência do direito.* Rio de Janeiro: Forense, 1977.

PELUSO, Cezar (org.). *Código Civil comentado.* São Paulo: Manole, 2007.

PINTO FERREIRA. *Comentários à Constituição brasileira.* São Paulo: Saraiva, 1989.

RADBRUCH, Gustav. *Introdução à ciência do direito.* Trad. Vera Barkow. São Paulo: Martins Fontes, 2011.

RAMOS, André de Carvalho. *Teoria geral dos direitos humanos na ordem internacional.* 3. ed. São Paulo: Saraiva, 2013.

REALE, Miguel. *Filosofia do direito.* 20. ed. 4. tir. São Paulo: Saraiva, 2012.

_____. *Lições preliminares de direito.* 27. ed. 5. tir. São Paulo: Saraiva, 2005.

REQUIÃO, Rubens. *Curso de direito comercial.* 34. ed. São Paulo: Saraiva, 2015. v. 1.

SANTOS, Moacyr Amaral. *Primeiras linhas de direito processual civil.* São Paulo: Saraiva, 2002. v. 1.

SARLET, Ingo Wolfgang; MARINONI, Luiz Guilherme; MITIDIERO, Daniel. *Curso de direito constitucional.* 2. ed. São Paulo: RT, 2013.

SILVA, Homero Batista Mateus. *Comentários à reforma trabalhista.* 2. ed. São Paulo: RT, 2017.

SILVA, José Afonso da. *Aplicabilidade das normas constitucionais.* 8. ed. 2. tir. São Paulo: Malheiros, 2015.

_____. *Curso de direito constitucional positivo.* 9. ed. São Paulo: Malheiros, 1992.

SPITZCOVSKY, Celso. *Direito eleitoral.* 3. ed. São Paulo: RT, 2016.

STRENGER, Irineu. *Contratos Internacionais do Comércio.* São Paulo: Revista dos Tribunais, 1986.

TEMER, Michel. *Elementos de direito constitucional.* 24. ed. São Paulo: Malheiros, 2012.

VENOSA, Sílvio de Salvo. *Introdução ao estudo do direito.* Primeiras linhas. 5. ed. São Paulo: Atlas, 2016.

ZIPPELIUS, Reinhold. *Introdução ao estudo do direito.* Trad. Gercélia Batista de Oliveira Mendes. Belo Horizonte: Del Rey, 2006.

OBRAS DO AUTOR

Curso de Direito Penal. Parte geral. 3. ed. Rio de Janeiro: Forense, 2019. vol. 1.

Curso de Direito Penal. Parte especial. 3. ed. Rio de Janeiro: Forense, 2019. vol. 2.

Curso de Direito Penal. Parte especial. 3. ed. Rio de Janeiro: Forense, 2019. vol. 3.

Habeas Corpus. 2. ed. Rio de Janeiro: Forense, 2019.

Execução Penal no Brasil – Estudos e Reflexões. Rio de Janeiro: Forense, 2019.

Instituições de Direito Público e Privado. Rio de Janeiro: Forense, 2019.

Manual de Direito Penal. 15. ed. Rio de Janeiro: Forense, 2019.

Organização Criminosa. 4. ed. Rio de Janeiro: Forense, 2019.

Código de Processo Penal comentado. 18. ed. Rio de Janeiro: Forense, 2019.

Código Penal comentado. 19. ed. Rio de Janeiro: Forense, 2019.

Curso de Direito Processual Penal. 16. ed. Rio de Janeiro: Forense, 2019.

Curso de Execução Penal. Rio de Janeiro: Forense, 2018.

Prática Forense Penal. 10. ed. Rio de Janeiro: Forense, 2018.

Estatuto da Criança e do Adolescente Comentado – Em busca da Constituição Federal das Crianças e dos Adolescentes. 4. ed. Rio de Janeiro: Forense, 2018.

Leis Penais e Processuais Penais Comentadas. 11. ed. Rio de Janeiro: Forense, 2018. vol. 1 e 2.

Direito Penal. Partes geral e especial. 5. ed. São Paulo: Método, 2018. Esquemas & sistemas.

Processo Penal e Execução Penal. 4. ed. São Paulo: Método, 2018. Esquemas & sistemas.

300 | INSTITUIÇÕES DE DIREITO PÚBLICO E PRIVADO · Nucci

Tribunal do Júri. 7. ed. Rio de Janeiro: Forense, 2018.

Manual de Processo Penal e Execução Penal. 14. ed. Rio de Janeiro: Forense, 2017.

Prisão, medidas alternativas e liberdade – comentários à Lei 12.403/2011. 5. ed. Rio de Janeiro: Forense, 2017.

Direitos Humanos versus *Segurança Pública.* Rio de Janeiro: Forense, 2016.

Individualização da pena. 7. ed. Rio de Janeiro: Forense, 2015.

Corrupção e Anticorrupção. Rio de Janeiro: Forense, 2015.

Prostituição, Lenocínio e Tráfico de Pessoas. 2. ed. Rio de Janeiro: Forense, 2015.

Princípios Constitucionais Penais e Processuais Penais. 4. ed. Rio de Janeiro: Forense, 2015.

Provas no Processo Penal. 4. ed. Rio de Janeiro: Forense, 2015.

Crimes contra a Dignidade Sexual. 5. ed. Rio de Janeiro: Forense, 2014.

Código de Processo Penal Militar Comentado. 2. ed. Rio de Janeiro: Forense, 2014.

Código Penal Militar Comentado. 2. ed. Rio de Janeiro: Forense, 2014.

Dicionário Jurídico. São Paulo: Ed. RT, 2013.

Código Penal Comentado – versão compacta. 2. ed. São Paulo: Ed. RT, 2013.

Tratado Jurisprudencial e Doutrinário. Direito Penal. 2. ed. São Paulo: Ed. RT, 2012. vol. I e II.

Tratado Jurisprudencial e Doutrinário. Direito Processual Penal. São Paulo: Ed. RT, 2012. vol. I e II.

Doutrinas Essenciais. Direito Processual Penal. Organizador, em conjunto com Maria Thereza Rocha de Assis Moura. São Paulo: Ed. RT, 2012. vol. I a VI.

Doutrinas Essenciais. Direito Penal. Organizador, em conjunto com Alberto Silva Franco. São Paulo: Ed. RT, 2011. vol. I a IX.

Crimes de Trânsito. São Paulo: Juarez de Oliveira, 1999.

Júri – Princípios Constitucionais. São Paulo: Juarez de Oliveira, 1999.

O Valor da Confissão como Meio de Prova no Processo Penal. Com comentários à Lei da Tortura. 2. ed. São Paulo: Ed. RT, 1999.

Tratado de Direito Penal. Frederico Marques. Atualizador, em conjunto com outros autores. Campinas: Millenium, 1999. vol. 3.

Tratado de Direito Penal. Frederico Marques. Atualizador, em conjunto com outros autores. Campinas: Millenium, 1999. vol. 4.

Tratado de Direito Penal. Frederico Marques. Atualizador, em conjunto com outros autores. Campinas: Bookseller, 1997. vol. 1.

Tratado de Direito Penal. Frederico Marques. Atualizador, em conjunto com outros autores. Campinas: Bookseller, 1997. vol. 2.

Roteiro Prático do Júri. São Paulo: Oliveira Mendes e Del Rey, 1997.